전예원 학술총서 19

마르크스思想과 周邊이데올로기

現代社會思想의 理論的 基礎

盧 承 禹 著

전예원

머 리 말

　인류의 思想史는 인간사회의 올바른 체제와 지배형식의 이론적 정당성을 추구해 온 浮沈의 역사였다. 플라톤의 『國家論』에서 마르크스의 『資本論』에 이르기까지 「개인과 사회간의 문제」, 「사회간의 不均衡·統合·變動의 문제」 혹은 「사회적 契約性과 행동방향의 定立」이라는 문제는 지속적인 논쟁의 대상이었다.

　이와같은 과정 속에서 이데올로기를 구성하는 기본적인 체계가 비롯되었으며, 인간은 이러한 문제에 대한 思考와 意志樣式의 변화과정을 통해 본성적으로 이데올로기를 창출해 낸 것이다. 따라서 이데올로기는 역사의 변천에 따라, 盛衰를 거듭하면서 그 多樣性을 더해 왔다. 이러한 까닭에 이데올로기의 갈래는 그것을 연구하는 학자의 수 만큼이나 많이 존재한다고도 한다. 따라서 이데올로기에 대한 정의 또한 다양하다.

　이데올로기란 말을 처음 사용한 프랑스의 철학자 트러시(Destutt de Tracy)는 이데올로기를 고대의 형이상학에 반대되는 관념과학의 뜻으로 사용했는가 하면, 보나파르트 나폴레옹 1세는 이데올로기란 空理空論의 추상적인 것이라며 비난하기도 했다.

마르크스는 그의 저서『政治經濟學批判序文(1859)』에서 '이데올로기란 土臺의 상부구조인 사회적 의식의 제형태'라고 정의했고, 그의 다른 저서인 『獨逸이데올로기』에서는 '이데올로기는 한 사회계급의 정신을 표현하는 형식을 일컫는데, 이 형식에는 사회경제적인 관계와 계급의 이해관계가 반영되어 있다. 한 사회를 미리부터 지배하고 있는 사상과 표상들은 항상 동시에 지배계급의 이데올로기를 나타내는 것이며, 이 지배계급의 권력을 합법화시키고 안정시키는 데 이바지한다'고 기술하여 기존의 사상과 사회 및 정치에 도전하였다. 그러나 이와 같은 마르크스의 이데올로기에 대한 정의는 프롤레타리아의 이데올로기만 인정하고, 그 외의 이데올로기를 배격함으로써 도그마에 빠졌다는 비판을 받기도 한다.

영국의 정치사회학자 프라메나츠는 이데올로기를 '사회의 의식형태 혹은 관념형태', 그리고 '信條·觀念·態度 등의 뜻이 포함된 복합적인 용어'라고 정의했다.

이데올로기의 정의는 이처럼 다양하지만, 현재 통용되고 있는 이데올로기의 의미는 思想·理念·主義를 함축한 것으로써 보편화 되었다. 원래 이데올로기란 말은 정치적 또는 사회적 행위에 관한 관념의 체계를 지칭했다고 보여지는데, 모든 이데올로기가 정치성을 지닌다고 할 수는 없으나 정치는 모두 이데올로기와 관계되어 있는 것이다.

이데올로기의 특성은 비현실적인 유토피아를 추구하기 쉬우며, 흑백논리로써 친구 아니면 적이라는 단순개념을 토대로 생각하는 경향을 띠고 있어서, 압제자와 자유인, 자본가와 프롤레타리아, 제국주의자와 민족주의자중 양자택일이 이데올로기의 典型的인 입장이다. 이러한 兩極指向的 논리는 이데올로기운동의 활력과 자신을 提高시키는 데 지대한 공헌을 한다. 또한, 성공적인 이데올로기운동은 언제나 그 힘을 인간의 진보에 관한 극단적인 낙관주의로부터 끌어 내어, 승리에 대한 신념을 불어 넣음으로써 인간의 사고와 능력을 앙양시켜 준다. 그러므로 오늘을 사는 우리는 희망과 환멸의 이데올로기 시대를 산다고 해도 과언이 아니다.

희망과 환멸의 시대, 불신의 시대, 物神化의 시대를 살면서, 이러한 상황논리와 결부된 이데올로기의 문제를 비판적으로 극복하여 참된 사회의 이념체계를 수립하는 것은 현재를 사는 지성인에게 주어진 크나큰 使命이 아닐 수 없다.

참된 사회의 이념체계 혹은 신념체계를 창출하기 위해서는 복잡다양한 이데올로기를 현실에 입각한 분석과 검증을 통해서 재정립해야만 한다. 이러한 문제의식으로 인하여 저자는 능력에 벅찬 일임을 알면서도 감히 마르크스사상과 그 주변의 이데올로기들을 한책에 묶어 보았다.

현대의 사회사상에 관심을 가진 독자들에게 이 책이 이론적인 기초가 되었으면 하는 것이 저자의 가장 큰 바램이다. 그러나 방대한 이데올로기들을 한권의 책자에 담으면서 일으킬 수 있는 과오에 대해서는 독자 제현의 매서운 叱正을 바란다. 저자는 언제나 학문의 자유로운 연구, 토론, 비판이라는 기본적인 가치인식에 동참하기 때문이다. 또한, 학문에는 결코 닫혀진 聖域을 두어서는 안 될 것이며, 더구나 시대적 도그마에 의한 감성적·정치적 목적은 불식되어야 한다는 생각이다.

마지막으로 이 책이 나오기까지 학문적 助言과 출판에 힘써준 동료 金鎭洪교수와 전예원의 여러분들께 감사를 드리고, 원고정리와 교정에 수고하여 준 장광수 외대강사, 조교인 이철원, 박용구군과 항상 아쉬움 속에서 기다리는 나의 가족(이자, 민아, 준아)에게도 고마움을 전한다.

아무쪼록 이 책이 진성한 의미에서 이데올로기의 不毛地인 이 땅에서 작은 보탬이 된다면 저자에게 더 할 나위 없이 기쁜 일이 될 것이며, 제2권으로 출판할 예정인 자본주의와 주변이데올로기의 집필에 용기를 북돋아 줄 것이다.

1987년 민주화의 초여름

이문동 연구실에서

노　　승　　우　識

차 례

머리말

제1장 마르크스思想의 배경 및 疎外論

제2장 辨證法的 唯物論과 唯物史觀

제 6 장　유로코뮤니즘

제8장 從屬理論

제 9 장   解放神學

제 1 장 마르크스思想의 배경 및 疎外論

제 1 절 마르크스 思想의 生成 배경

1. 마르크스의 생애

마르크스(Karl Marx: 1818~1883)는 독일의 조그마한 마을 트리에르 (Trier)에서 변호사인 하인리히 마르크스(Heinrich Marx)와 어머니 헨리 에타(Heniretta) 사이의 세번째 자녀로 태어났다.

그의 어린 시절은 중산계급의 유복한 가정으로 하인을 거느리고 재산 을 가진 지방유지의 가정환경 속에서 자랐다. 마르크스는 아버지가 랍 비(Rabbie)에서 기독교로 개종함에 따라 기독교(Lutheran)로 유아 세례를 받았으며, 트리에르에 있는 제수이트 고등학교를 5년간 다녔다.

마르크스가 영향을 받은 것은 학교에서라기 보다는 철학에 깊은 관심 을 가진 아버지와 이웃인 그리이스씨와 셰익스피어를 함께 읽었던 프 러시아의 정부관리인 루드비히 폰 베스트팔렌이었는데 그것은 소년 마 르크스가 지적으로 발전하는 계기가 되었다.

1835년 본(Bonn) 대학에 입학하여 2학기를 마친 뒤 베를린(Berlin)대 학에 전학하여 거기서 법률, 철학 및 역사 연구에 몰두하였다. 그러나 그의 성격은 게으르고 보헤미안적이고 낭비벽이 있어서 빚에 쪼들려 아 버지와의 충돌이 심했다.

마르크스는 베르린대 철학교수 헤겔이 죽은 뒤였으나 젊은 헤겔파의 학생들과 접촉을 가지면서 그들과 함께 급진적인 경향을 띠고 있었다. 이들의 철학적인 배경은 종교에 대해서는 무신론적이고 기독교를 극렬히 비난하는 성향을 띠었다.

마르크스는 학교공부는 등한히 해서 베를린대학의 3 년 동안에 단지 2 개의 과목만을 택했을뿐 대학을 캠프장으로 생각하고 주로 독학에 열중했다. [1]

1841 년에 예나(Jena)대학에서 기원전 5 세기의 기계론적 유물론자들인 데모크리투스(Democritus)와 에피쿠로스(Epikouros)에 관한 논문으로 박사학위를 받았다.

마르크스는 1842 년에 자유주의 신문이었던 「라이니쉐 짜이퉁(Rheinische Zeitung)」의 편집장으로 일하다가 정부 검열관과의 계속되는 마찰 때문에 동직에서 사퇴하고 1843 년 약혼 7 년만에 제니 폰 베스트팔렌(Jenny von Westphalen)과 결혼하였다. 그는 같은해 파리로 이사하고 일생동안 학문적 교류와 재정적 지원을 받았던 엥겔스와 밀접한 교제를 시작했다.

그는 저작 의욕이 왕성하여 1843 년 『경제학·철학수고』, 1845 년 『신성가족』, 1846 년 『독일 이데올로기』, 1847 년 『철학의 빈곤』, 1848 년 「공산당선언」 등의 역작을 연속 집필하였다. 그러나 프러시아 정부의 강청에 따라 프랑스에서 추방되어 부뤼셀(Brussel)로 이사하지만 다시 추방되고 무장반란 선동혐의로 기소되나 코로뉴(Cologne)재판에서 무죄 석방되고 無國籍人으로 추방되어 영국에서 1849 년 8 월부터 망명생활을 하게 된다.

1850 년 마르크스 가족은 런던의 빈민촌(the slums)으로 이사하고 그곳에서 20 여년을 보내면서 집세를 내지 못하기도 하고 때로는 빵과 감자로 연명하였다. 그의 3 세된 자녀가 굶주림으로 죽고 장례를 치를 비용이 없어서 그 중 한 자녀의 장례는 장례비용이 마련될 때까지 기다려야

---

1) Thomas Sowell, *Marxism*(N. Y. : Qull William Morrow, 1985), pp. 164~7.

했다. 그의 수입은 뉴욕 데일리 트리뷴의 특파원으로 정치·경제 평론을 기고하여, 하류중간계층의 수준은 되었다고 하나 마르크스와 그 부인의 낭비벽과 소송비 (「보그트씨」의 인세관계) 등으로 생계가 어려웠다. 마르크스는 이와 같은 가난 속에서 자기 아들의 죽음을 부르조아가 초래한 비극때문으로 돌리고 혁명적인 저작을 통해 죄값음을 하겠노라 벼르곤 했다.

마르크스는 계속 인터내셔널 1차부터 5차 회의에 걸쳐 참석하여 활동을 하면서 1867년 『자본론』 제1권을 간행하였고 1871년에는 『프랑스 내전』을 저술하고 1874년 무렵부터 『자본론』의 결실을 위해 혼신의 노력을 쏟던 중 1881년 정신질환으로 앓고 있던 부인이 사망하고 그뒤 1883년 런던에서 마르크스는 병사했다. 그의 사후 엥겔스가 난해한 마르크스의 초고를 정리하여 1885년과 1894년에 각각 『자본론』 2권과 3권을 출간했고, 제4권의 초고는 카우츠키가 『잉여가치 학설사』로 간행했다. [2]

2. 共産主義의 유래

모든 사람에게 공동으로 소유된다는 공산주의의 개념은 Communis 라는 라틴어에서 유래하였다. 이는 1835년 프랑스에서 부르조아를 전복시키고 재산을 공유하며 노동자 세력을 지배세력의 기반으로 하려는 프랑스 비밀혁명단체가 최초로 사용하였다. 이후 마르크스가 空想的社會主義와 밀접한 관계를 가진 사회주의와 구별하기 위해 사용했다.

인간이 집단생활을 하게 된 이래 주인과 노예, 領主와 農奴, 지배층과 피지배층의 불평등관계가 지속되어 왔다. 이러한 관계를 해소하려는 이상사회에의 갈망은 재산제도의 개편에서 가능한 것으로 인식되었다.

플라톤은 『國家論(The Republic)』에서 사유재산 소유에 따른 富의 격

2) Ernst Fisher, *Essential Marx*, 노승우 역, 『마르크스사상의 이론구조』 (서울 : 전예원, p. 182. 1985), 마르크스의 연보 참조.

차는 좋은 정치와 양립될 수 없다고 보고, 守護階級에 대해서는 일체의
사유재산을 금지시켜야 한다고 주장하였다.

　토마스 모어(Thomas More: 1477∼1535)는 1516년 발간된 理想國家
(Utopia)』에서 재산의 공동소유에 의한 완전한 사회를 기술하고 있다.
즉 사유재산제도가 실시되고 화폐가 모든 것의 척도인 곳에서는 사회가
정의에 따라 통치되어 번영하기는 곤란하다. 만인의 행복을 목표로 하
여 평등하고 정의에 적합한 재물의 분배는 사유재산이 없어질 때까지는
불가피하다고 주장했다.

　생시몽(Saint Simon: 1760∼1825)은 사회계급을 생산노동자와 비생산
노동자, 착취자와 피착취자, 산업계급과 비산업계급으로 나누고 역사는
이 두 계급간의 투쟁의 역사라고 인식했다. 공상적사회주의자인 그는 현
사회는 태만하고 부도덕한 자에게 더 많은 명예와 권력이 주어져 있기 때
문에 산업계급이 사회를 지배하는 이상사회를 건설해야 한다고 보았다.

　샤를르 후리에(Charles Fourier: 1772∼1837)는 자본가들이 곡식가격을
조작하는 것을 보고 자본주의의 改良에 뜻을 두었다. 그는 임금노동자
는 법률적 자유를 가지면서도 물질적 보장이 없기 때문에 도리어 노예
의 길을 밟게 되는 운명에 처해 있으므로 노동자에게 있어 빈곤의 대중
화는 더욱 심화될 것이라고 인식하였다. 그래서 파랑즈(Phalanges)라는
일종의 집단 협동농장으로 재산의 균등분배, 업무교대제 등을 내용으로
하는 이상사회 건설을 표방했다.

　로버트 오웬(Robert Owen: 1771∼1858)은 스코틀랜드 방직공장의 지배
인으로서 공장 노동자의 생활개선과 아동교육에 힘썼다. 즉 노동시간의
단축, 아동근로의 제한, 질병에 대한 혜택, 노후연금 및 공동판매·구매
와 같은 사회적이고 정치적인 방법을 소개한 최초의 공업경영자였다. 그
는 공개 노동시장의 설립과 노동화폐의 창조를 위해 노력했으나 실패하
고 만년에 공상적 경향을 떠었다. 그는 1825년 미국 인디애나주에 있는
토지를 구입하여 공상주의적 이상을 실현하려는 생각에서 새로운 조화의

平等村(New Harmony Community of Equality)을 건설했으나 실패했다.
이 평등촌은 동지 800여명과 함께 건설한 공산주의사회였다. 이 사회는
가족이 없고 존경·멸시가 없으며, 나이에 따라 제공되는 식량·의복·
교육이 동일하며, 공공주택과 동일재산을 소유하고, 최선의 노력을 다해
전체복지를 위해 힘쓰는 곳이었다.

그러나 이와같은 구상들은 현실에 부합하지 못하는 이상적이고 감상
적인 것이었다. 더 큰 실패의 원인은 인간 스스로 주인이 되고 싶어하고
사유재산을 소유하고 싶은 근원적인 인간의 욕망을 충족시켜주지 못했
기 때문에 실패하게 되었다고 볼 수 있다.

3. 마르크스와 헤겔

헤겔철학은 정신과 물질, 인간과 외부현실의 二元論을 구체적 현실,
자연 및 사회발전의 존재와 사물의 창조적·규정적 원리로 간주되는 정신
의 발전으로 치환함으로써 有機體的 一元論으로 환원하려고 노력했다.[3]
이때 모든 현상은 절대이념의 구현으로 나타난다고 보았다. 또한 그
에 의하면 절대이념은 변증법적으로 발전하고, 역사상 모든 사물은 정
지해 있는 것이 아니라 변증법적인 생성발전과정의 기본원리로 귀착되
었다.

헤겔에 있어서 핵심을 이루는 부분, 특히 마르크스와의 관련에서 살
펴볼 수 있는 것은 觀念論·辨證法·역사에 대한 관념 등을 들 수 있다.

1) 觀念論의 배격

헤겔의 관념론은 첫째, 非自我의 일부 또는 認識者와 관계없는 부분

---

3) A. Cornu, *A History of 19C Social Thought*(Charles Thomas Publish
　　ers. 1979), pp. 51~52.

에서 생각되는 의식의 개별적 대상에 의거하여 비롯된다. 즉 대상의 존재는 정신종속적이다. 둘째, 의식은 자기의 의식과 동일하지 않다. 그러므로 自我는 보편적 의식속에 포함하고 있는 전체의식의 부분이며 여러 대상들의 전체와 동일한 전체의식의 부분이다. 세째, 현실의 하나의 전체적·포괄적·일관적 전체를 구성하고 있으며 진리는 일관적 전체와 동일하다는 것이다. 현실은 결과적으로 체계적이며, 현실의 적절한 표현은 체계적이거나 또는 하나의 체계를 구성하지 않으면 안된다. 그래서 헤겔철학의 발전은 개념 또는 관념의 발전을 통해 나타난다.

마르크스는 헤겔의 이와 같은 형이상학적 관념론을 비판하면서 필요한 것은 이념이나 공허한 가설이 아니라 도덕적으로 명백한 생활방식이라는 입장을 취하고 헤겔의 관념론을 전적으로 부인하고 변증법만을 받아들였다. 헤겔은 그 시대의 사회·정치·경제·역사·문화의 제형태를 변증법에 의해 통일하였지만, 그것은 도리어 絶對的 理念에 대립되는 자연·물질·감정·현실적 인간 생산·노동 등은 非理性的인 것으로만 간주하여 소외시켰다. 이에 비해 마르크스는 소외로부터 인간회복을 기도하고 거꾸로 인간·이성·이념은 역사 가운데서 역사의 존재구조를 반영한다고 보았다.

2) 辨證法의 수용

헤겔에 의하면 변증법에는 세 개의 계기가 있다. 변증법적 운동의 제1단계는 긍정적이며 한정적인 것이다. 한정적 개념은 필연적으로 부분적인 것이므로 그것은 가정되었던 것이 부정되는 제2단계의 모순으로 전화한다. 이 부정 자체는 부분적인 것이며 이것도 역시 다음에 부정되지 않으면 안된다. 제3단계 즉 否定의 부정은 이전의 두 단계의 각 주장을 상쇄하여 완전한 것이 된다. 그것은 이전의 두 단계의 긍정적 측면을 보존하고 보다 높은 차원으로 지향된다. 제3단계는 결국 이전의 두 단계의 긍정적 측면을 포함하고 있기 때문에 보다 더 성숙한 단계라고 할 수 있다.

헤겔은 이와같은 정·반·합의 과정을 거쳐서 세계를 유동·생성하게 하는 힘을 추진 결정하는 존재인 절대정신이 발전한다고 보았다.

그러나 마르크스는 헤겔의 변증법의 형태를 받아들였으나 내용은 절대이념에 대치되는 유물론을 제시했다. 이념을 포함하여 관념이란 물질적인 것의 소산에 불과함으로 물질의 자체 운동에 의해 발전된다는 것이다.

3) 歷史哲學 對 唯物史觀

헤겔의 역사철학은 이념이 어떻게 인간의 발전과정 중에서, 행위중의 思惟와 현실 사이에 끊임없이 접근하는 통일을 통하여 보다 완전하게 실현되는가를 설명하고 있다. 그의 최초의 주장은 理性이 세계를 지배하고 세계의 발전을 결정한다는 것이다.[4] 이에 있어서 그는 역사를 絕對理念의 발전으로 환원시키고 역사적 사건의 총체로부터 정신이 통과하는 계속적인 단계를 특징짓는 본질적인 요인들을 추려내고 있다. 이와 같이 역사는 헤겔 논리학의 테두리 속에 편입되어 있는데, 이 테두리 안에서 역사과정은 오직 정신운동의 반영일 뿐이다. 역사 속에서 정신은 그것이 內在的인 것, 즉 그의 본질, 다시 말해 자신의 實體가 된다.[5]

이와같이 헤겔은 세계사의 근원을 세계정신(理性)에서 보았으나 마르크스는 역사의 원농력을 불질적인 생산양식의 발전 법칙에서 찾고 있다. 마르크스의 유물사관의 기본사상은 모든 사회구조와 그 역사발전은 경제적 제관계, 즉 생산력과 생산관계에 의해서 결정된다는 것으로 역사발전 5 단계설을 주장하였다.

4) Hegol, *Philosophie der Geschichite*, Sämtl. Werke Vol. XI(Stuttgart, 1939), p. 34.
5) 같은 책 p. 45.

4) 國家有機體說 否認

헤겔은 우주를 有機的 統一體로 인식했다. 국가도 유기적 통일체로 보았으며 각 부분은 철저하게 이성적이고 전체에서 분리되어 고립되면 본래의 의미를 상실한다. 국가는 사회발전의 최고형태로서 국가를 위하여 개인이 존재하므로 개인과 국가는 유기적 관계이다. 개인이 국가에 참여함으로써 완전한 자유를 실현한다고 보았다.

마르크스는 국가권력이 사악한 정치제도로 타락했음을 지적하고 사회질서를 개혁하고 완전한 사회를 만들기 위해서는 생산과 교환, 분배의 사회화라는 제도를 찾아 내었다. 空想的사회주의자들의 소규모 이상사회건설은 비과학적이고 비현실적이라했다. 사유재산을 폐지하고 계급없는 사회를 창조해야 한다고 主張했다. 이상사회의 실현은 혁명에 의해 전사회적인 변혁을 통해서만 가능하고 개혁은 과학에 의해서 보장된다고 믿었다.

4. 마르크스와 포이엘바하
—휴머니즘과 無信論의 수용—

포이엘바하는 기독교와 헤겔철학에 대한 병행비판으로부터 공산주의적 定向을 촉구했던 사회이론을 도출해 내었다. 1838년에 이미 헤겔철학에 대한 비판에서 그는 사상이란 현실을 산출하기는 커녕 현실에 의해 산출되는 것이라고 主張했다.[6] 피히테(J.G. Fichte), 셸링(F.W.J. Shelling), 헤겔(F.W. Hegel)로 이어지는 독일철학을 관념론적인 사변철학이라고 규정하고 이 철학은 인간과 분리된 철학이라 했다. 그래서 포

---

6) A Cornu, 앞의 책, p.66.

이엘바하는 새로운 철학의 과제로서 인간과 분리된 철학을 다시 인간의
철학으로 되돌리는 것이라 했다.

포이엘바하는 『미래철학의 근본원칙』의 서문에서 '철학을 인간사로 만
드는 것이 나의 최초의 노력이었다'고 술회하면서 당시의 관념론적인
사변철학과 종교에 짓눌린 인간의 감성을 해방시키려는 시도를 감행했
다. 기존 신학의 중심과제는 신이고 신은 정신적이고 추상적이며 절대
적인 존재이다. 신만이 본질적인 것으로서 추상적이고 초월적인 방식으
로만 실현되고 지향할 수 있다는 기존신학을 거부했다. 그는 '신은 실
존하는 현실적인 존재이다. 현실성이 없는 존재, 추상적인 존재는 무
(無)이다.'[7]라고 주장했다.

포이엘바하는 종교는 현실적인 영역과 이상적인 영역, 즉 인간과 신
을 연결하려는 시도가 행해지고 현실적인 것을 이상적인 것에 복종시키
고 마는 것을 그 시대의 문제로 제기했다고 볼 수 있다. 그 당시 종교에
의해 소외된 인간을 해방시켜 자유롭고 존엄한 인간에로의 환원을 위해
종교를 버리는 시도를 했다는 것이다. 그는 主著인 『기독교의 본질(Das
Wesen des Christentums)』에서 이 원칙을 기독교에 적용시켰다. 여기에
서 그는 유물론·인류학·휴머니즘이라는 세가지 주제를 사용했다.

유물론에서는 첫째, 대상들이 마음과 무관해서 존재할 수 있으며 둘
째, 모든 지식은 감각들로부터 도출되며 세째, 靈的 存在에 대한 부정
을 나타내고 있다. 또한 그는 종교의 기원과 기능을 설명하면서 '神이
인간이며 인간이 신이다'라는 명제를 걸고 종교를 인간화시켰으며 휴
머니티를 神聖化했다. 그에 의하면 진정한 神學은 人類學이었다.

그러나 그에 있어서 종교란 어떤 의미인가? 종교는 동물에게는 없고
오직 인간의 영역에서만 발견된다. 인간은 類的 存在이다. 인간은 사회
의 구성원이고 일반적으로 인류를 이해하고 평가할 수 있는 존재이다.

---

7) Feuerbach L. A., *Grundsätze der Philosophie der Zukunft*, 강대석 역,
『미래철학의 근본원칙』(서울 : 이문출판사, 1983), pp. 40∼41.

여기서 종교의 기원을 찾는다. 인간의 사회성이 종교의 기원이라는 것
이다. 인간이 인간과 함께 있을 때, 나와 너와 통일될 때 신이라는 것
이다.

포이엘바하에 있어서 종교와 신은 인간의 상상력과 환상에 의해서 만
들어 졌고 인간은 그렇게 되기를 원하는 그런 자를 신으로 만들었다는
것이다. 인간이 소망을 갖고 있지 않다면 종교도 갖지 않았을 것으로 본
다. 그래서 신이 자기의 모습에 따라 인간을 창조한 것이 아니라 인간
이 자기 모습대로 신을 창조했다고 주장한다. 따라서 종교는 허위의식
이며 비판의 대상이 되는 이데올로기에 불과하다는 것이다.

종교란 주체와 객체, 인간과 신 사이의 참된 관계의 역전 내지는 발전
의 모습이라는 것이다. 사실상의 주체인 인간은 그가 창조한 존재인 신
의 부속물이 되고 실제로는 인간의 부속물인 신은 거꾸로 창조적 요소
인 主體가 된다는 것이다. 그러므로 그는 종교를 민중의 아편으로 인식
하고 종교는 민중에게 환상적 행복을 약속하는 대신 현실적 행복을 쟁
취하려는 투쟁의욕을 마비시키는 것으로 보았다.

이상과 같이 마르크스는 포이엘 바하의 人本主義的 唯物論과 무신론
적 종교관을 받아 들이고 헤겔철학을 부정함에 있어서 그에게 의존한
바, 「독일 이데올로기 포이엘 바하에 관한 테제들」에서 포이엘바하의
철학을 변용한 것을 찾아볼 수 있다. 이것은 제 2 장 유물론에서 상세
히 다루기로 한다.

5. 종합적 배경

마르크스주의의 형성은 시대적 배경과 사상적 배경을 아울러 살펴보
아야 한다. 당시의 시대적 환경은 絕對王政을 타파한 프랑스혁명의 여
파로 유럽에서 자유주의적 사조가 만연하였으며, 뒤이어 나타난 산업혁

명은 정치·사회·경제 … 지적인 측면에 많은 영향을 끼쳤다. 산업 혁
명으로 인하여 공장제도의 발달과 산업자본주의의 태동, 경제적 제국주
의의 현상 好況과 不況의 교차, 국제경제에의 의존성이 나타난 한편 프
롤레타리아의 도시집중으로 인한 사회불안과 대량실업, 기계화된 전쟁
등의 병폐가 노출되었다. [8] 마르크스는 이러한 이유를 사유재산에서 찾
았다. 이러한 배경 아래 형성된 마르크스의 사상적 맹아에 영향을 끼친
종합배경을 살펴본다.

1) 獨逸哲學

마르크스는 독일의 고전철학 즉 칸트에서 헤겔에 이르는 관념론 중에
서도 특히 헤겔의 觀念論을 배격하였으며 國家有機體說을 부인하고 絕
對理念을 생산양식의 변화로 대체시킴으로써, 헤겔의 변증법에서 합리
적 알맹이만 남기고 관념론적 껍질을 벗겨서 변증법을 더 발전시켰다.
또한 포이엘바하의 휴머니즘의 영향을 받고 종교는 초월자의 교시가 아
니라 인간본성의 반영에 불과하다고 인식하고 인간이 종교나 국가에 예
속될 수 없다는 유물론적 민주주의 사상을 확립시켜 나갔다.

2) 프랑스 社會主義思想

계몽주의사상·공상적 사회주의사상·국제사회주의사상 등이 마르크
스에 영향을 끼쳤다. 이와같은 사상이 초기 자본주의의 모순을 지양하
여 무계급사회의 이상을 고양시킨 점에서 영향을 미쳤으며, 나아가 마
르크스는 계급투쟁의 입장을 발전시키고 자본주의 사회의 생산비밀을
폭로하여 사회주의를 과학화시켰다.

---

8) 산업혁명의 영향에 관해서는 Henry W. Littlefield, *History of Europe:
1500~1848(New York: Barmes and Noble Inc. 1968) 참조.

3) 英國의 古典經濟學

아담 스미스, 리카아도를 중심으로 單純商品小生産者의 等價的 교환이라는 勞動價値說을 주장했다. 이는 다시 말해 일체의 가치가 그 상품 생산에 투하된 필요노동량에 의해 결정된다는 것이다. 마르크스 경제학의 토대로서의 잉여가치론은 바로 이 노동가치설을 핵심으로 사용했다. 마르크스가 유물사관을 주창한 뒤로 그의 중심적인 연구는 근대자본주의 사회의 경제구조를 해부하는 데 두었으며, 이 때의 중심개념이 잉여가치론이었다.

제 2 절 疎 外 論

마르크스의 철학사상은 1848년 「共產黨宣言(The Communist Manifesto)」의 발표를 계기로 양분하여 이해할 수 있다. 다시 말해 철학으로부터 경제학에로 관심이 옮아간 동시에 젊은 시절의 인간소외론적 휴머니즘 경향으로 점철된 초기 마르크스주의(Junge Marxismus)와 唯物辨證法을 토대로 하여 唯物史觀을 전개하는 이른바 공산주의사상의 폭력혁명・계급투쟁・프롤레타리아독재를 근간으로 하는 後期마르크스주의(Alte Marxismus)로 나누어진다. [9]

초기마르크스주의의 휴머니즘을 가장 잘 나타낸 저서는 『經濟・哲學手稿 : 1844(Economic and Philosophical Manuscripts)』이며, 「소외된 노동(alienated labour)」이란 節에서 노동의 상품화와 인간의 자기소외를 다루고 手稿 2부에서는 생산수단의 私有가 없는 인간사회, 즉 완성된 자연주의와 인간주의로서의 사회주의와 공산주의를 위한 특기할 만한 견해를 제시하고 있다. 궁극적으로 마르크스에게 소외의 문제는 인간의 자유로운 능동적 自我實現을 추구하는 휴머니즘의 완성에로 나아가는 가장 중심적인 과제이다. 요컨대 마르크스의 중요한 주장은 소외된 노동을 능동적인 자아실현과 생산적인 창조활동의 노동으로 바꾸는 것이다.

---

9) Robert Tucker, *Philosophy and Myth in Karl Marx*(London: Cambridge Univ. Press 1971), pp. 165~176.

1. 인간의 本性과 勞動

원래 마르크스의 소외개념은 헤겔과 포이엘바하로 부터 영향을 받았는데 마르크스는 이 소외를 노동과 결부시켜 확대·발전시킨 것이다. 헤겔은 인간을 神으로부터의 소외로 보았던 반면 포이엘바하는 신을 인간으로부터의 소외로 보았다. 마르크스는 포이엘바하의 종교적 소외에서 출발하여 철학적 소외, 다음에는 정치적 소외를 거쳐 마지막으로 경제적 소외에 이르기까지 소외를 여러 유형으로 구분하였다. 특히 그는 경제적 소외를 근본적인 것으로 간주하였는데, 이는 노동을 인간의 근본적인 활동으로 인식하였기 때문이다. 이 유형에서 보이는 공통적인 특징은 본질적인 것이 누구인가 혹은 무엇인가에 의해 박탈된다는 것이다. 달리 표현해서 우리가 일반적으로 「소외되었다」고 할 때에는 「무엇으로부터」 소외되었는가를 전제로 한다.

마르크스에 있어서 소외개념은 존재(existence)와 본질(essence)간의 차이로서 인간의 존재가 그의 본질로부터 소외된다는 사실에 그 기반을 두고 있다. [10] 그래서 마르크스는 인간을 類的存在[11]로 파악하고, 인간의 본질이며 자기창조의 활동인 노동에서 소외이전의 상태를 찾고 있다. 즉 자연적이고 감각적인 인간의 본질이 노동이며, 이 노동의 의식적인 활동을 통하여 사회적 인간의 類的存在를 실현하게 된다는 것이다. [12]마

---

10) Erich Fromm, *Marx's Concept of Man*(New York: Frederick Ungar Publishing Co., 1966), p. 47.

11) 類的存在(Gattung Swessen): 마르크스는 인간의 본질을 인간적 개체에 내재한 추상체로 파악한 포이엘바하를 비난하고 「사회적 諸關係의 總體」를 주장했다. 이 총체가 類的存在이다. 즉 한 개체가 아니라 인류는 전체적 속성을 자신의 본성으로 확보하는 인간존재라는 의미이다. 동물은 개체로 파악한다. 전체 동물세계 속에서 혹은 동물세계를 위해서 자기를 파악하지 못한다.

12) 유럽사회에서 보이는 인간관에 있어서 아리스토텔레스는 사회적 동물로, 아퀴나스는 결사적 동물로, 홉스는 정치적 동물로, 헤겔은 사회적 노동체계에 의해 욕구를 충족하는 것으로, 마르크스는 노동을 통해 類的本質을 실현하는 것으로 이해하고 있다.

르크스가 본 인간은 이중적 존재이다. 한편으로는 육체적·감각적·현
실적인 존재로서 자연적인 존재이며, 동시에 능동적이고 창조적일 수
있는 의식적인 존재이다. 마르크스는 그의 『經濟·哲學手稿』에서 다음
과 같이 말한다.

"인간은 직접적으로 자연적 존재이다. 자연적 존재로서, 그것도 살아 있는
자연적 존재로서 그는 자연력(natural powers)과 생명력(faculties)을 갖추고
있는 하나의 능동적으로 움직이는 자연존재이다. 그리고 이러한 힘들은 그의
내부에서 소질과 능력의 형태 즉 충동으로서 존재한다. 다른 한편으로 인간
은 자연적·육체적·감각적·객관적인 존재로서, 동물이나 식물과 마찬가지로
고통을 당하며 조건에 따라 변하고 제한된 본질이다. 다시 말해 인간의 충동
의 대상은 인간과 무관하게 인간의 외부에 존재한다. 그러나 이들 대상은 욕
구의 대상이며 본질적인 대상인 바, 인간의 본질적인 힘을 표출하고 확정함에
있어서 필요불가결한 것이다. 인간이 자연에 의해 힘이 부여되었으며 육체적
이고, 생동하며 현실적이고, 감각적이며 객관적인 존재라고 말하는 것은 곧
인간이 그의 존재나 生의 대상으로서 현실적이고 감각적인 대상들을 가진다거
나 또는 현실적이고 감각적인 대상을 통해서만 자기의 生을 외화할 수 있다는
것을 말한다. "13)

이와 같이 生의 外化를 노동이라 부른다. 따라서 인간은 자기노동을
통해서 필요한 생활수단을 만들어 자기의 생활을 창조하고 존재하는 것
을 의미한다. 이런 관점에서 볼 때, 마르크스에 있어서 노동이란 인간
과 자연의 動態的 관계이며, 인간 자신의 창조를 포함한 새로운 세계의
창조이다. 14) 결국 인간이란 노동을 통하여 자기자신을 창조하는 존재라
할 수 있다. 15) 이것은 마치 미술가가 자기의 작품을 통하여 자신을 표
현하고 자신의 느낌을 나타내며 거기서 즐거움과 성취감을 발견하는 것
과 흡사하다.

---

13) Erich Fromm, *Marx's Concept of Man*, 앞의 책, pp. 181~182.
14) 같은 책, p. 47.
15) G. Niemyer, "마르크스의 人間改造" 『共產主義 本質批判』(국토통일원,
   1973), p. 33.

이처럼 노동은 생계를 위한 수단이 아니고, 노동이 하나의 즐거움이 되고 본질의 표현이 되어야 한다는 것이다. 따라서 인간은 노동과정과 분리해서는 생각할 수 없고, 이러한 인간의 노동과정에의 인식은 집단 적으로 즉 여러 사람이 다 함께 모여서만이 획득할 수 있다고 마르크스는 주장한다. [16] 노동을 통하여 「나」를 실현하는 것인 동시에 「너」를 실현하게 되는 從的存在·共同存在·類的存在로서 인간은 자유롭고 인간 다운 인간對 인간의 사회관계를 유지한다. 마르크스는 실천적인 활동인 노동을 통하여 유적존재로서 자기 자신을 확인하는 것을 다음과 같이 말하고 있다.

"인간은 객관적 세계를 움직이는 것에서 자신을 類的存在라고 확인한다. 이 러한 생산은 인간의 활동적인 類的生活이다. 이를 통해 자연은 인간의 노동 (work)과 현실로 나타난다. 그러므로 노동의 대상은 「인간의 유적생활의 객관 화」이다. 왜냐하면, 의식작용에서 처럼 인간이 더이상 자신을 지적으로 재생산 하는 데 그치지 않고, 자신을 활동적으로 또한 진정한 의미에서 재생산하며 자신이 건설한 세계에서 스스로의 反映을 보기 때문이다."[17]

이처럼 노동의 對象性은 고립된 개인이 아니라, 인간의 類的生活의 대상화를 의미한다. 추상화된 개인생활이 아니라, 자기실천이며 창조된 노동을 통하여 類的生活을 하고 그 속에서 자기자신을 인식한다. 다시 말해서 類的生活·생산적인 생활·생명을 창조하는 생활이 단순히 노동 자의 개인적인 생활을 유지하기 위한 수단이 되지 않는다는 것이다.

종합해 보면, 인간은 자기실현을 위해 노동하는 존재이며 노동을 통 하여 類的存在로서 자기자신을 인식하고 자유로운 활동을 한다. 이렇게 해서 형성되는 인간세계는 사회이며, 인간은 사회적 존재가 된다는 것 이다.

---

16) 같은 책, p. 34.
17) E. Fisher, *Essential Marx*, 노승우 역, 앞의 책, p. 44. ; Karl Marx, *Economic and Philosophical Manuscripts*, pp. 127~8.

2. 疎外된 勞動

노동이 인간의 자기실현에 필수적이므로 노동자가 생산하는 것 자체는 노동자에 속하고, 노동자가 노동을 통하여 생산품을 만들어 대상화하는 것은 類的存在로서 고유한 것으로, 소외된 것이 아니다. 그러나 노동이 분화됨에 따라 인간의 힘의 표현이라고 하는 노동이 본질적 성격을 상실하고 인간을 노예상태로 전락시킨다는 것이다. 노동이 인간의 창조적·동태적 활동의 표현이라면, 노동의 分業은 '인간의 본래적인 類的活動으로서, 혹은 유적존재로서의 인간활동을 소외시키는 것에 불과하다.'[18]

"노동과정 내의 노동분업은 노동자를 거대한 기계의 부속품으로 전락시키고, 노동을 무의미하게 하고, 작업수행자를 인간의 한 부분으로 간주하여 어떤 세부적인 기능으로 전락시킨다. 즉, 그가 생산해 내는 것은 그에게 중요하지 않으며 그의 노동생산물은 그 자신의 자아의 객관화가 아니라 그의 통제를 벗어나 버린다는 것이다.

노동의 사회적 분업은 한 인간을 물질 소유자 즉, 노동의 도구와 생산물의 소유자로 만들고, 또 다른 사람을 시장에서 노동을 파는 생산행위를 결정하는 데 있어 어떤 역할도 수행하지 못하고 그 생산행위만을 수행하는 소유권이 박탈된 피조물로 만든다."[19]

노동이 분업화 되어서 물건을 생산하는 것은 자기 자신을 위해서 생산하는 것이 아니라 서로 交換하기 위해서 생산하는 것이 된다. 이렇게 자기 자신의 노동에 의한 상품을 다른 사람에게 양도하고, 거의 대부분 다른 사람을 위하여 물품을 생산한다면 마르크스가 말하는 인간자신의 본질로부터 분리된다. 즉 노동의 생산품이 상품이 되고, 상품을 위하여 노동하게 된다면 그 때 그 생산품은 생산자로부터 이탈되고 소외의 양상을 띠게 된다.

인간의 자기실현이며 창조적 노동인 노동자체가 상품화되는 것을 소

18) 같은 책, p. 115.
19) 같은 책, pp. 64~65.

외된 노동이라 한다. 마르크스는 이와 같은 소외대상을 네 가지 유형으로 나누고 있다. 즉(1) 노동생산물로 부터의 노동자의 소외 (2) 노동자 자신의 생산활동으로 부터의 소외 (3) 類的存在로 부터의 소외 (4) 인간으로 부터의 인간의 소외가 그것이다.

1) 勞動生產物과 疎外

노동이 인간의 본질적 활동이 되지 못하고 生存을 위한 수단이 될 때 소외가 일어난다. 자본주의에서 노동자는 생존의 유지를 위해서 물건을 생산해 냄으로써 그들이 생산해 낸 생산물들이 소외의 존재가 되어 결과적으로 그 생산물들이 오히려 노동자를 지배하여 노동자와는 별개의 독립된 힘이 된다. 다시 말하면 본래 노동생산물은 노동자체가 대상에서 外化된 것이지만, 일단 생산되어 상품화 된다면 노동생산물은 노동자에 대해서 독립적이고 대립적인 힘이 되어 다시 노동자를 지배한다.

"노동자는 그가 富를 더 많이 생산하면 할수록, 그의 생산의 힘이나 범위가 증가되면 될수록 그는 더욱 더 궁핍하게 되는 것이다. 노동자가 더 많은 상품을 생산하면 할수록 그 만큼 더욱 값싼 상품으로 전락된다… 노동은 단지 상품만을 생산하는 것이 아니라, 그 자신과 노동자를 상품으로 생산한다.[20] 더우기 그것들은 노동이 일반적으로 상품을 생산하는 것과 같은 관계에서 생산하는 것이다. 이 사실은 노동이 생산하는 대상 즉 노동의 생산물은 하나의 소외된 존재(an alien being)로서, 생산자와는 독립된 힘으로써 노동에 대립하는 것을 표현하는 데 불과하다. 노동의 생산물은 대상 속에서 고정되고 사물화된 노동이며 노동의 대상화이다. 노동의 실현은 노동의 대상화이다. 국민경제적 상태에서는 노동 그 실현이 노동자의 「현실성박탈(vitiation)」로 나타나고, 대상화가 대상의 상실 및 대상에의 예속으로써, 점유의 획득이 소외로써 나타난다. "[21]

2) 生產活動과 疎外

이것은 인간의 본질적 활동인 노동 또는 생산행위 자체가 외적인 것, 즉 생존을 위한 수단으로 어쩔 수 없이 노동해야하는 상태에서 발생하

---

20) 노동의 상품만을 생산하는 것이 노동자체가 상품화 된다는 의미이다.
21) E. Fromm, 앞의 책, p. 95.

여 이 상황에서는 노동에서 아무런 즐거움도 보람도 느낄 수 없게 된
다. 마르크스는 노동의 소외가 ① 노동이 노동자의 본질에 속하지 않는
외적인 것이며 ② 따라서 그의 노동이 자발적인 것이 아니라 강제노동
이며 ③ 노동자에 대해서 노동의 外在性은 자기자신이 아니라 他人에
종속하기 때문에 나타나는 것이라고 지적하고 있다.

"그러면 노동의 소외를 구성하는 것은 무엇인가?
첫째, 노동이 노동자에 대해서 外的이라는 것, 즉 노동이 노동자의 본질에
속하지 않는다는 것이다. 그러므로 그는 자기의 노동에 있어서 그 자신을 긍
정하기 보다는 부정하게 되는 것이다. 또 행복이나 자유로운 육체적, 정신적
에네르기를 구현하기 보다는 오히려 불행으로 여기며, 그의 육체는 소모되고
정신은 황폐되는 것이다. … 노동하지 않을 때는 가정에 있는 것처럼 편하고
노동하고 있을 때에는 그런 편안함을 갖지 못한다.
둘째, 그의 노동은 자발적인 것이 아니라 강요된 것이며 강제노동이다. 그
러기 때문에 노동은 어떤 욕구의 만족이 아니라… 욕구를 만족시키는 수단에
불과하다.
마지막으로 노동자에 대해서 노동의 外在性은 노동이 그 자신의 것이 아니
라는 것, 그것이 그에게 속하지 않는다는 것, 그가 노동함에 있어서 자기자신
이 아니라 타인에 종속하고 있다는 데서 나타나고 있다. "22)

따라서 노동자의 본질은 더욱 빈곤해지고 정신적·육체적으로 더욱
황폐해진다. 프롤레타리아는 자신의 노동 속에서 자신을 충족시키지 못
하고 오히려 자신을 부정한다.

"노동은 확실히 부자에게는 경이적인 것을 만들어 내지만, 노동자에게는 가
난을 만들어 낸다. 노동은 궁전을 만들지만 노동자에게는 오두막집을 만든다.
노동은 아름다움을 생산하지만 노동자에게는 추한 모습을 낳을 뿐이다. 노동
은 기계에 의해 대체되었지만, 노동자의 일부는 막노동판으로 내몰리고 또 다
른 노동자는 기계로 대체된다. 노동은 부자를 위해 지성을 낳으나 노동자에게
는 저능과 백치(白痴)를 낳는다.
프롤레타리아는 행복보다는 비참한 느낌을 가지며, 자신의 정신적·육체적
인 에너지를 자유롭게 발전시키지 못하며 오히려 육체적으로 소진되고 정신적

─────────────
22) 같은 책, p. 58.

으로 침체되어 있다. 그러므로 노동자는 여가를 가지는 동안에만 집에서와 같이 편안함을 느끼고 일을 할 때는 집이 없는 것처럼 느낀다.″23)

그리고 마르크스는 생산물로 부터의 소외를 「事物의 疎外」라 하고 인간적인 활동을 할 수 없는, 생산활동으로부터의 소외를 모든 인간의 「自己疎外」라 한다.

3) 類的存在와 疎外

마르크스의 견해에 의하면 인간은 의식적으로 생명활동(life-activity)을 하며, 이처럼 자기의식을 가진 인간은 類的存在로서 자유로운 활동을 하게 된다. 그러나 소외된 노동은 그의 본질이 생존을 위한 수단으로 전락된다. 이처럼 인간의 자유로운 의식이 물리적 생존을 위해서 예속되어 버리는 것은 인간이 인간으로서의 類的生活을 할 수 없게 되는 것이다. 마르크스는 다음과 같이 논술하고 있다.

"소외된 노동이 자발적이고 자유로운 활동을 하나의 수단으로 격하시킨 것과 같이 인간의 類的生活을 그의 육체적 생존(physical existence)의 수단으로 轉化시켰다.″24)

따라서 인간의 의식까지도 생존을 위한 수단으로 되어버리는 소외가 類的存在로부터의 소외이다.

"···인간에 대하여 노동, 생명활동, 생산활동 그 자체가 그저 욕구와 육체적 생존을 간직하고 충족시키기 위한 수단으로써만 나타난다. 그러나 생산활동은 類的生活이다. ···그리고 자유로운 의식적 활동이 인간의 類的性格이다. 그런데 이 생활 그 자체가 오직 생활수단으로만 나타나는 것이다. ··· 인간은 자기의 생명활동 그 자체를 자신의 의지나 의식의 대상으로 삼는다. 그가 의

---

23) E. Fisher, *Essential Marx*, 노승우 역, 앞의 책, p. 30~31; Karl Marx, *Economic and Political Manuscripts*, 앞의 책, p. 124.
24) T. B. Bottmore, *Karl Marx: Early Writings* (London: C. A. Watts, 1963), p. 124.

식하고 있는 생명활동을 가지고 있다. …의식하고 있는 생명활동은 동물적
생명활동에서 직접 인간을 구별한다. 바로 이 점에서 인간은 하나의 類的存在
이다. 또는 인간이 바로 하나의 유적존재이기 때문에 그는 의식하는 존재인
것이다. …소외된 노동은 이 관계를 역전시킨다. 즉 인간은 의식된 존재이기
때문에 그 생명활동, 그 본질은 그저 자기의 생존을 위한 수단이 되도록 역전
시키는 것이다. *25)

4) 인간으로 부터의 人間疎外

이는 인간과 인간간의 소외이다. 인간이 노동에 투입되어 형성된 상
품의 가치가 오히려 인간을 지배하는 관계로 역전되고, 이런 관계는 화
폐경제에 의해 더욱 굳어진다. 돈과 노동의 산물이 인간을 지배하고 압
제한다. 이런 반동은 비단 노동의 생산물 또는 상품에 그치지 않고 화
폐제도, 기계, 법과 관습, 제도와 문화 등 모든 인간의 창조물에 적용시
킬 수 있을 것이다. 또한 노동과정에서도 노동을 상품과 같이 취급하고
분업을 원칙으로 해서 노동을 기계에 종속시켜서 제한된 부분만을 생산
하게 한다. 나아가서 기계의 발달로 노동자들은 일터에서 쫓겨나고 결국
은 기아선상에 빠지게 된다는 것이다. 가진자는 蓄財에 눈이 어두워지
고 非人格的 물질의 힘에 의해 지배된다. 인간의 非人間化, 인간의 自己
疎外는 나아가 인격 상호간의 소외 즉 인간과 인간의 적대관계를 조장
하게 된다. 인간은 사회적 동물로서 개인의 사회에의 참여는 노동에 의
하여 성취되며, 노동은 단순한 생산활동이 아니라 인간의 사회적 본성의
표현이라고 보기 때문에 이와같은 노동이 상품화되고 기계에 의해 대체
됨으로써 사회적 표현의 길이 막혀서 인간과 인간의 소외현상이 일어난
다고 본다.

"인간의 노동생산물, 인간의 생명활동과 유적 생활로부터의 소외에서 발생
하는 직접적인 결과는 인간이 다른 사람들로부터 소외된다는 사실이다. 인간
이 자신과 대립되어 있다면 결국 다른 사람들과도 대립된다. 인간의 노동, 노
동생산물, 그리고 자기 자신에 대한 관계에 적용되는 것은 또한 타인들과 타

25) E. Fromm, 앞의 책, p. 101.

인의 노동, 그리고 타인의 노동생산물에 대한 그 자신의 관계에도 적용된다.

일반적으로, 인간이 그의 유적생활과 소외되어 있다는 말은 각각의 인간이 타인들로부터 소외되어 있으며, 타인들 각자도 마찬가지로 인간생활로부터 소외되어 있다는 사실을 의미한다. "[26]

결국 노동생산물이 노동자 자신의 것이 되지 못하기 때문에 이를 소유하는 노동자 이외의 지배자가 존재할 수 있게 된다. 그래서 勞動疎外는 지배와 예속의 소외현상을 발생시킨다. 즉 노동자는 소외된 노동을 통해 그 자신의 생산을 타인에게 양도함으로써 노동이나 노동과정과 아무런 직접적 관련을 갖지 않는 다른 사람과 관계를 가지게 된다는 것이다. 여기서 노동자는 非勞動者이며, 노동생산물의 소유자인 자본가에 대립하는 것이다.

3. 疎外의 止揚

마르크스는 소외를 지양시키고 인간존재의 회복을 위한 처방책으로 무엇을 제시했는가? 마르크스는 소외의 발생근거를 생산수단에 대한 私的所有와 노동의 分化에 있다고 보았다. 여기서 이를 폐지하면 인간소외는 극복되며 이의 실천적 해결을 위해 사회주의 혁명철학과 연결시켰으며 그 담당자(Träger)로서 프롤레타리아를 형성시키고 자유로운 노동을 실현할 수 있는 미래사회를 제시한다. 이 미래사회는 공산주의 하에서만 가능하다고 보며, 이 공산주의를 세 개의 발전단계로 구분하고 있다.

제 1 단계의 공산주의는 사유재산의 보편화와 그 완성의 「조악한 공산주의(the crude and unreflective communism)」이다. [27] 이 단계에서는 사

---

26) E. Fisher, *Essential Marx*, 노승우 역, 앞의 책, p. 64. 인용 ; Karl Marx, *Economic and Political Manuscripts*, 앞의 책, p. 129.

27) 같은 책, pp. 124~127.

유재산의 止揚이 아니라 그것의 평준화, 소외된 노동의 폐기가 아니라 萬人에의 확대가 있을 뿐이다. 그리고 그 관심은 아직도 물질적인 것에 있고, 인간의 개성과 문화를 인정하지 않는다. 물질적 재산의 지배가 너무나 크기 때문에 사유재산 가운데 모든 사람이 소유할 수 없는 것은 무엇이나 파괴하려 한다.

둘째 단계의 공산주의 즉 프롤레타리아 독재단계에서는 ① 국가의 형태가 민주적이거나 전체주의적이거나 간에 아직껏 본질은 정치적 단계에 머물러 있고 ② 국가가 死滅했다 할지라도 불충분한 상태의 私的所有에 따른 인간의 소외에 의해 영향을 받는 단계이다. [28]

최종 단계의 공산주의는 사유재산과 인간의 자기소외가 적극적으로 지양되는 단계로 地上樂園이 실현된 진정한 공산주의, 완성된 공산사회이다.

"사유재산의 적극적인 철폐로서의 공산주의, 따라서 인간에 의한 인간을 위한 인간본질의 현실적 점유로서의 공산주의, 완전히 의식적으로 종래의 발전의 모든 성과의 내부에서 발생된 인간으로써의, 인간자체의 부귀를 의미하는 공산주의, 이런 공산주의는 완성된 자연주의(a fully-developed naturalism)＝인본주의(humanism), 완성된 인본주의 (a fully-developed humanism)＝자연주의(naturalism)[29]로서 존재한다. 공산주의는 인간과 자연과의, 또는 인간과 인간과의 대립의 참된 해결이며, 존재와 본질과의 客體化(objectification)와 自己確認(self-affirmation), 자유와 필연, 그리고 個體(individual)와 類(species) 간에 존재하는 모든 투쟁의 진정한 해결이다. 공산주의는 역사의 수수께끼가 해결된 것이며, 동시에 스스로가 그 해결임을 인식하고 있다."[30]

이와같이 '사유재산의 적극적 지양은 모든 소외의 적극적 지양이며… 종교·가족·국가 등으로부터 신성한 인간적 생활, 즉 사회적 생활로의

---

28) 같은 책, p. 127.
29) 자연주의란 인간의 본성(nature) 즉 인간의 자연성을 충분히 계발하는 것으로, 인간 계발 즉 문화(culture)의 근본이 되는 휴머니즘과 같다. 마르크스에 있어 자연주의와 인본주의는 동일개념이다. 또한 자연은 순수한 자연이 아니라 인간화된 자연 혹은 인간으로 생성되어가는 자연이다. 이 때문에 마르크스는 자연주의적 인본주의자로 불리기도 한다.
30) E. Fromm, 앞의 책, p. 127.

회귀이다. ' 31)

이상에서 논의했던 소외과정을 헤겔의 正·反·合이라는 변증법적 構
조로 도식화하면 다음과 같다.

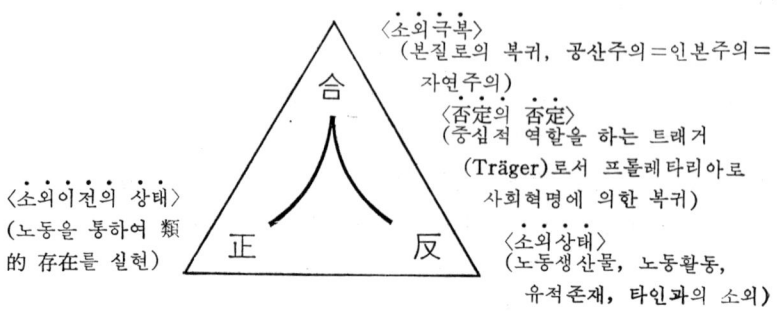

4. 疎外論의 평가

초기 마르크스는 인간소외의 원인이 사유재산제에 있다고 보고 이를
타파하는 공산주의사회는 자기소외를 제거하고 자기회복을 의미한다고
하여 인간이 자기소외를 극복하고 인간의 본질을 현실적으로 실현할 것
을 주장했다. 그러나 마르크스의 문제점은 인간의 본질을 규정함에 있
어 노동에만 국한시키고 인간의 사회적 성격을 지나치게 강조한 점이다.
인간성의 회복이라는 휴머니즘의 입장에서는 초기마르크스주의의 장점
으로 평가될 수 있으나, 휴머니즘의 실현을 제한된 생산수단과 소유관
계로 국한 해서 사유재산제도의 부정을 목표로 함으로써 문제설정의 한
계가 있다. 후기에는 인간성의 회복을 사회적으로 실현하려는 시도가 지
나쳐서 오히려 인간을 사회의 경제적·물질적 법칙에 종속시키게 되는
轉倒現象을 빚었다.

또다른 문제는 현실적으로 공산주의혁명에 의해서 소외가 지양되었
느냐 하는 데 있고, 현존 공산주의체제에는 소외가 없느냐 하는데에 있
다. 사유재산제도는 폐지되었으나 강제노동이라는 노동소외가 공산주의

31) 같은 책, p. 128.

체제에는 존재하며, 독재권력이 전체주의화되고 인간의 자유와 휴머니
즘은 위기상황에 놓여 있다. 이런 관점에서 볼 때 생산수단의 소유형태
와 소외현상간에는 아무런 관련이 없다는 반증도 성립될 수 있다.

또한 현대자본주의 국가에서의 인간소외 현상은 반드시 私有財産制 때
문에 생기는 것이 아니라 대규모 산업화 자체가 지니는 특징 때문에도
생긴다. 그리고 자본주의 사회에서는 노동자의 소외보다는 정신적으로
황폐된 정신노동자의 소외문제가 더 큰 문제로 대두되고 있다. 하버마
스는 '소외는 이제 경제적 의미를 거의 상실하고 마르크스가 그렸던
「소외된 노동」에 따르는 궁핍함이 아니라 「소외된 여가」에서 느끼는 결
핍감으로 바뀌었다.'[32]고 주장했다. 또한 인간은 언어를 통하여 상호작
용하는 존재로 보고 후기산업사회의 인간상실의 원인은 「노동의 소외」
가 아니라 「歪曲된 意思疏通」이라고 주장한다. 이외에도 인간상실의 원
인인 추상적인 이데올로기, 제도, 조직, 기술, 권력 등에 의해서 대규
모의 인간소외가 일어나고 있다고 볼 수 있다. 마르크스가 강조한 것처
럼 인간의 소외현상은 자본주의 사회에서만 있을 수 있는 역사적인 것
이 아니다. 어떤 사회에서도 있을 수 있는 초자연적인 것으로 사유재
산제도를 없애면 해결될 수 있는 단순, 부분적인 것은 아니다.

다음으로 오늘날 자본주의사회는 그 자체의 모순때문에 붕괴된다는
예견과는 달리 그 사회는 더욱 발전하였다. 오히려 사회주의체제에서의
노동자 소외문제는 심각하다. 자본주의 사회에서는 노동자는 자신의 숙
련된 기술로 노동하며 경제적으로 어느 정도 만족한 생활을 누리고 있
다. 또 자본가의 사회적 책임 및 노동자의 복지문제가 중시되고 있는
가운데 노동자의 혁명의식은 이미 사라져 형성될 수 없게 되었다. 그러
나 현존공산주의 사회에서는 당과 관료주의로 인해 인민은 더욱 소외되
고 정치적 소외라는 새로운 양상이 벌어지고 있다.

---

32) Jüngen Harbermas, *Theory and Practice*, trans., John Viertal (Boston:
Beacon, 1971), p. 195.

제 2 장   辨證法的 唯物論과 唯物史觀

제 1 절   哲學的 辨證法的 唯物論

마르크스사상에서 唯物論的 요소와 辨證法的 요소를 찾아볼 수 있는 것은 사실이나, 형이상학적 체제로서 변증법적 유물론 또는 유물변증법이란 용어를 사용하지 않았고 체계적으로 완성시키지도 않았다. 마르크스는 헤겔의 변증법적 방법을 이용하여 사회와 역사발전에 국한하여 분석했다. 그러므로 그의 유물론의 본질은 사회적으로 생산된 경제적 물질을 토대로 한 유물사관을 의미한다. 다만 역사적 범주를 벗어나지 않는 마르크스의 유물론에 입각하여, 자연의 물리화학적 변화나 進化論으로부터 자연과학의 대상을 가미한 것은 엥겔스였다. 엥겔스의 『反듀링論 (1877)』·『自然辨證法(1873-1883)』에서 시작된 유물론의 형이상학은 프레하노프·카우츠키를 거쳐 레닌·부하린, 그리고 스탈린에 이르는 유물론파의 원류를 형성했다. [1]

변증법적 유물론이란 용어는 프레하노프가 처음 사용했으며, [2] 볼세비

---

1) G. Lichthein, *From Marx to Hegel* (New York: Seabury, 1971), p. 25; 혹은 J. Habermas, *Theory and Practice*, trans., John Viertel (Boston: Beacon, 1971), p. 200.
2) Robert Tucker, *Philosophy and Myth in Karl Marx* (London: Cambridge Univ. Press, 1971), p. 23.

키당의 黨略的·전투적·敎條的 도그마로 공식화된 것은 1936년 스탈린의 著作인 『辨證法的 唯物論과 史的唯物論』[3]에 의해서였다. 이처럼 소비에트 정권에 이르러 변증법적 유물론은 마르크스-레닌당의 세계관이 되었다. 이론에 있어 유물론이고, 방법에 있어 변증법적인 것, 이러한 철학이 변증법적 유물론이다.

이와같은 유물론은 현실세계의 본질을 「정신이나 의식」이 아닌 「물질」로 단정하며 그것은 「물질의 객관적 실재성」, 「의식에 대한 물질의 우선성」, 그리고 물질의 속성에로 「영속적인 合法則的 운동」을 내세우는 내용으로 되어 있다. 여기서 변증법적 원천을 명확하게 이해하기 위해 물질과 변증법적 운동으로 나누어 고찰할 필요가 있다.

1. 마르크스 唯物論[4]의 배경

모든 철학의 기본문제는 정신과 자연, 의식과 물질, 思惟와 존재의 관계에 관한 문제이다.[5] 유물론의 기본적인 주장은 자연과 물질이 제 1차적이고 정신이나 사유는 제 2차적이라는 것이다. 萬有의 궁극적 실재가 물질이며 정신적·관념적 모든 현상이 물질에 의하여 규정된다는 입장이다.

---

3) 소련공산당 중앙위원회, 『소련공산당사』(모스크바 : 외국문서적 출판부, 1950), p. 217. 고대 유물론자들은 개인의 영역에 관심을 둔 반면 18세기 이후 현대 유물론자들은 사회와 사회개혁에 촛점을 두고 인간문제를 주변사회 환경에서 비롯되는 것으로 보고 사회개혁을 시도했다고 볼 수 있다.

4) Robert Tucker, 앞의 책, p. 182. 마르크스에 의하면 유물론자는 실질적 발전과정을 통해 역사관을 얻을 뿐 아니라, 인간이 감각적 경험에 의하여 이해할 수 있는 물질적 세계관을 역사를 통해 얻는다고 주장한다. 유물론자에 있어서는 이러한 「감각적」 외부세계는 인류의 과거 모든 생산활동이 물질화한 것이다. 이러한 유물사관이 그 자신의 고유한 것이란 점을 충분히 인식했기 때문에 마르크스는 이를 「새로운 유물론」이라고 불렀다.

5) A. W. Wood, *Karl Marx*(London: Routledge & Kean Paul Ltd., 1981) pp. 159~160.

유물론은 크게 두가지 형태로 구분되어 기계론적(mechanical) 유물론
과 변증법적(dialectical) 유물론의 형태로 나눈다. 변증법적 유물론은 유
물론의 고차원적 단계로 영원한 변증법적 운동과정에서 물질을 이해하
며, 이 견해를 사회와 역사의 영역뿐 아니라 자연현상까지 확대하여 전
개한 마르크스 이후의 공산주의 유물론을 총칭한 말이다. 이러한 마르
크스 유물론을 이해하기 전에 우선 기계론적 유물론과 포이엘바하의 唯
物論을 이해할 필요가 있다.

1) 機械論的 유물론(mechanical materialism)

기원전 4세기 경의 철학자들 가운데 데모크리토스(Demokritos, 460-
360 B.C.)와 에피쿠로스(Epikouros, 341-270 B.C.) 및 루크리티우스(Lucretius,
96-55B.C.)는 우주의 궁극적 실체를 원자로 보는 기계론적 유물론의 입
장을 취했다. 특히 데모크리토스는 인간의 마음과 정신이 원자로 구성
되어 있다고 주장하고 인간의 감각은 외계로부터 들어오는 원자가 감각
기관 내부에 있는 특정한 원자와 충돌함으로써 일어나는 마음의 변화라
고 설명한다. 인간의 사고작용도 외계의 원자가 감각기관을 통하지 않
고 직접 모든 미세한 원자와 접촉함으로써 이루어진다고 했다. 이처럼
일체의 심리적인 것과 관념적인 것을 원자의 과정으로 설명하고 궁극적
인 실체는 원자와 공간이라고 하였다. [6]

에피쿠로스는 원자는 형상, 크기, 무게가 다르고, 원자의 운동은 무게
에 따라 하향운동이 일어난다고 주장, 무게를 원자의 고유운동의 원인으
로 파악하여 데모크리토스가 원자의 자발적인 운동을 설명하는데 이견을
제시했다. 그는 인간을 유물론적으로 해석을 하여 다음과 같이 말했다.

"가장 고통스러운 죽음은 우리에게 아무것도 아니다. 왜냐하면 우리가 존재
하는 한 죽음은 우리와 함께 존재하지 않으며, 죽음이 다가왔을 때는 우리는

---

6) 강재륜, 『철학』(서울 : 일신사, 1981), p. 31.

존재하지 않기 때문이다"[7]

또한 그의 견해에 따르면 '선과 악은 감각으로 구성되어 있으며 죽음은 감각의 이탈일 뿐이다'라고 하여 인간이 유물적 존재임을 강조했다.

루크리티우스는 상기 두사람의 입장을 받아들인 로마의 철학자로, 원자의 운동을 가능케 하는 것은 공간을 통해 무게에 의해 상하운동을 하고 기계적일 뿐 아니라 상호 충돌도 한다고 하여 원자, 원자운동, 그리고 이들이 운동하는 공간만이 영원히 존재한다고 했다.

이와같이 기계론적 유물론자들은 분자, 원자, 원소와 같은 불변적 실체를 인정하고 그 역학적 운동에 의해 자연현상을 설명하려 했다. 그들은 인간을 이해함에 있어서도 인간의 존재를 협의의 자연내적 존재로 파악하므로 자연주의적 유물론자들로 지칭되기도 한다. 인간의 신체구조라든가 인간의 체내에 섭취되는 햇빛, 공기, 물, 음식 등 인간을 둘러싸고 있는 자연세계 일체를 자연적 물질로 파악하고 인간의 의식, 정신, 행동, 사상, 문화 등의 총체는 이 자연적 물질에 의하여 근본적으로 규정된다고 주장한다. 즉 힘이 물질의 속성인 것처럼 정신도 물질의 속성이며 우리의 사고는 뇌수의 분비물이라는 것이다. 그래서 만약 이들 자연적 물질의 상태가 변화된다든가 없어지게 되면 인간의 의식도 문화도 모두 파괴된다고 본다.[8]

이와같이 기계론적 유물론은 유기적 생명체 혹은 인간의식의 세계를 물리적 자연계와 동질적으로 취급하고 이들을 일괄하여 역학적 법칙으로써 설명하려는 것이었다. 그러나 그리스도의 출현으로 우주 만물은 하나님의 창조로 해석됨으로써 유물론은 퇴색되었다가 17세기에 베이컨 (F. Bacon), 홉스(F. Hobbes), 가상디(P. Gassendi) 등이 다시 유물론을 전개하게 되었다.

16세기부터 18세기의 과학은 주로 역학과 수학이었으며 모든 자연현

---

7) Thomas Sowell, *Marxism*(N. Y: Quill William Morrow, 1985), p. 37.
8) 務台理作, 『哲學槪論』, 홍윤기 역(서울 : 한울, 1986), p. 78.

상은 역학적 기계적으로 설명될 수 있다고 보았다. 그래서 자연과학의
분석적 방법이 유물론의 이론에 결부되어 기계론적 유물론으로 전개되
어 왔다.

2) 포이엘바하와 마르크스의 유물론

포이엘바하의 사상은 크게 唯物論(materialism), 인류학(anthropology)
및 휴머니즘으로 나눌 수 있다. [9) 그는 1839년 『헤겔哲學批判』, 1841년
『基督敎의 本質』 등의 저서를 통해 헤겔철학을 비판하고, 자연주의, 인
간주의로 불리는 유물론을 제시했다. [10)

그의 유물론의 요체로서, 참된 實在는 헤겔이 논한 정신이 아니라 자
연이며, 인간은 그 두뇌를 포함하여 자연의 최고산물이고, 감성적인 주
체이며, 신체가 인간의 본질이라고 내세운 것이다. 인간은 절대 정신같
은 추상적인 것이 아니라 현실적인 인간, 즉 시각·촉각·청각 등 감각
을 가진 감성적인 인간이다. 관념철학에서 사유된 것만이 참된 존재라
고 하는 개념에 반하여 감각되는 것만이 참된 존재이고, 진정으로 현실
적인 것은 신도 아니고 존재도 아니고 또 개념도 아니며 감각에서 주
어져 있는 것이라고 주장했다. 그리고 초월적 존재인 신이 인간을 창조
한 것이 아니라, 인간이 신을 만들었다고 주장하면서 神人同形說을 피
력했다. 즉 신학적인 내용을 인간학적인 내용으로 환원한 것이다.

이는 전적으로 초월적이고 비물질적인 신을 거부하고 신의 본질을 인
간의 본질로 규정한 것이다. 인간의 감각이 일체 존재의 기초를 이루고
있으며, 우리의 인식은 항상 물질적 존재를 반영하는 감각에서 출발하
지 않는다면 내용을 가질 수 없다고 하여 그 당시 종교와 관념철학에
의해 소외된 인간, 감성이 짓눌린 인간을 해방시키려 했던 인간학적 유
물론을 제시했다.

9) Richard T. De George, *Patterns of Soviet Thought*(Ann Arbor: Michi-
 gan Univ. Press, 1970), p. 24.
10) 아세아문제연구소 編, 『마르크스-레닌주의』(서울 : 高大亞硏, 1982), p. 53.

이런 관점에서 그의 유물론은 철저한 인간주의였으며 마르크스 사상에 큰 영향을 주었다. 그러나 마르크스는 포이엘바하의 유물론을 변형시켜 수용하고 그의 종교비판 역시 전적으로 받아들인 것은 아니었다. 포이엘바하의 唯物論에 대한 주된 비판은 11개의 『포이엘바하에 관한 命題』와 『독일 이데올로기』에 집약되어 있다. 종합해서 말하자면 포이엘바하의 유물론은 사회에서 생산하고 창조하는 감성적 활동의 주체로서 인간을 파악하지 못하고 역사적 발전, 즉 변증법이 없었다는 것이다.

『포이엘바하에 관한 명제들』에 나타난 마르크스의 입장은 다음과 같이 요약할 수 있다. [11]

첫째, 마르크스는 포이엘바하의 知識論(theory of knowledge)을 공격하였다. 마르크스가 지적하는 바에 의하면, 포이엘바하와 다른 모든 유물론자들은 어떤 것들이 객관적으로 그리고 인간으로부터 독립해서 존재할 때에만 그것들을 대상으로 간주한다. 그런데 사물을 그런 식으로 처리하면, 인식하는 주체의 측면에서는 어떠한 능동성도 허용되지 않는다. 관념론의 가치는 그것이 비록 추상적이긴 하지만 인식에 있어서 이성의 능동적 역할을 강조하는 점에 있다. 만일 어떤 사물에 대한 포이엘바하의 관념이 정확하다면 우리는 실제적으로 인간의 지식을 어떻게 설명할 수 있는가? 마르크스는 정신이 지식추구과정에서 수행해야하는 적극적 역할을 가지고 있지 않는 한 인식하는 주체로서 인간의 지식은 본질적으로 설명하기 어려운 것이라고 보고 있다.

둘째, 포이엘바하가 인간의 본질적 활동을 이론적인 것이라고 간주하고 있다고 마르크스는 주장한다. 포이엘바하는 인간의 실천적 활동을 무시할 수 있다. 그는 이론적이며 실천적이지 못한데, 이러한 경향은 그의 진리관과 종교분석에서도 나타나 있다. 그는 종교란 세속적 기초(경제)를 가지고 있다고 보나, 이러한 사회에 있어서의 세속적 기초에서 오는 모순이 배제될 수 있는 본질적 방법들을 강구하고 있지 않다. 이러한 사

11) R. T. De. George, 앞의 책, p. 24.

회적 모순은 혁명적 실천에 의하여 극복되어야 한다'는 것이 마르크스의 주장이었다.

세째. 마르크스에 의하면 포이엘바하는 지나치게 추상적이다. 포이엘바하에서의 인간은 추상적이며 고립된 개인이고, 사회와 연관성이 없다는 것이다. 그리고 마르크스는「인간의 본질」이란 현실에 있어서의 사회적「諸關係의 總體」인데도 포이엘바하는 '인간의 본질을 인간적 個體에 내재한 抽象體로 파악하고 있다'고 비판한다.

네째, 마르크스는 '철학자들은 단지 세계를 상이하게 여러가지 방식으로 해석해 왔을 뿐이다. 그러나 중요한 핵심은 세계를 변화시키는 것이다'라고 주장하고 있다. 인간의 결핍, 욕구의 근원 그리고 소외의 근원을 파악하고 그래서 만일 포이엘바하가 보여준 바 있는 소외를 실제적으로 극복하고자 한다면 사회를 변화시켜야 한다는 것이다.

2. 마르크스의 〈새로운 유물론〉

마르크스는 과거의 유물론과 포이엘바하의 오류를 비판하면서 자신의 유물론을「새로운 유물론」이라고 불렀다. 제 10 명제에서 그는 '구형태의 유물론의 관점은 시민사회이며, 새로운 유물론의 관점은 인간적 사회, 사회적 인간주의이다'고 지적하고 있다.

이「새로운 유물론」은 근본적으로 사적 유물론이다. 포이엘바하는 유물론자의 이상은 역사를 다루지 않고, 그가 역사를 다루는 한은 유물론자가 아니라 했다. 그에게 있어 유물론과 역사는 완전히 분리되어 있다[12] 그 반면에 마르크스의 경우에는 감각적 물질세계가 인간역사과정의 축적된 생성물이라고 보고 있다는 점에서 유물론과 역사가 완전히 합쳐지고 있다. [13] 마르크스 유물론의 본원리는 포이엘바하가 파악하지 못한

---

12) R. Pascal, (ed.), *The German Ideology* (New York: Int'l Publisher 1947), pp. 37~38.

13) R. Tucker, 앞의 책, p. 183.

사회적 · 역사적 인간을 제시한다.

> "의식이 생활을 결정하는 것이 아니라, 오히려 생활이 의식을 결정한다."[14]
> "물질적 생활의 생산양식은 생활의 사회적 · 정치적 · 정신적인 모든 과정의 일반적인 성격을 결정한다. 인간의 존재를 결정하는 것은 인간의 의식이 그들의 존재를 결정하는 것이 아니라, 그들의 사회적 존재가 그들의 의식을 결정한다."[15]

여기서의 물질세계는 천연자원, 생물학적 · 화학적인 자연계가 아니라 인간의 경제적 이해관계(生產關係)이며 마르크스에 있어 물질이라는 것도 사회적으로 생산된 물질이다. 존재도, 엥겔스가 말하는 자연일반도 아니고 순수히 존재론적인 존재도 아닌 사회적 존재이며, 물질적이고 경제적인 사회적 조건 속에서 생활하는 인간의 사회적 생활인 것이 분명하다.[16] 따라서 이 命題는 유물론적 존재론의 언급이라기 보다는 사회학적 언급이며, 사회적 의식으로서의 이데올로기는 사회적 존재, 즉 사회의 경제적 이해관계에 의해서 규정된다는 存在拘束的인 의미를 지닌 유물론적인 주장이다.[17]

그러나 다음과 같은 유물론의 흐름은 마르크스에게 있었다. 그는 『資本論』 후기에서 사회적인 것을 물질적인 것으로 이해하면서 '그러나 나에게 있어서는 반대로 이념적인 것은 인간의 두뇌속에 轉置된 물질적인 것 이외의 아무것도 아니다'[18]라고 주장했다. 요컨대, 물질적 생산 또는 생산의 물질적 조건을 일차적으로 간주하는 데에서 마르크스의 기본 논리는 유물론이며, 역사의 유물론적 해석의 기초정립에 공헌했다.

---

14) K. Marx and F. Engels, *The German Ideology*, 앞의 책, p. 15.
15) T. B. Bottmore, 앞의 책, pp. 21~22; *A Contribution to the Critique of Political Economy*(Moscow: F. L. P. H, 1959), p. 25.
16) 아세아 문제 연구소 편, 앞의 책, p. 87.
17) 같은 책, p. 87.
18) K. Marx, (ed.), *Capital* (Chicago: Charles H, Kerr & Co. Ltd., 1904), p. 25.

3. 엥겔스와 辨證法的으로 思惟된 唯物論

엥겔스는 마르크스 유물론을 사회·역사적인 범주를 훨씬 넘는 자연과학에까지 포함시키고 소련 공산주의 철학의 변증법적 유물론의 길을 제시했다. 엥겔스는 『反듀링론』의 제 2 판 서문에서 물질적 자연자체가 스스로 변증법적 운동을 한다고 기술하고 있다. 즉 역사에서 사건들의 외견의 우연성을 통해서 지배하고 있는 변증법적 운동법칙과 같은 것이 자연 속에서도 무수히 복잡한 변화를 통해 자기를 관찰하고 있다는 것을 세밀한 데까지 확인하였다.

이처럼 엥겔스는 역사세계에 적용되는 변증법의 법칙이 자연계에도 작용한다고 보았다. 또 자연변증법(1873~83)에서 물질의 자기운동을 전개하고, 자기운동을 하는 물질은 변증법적으로 전개되는 것이라고 주장한다. 지구를 포함한 天體의 운동과 지구에 있어서의 지질학적 변화, 그리고 생명현상의 모든 진화발전이 그 변증법적 모순으로 이루어지는 것으로 보았다. 역사의 변증법적 발전의 기초가 되는 물질의 개념을 순수한 자연적 물질로 취급함으로써 자연은 엥겔스에 의해 신비화되었고 또한 마르크스의 유물사관이 아닌 唯物論的 形而上學으로 되었다.

그러면 변증법적 유물론자들이 사용하는 유물론이라는 개념과 특성은 무엇을 의미하는가? 그것은 흔히 認識論·存在論·形而上學·宇宙論·心理學 등을 포괄하는 것으로 사용되고 있다. 이러한 내용들을 종합하여 유물론을 다음과 같이 정의할 수 있다.[19]

1) 存在論(本體論) : 존재하는 것은 그 본성에 있어서 물질적이며 세계의 다양한 현상은 운동하는 물질의 변화형태를 나타내고 있다. 엥겔스는 思考와 존재, 정신과 자연 어느 쪽이 일차적인가 하는 우선순위의 문제를 다음과 같이 설명한다.

---

19) I. M. Bochenski and G. Niemeyer, (eds.), *Handbook on Communism* (New York: Praeger, 1962), p. 23.

"자연에 대해서 정신이 근원적이라고 주장하는 사람들, 따라서 결국에 가서는 세계창조를 정신이라고 인정하는 사람들은 理想主義(觀念論)의 진영을 형성하였고, 자연을 원천적으로 보았던 다른 사람들은 唯物論의 여러 학파에 속해있다"[20]

이것은 우리의 思惟와 존재 가운데 어느 것이 일차적이고 본질적인가 하는 존재론적 문제이며, 변증법적 유물론에서는 물질은 발생의 면에서 일차적인 것인 반면, 의식은 그 뒤에 물질에서 비로소 발생한다고 본다. 즉 인간의 정신 의식은 자연발전의 일정한 단계에서 발생하는 자연·물질의 산물이라는 말로 정신·의식에 대한 자연·물질의 優先性, 一次性을 내세우고 있다. 유물론자들은 이러한 사실은 구체적인 경험의 영역에서 증명된다고 말한다.[21] 우리는 경험을 통해서 감각은 물질보다 고차원적인 형태에서 산출된다는 것을 알 수 있다고 한다. 감각은 물질의 진화과정에서 나타난다는 것이다. 감각은 물질의 역사발전의 결정적 단계에서 변증법적 「비약」 혹은 質的인 변화를 일으켜 생성한다고 보기때문에 감각은 물질 속에 잠재적으로 내포되어 있다는 것이다. 바로 이 감각의 높은 차원이 의식이며 감각과 의식의 본질은 實在를 반영하는 것이라고 말한다. 요컨대, 그들은 물질이 일차적이고 우리 내부에 독립적으로 존재하며, 여기서부터 감각이 나타나며 보다 높은 단계에서 「비약을 통해 의식이 나타난다」고 하는 것은 객관적 사실이라고 주장한다.

2) 實在論 (反映論的 存在論): 변증법적 유물론 철학에서의 인식론의 문제이다. 즉 우리의 思惟가 현실세계를 인식할 수 있는가의 문제이다. 엥겔스는 물질에 대한 인식가능성의 문제점을 제시한다.

"思惟와 存在와의 관계에 관한 문제는 아직 다른 측면을 지니고 있다. 즉, 우리들의 주변 세계에 관한 우리의 사상은 이 세계 자체와는 어떤 관계를 갖고

---

20) K. Marx and F. Engels, *Marx-Engels Selected Works*, Vol. 1(New York: Random House, 1968), pp. 603~604.
21) Gustav Wetter, 姜在倫譯, 『辨證法的 唯物論批判』 (서울 : 태양출판사, 1980), p. 349.

있는가? 우리의 思惟는 實在하는 세계를 인식할 수 있는가? 우리는 실재하
는 세계에 대한 우리의 思想과 觀念 속으로 실재를 정확히 반영할 수 있는가
하는 것이 그것이다. ”22)

물론 유물론자들은 외부세계는 인식할 수 있다고 주장한다. 왜냐하면
세계는 우리의 의식에 반영되기 때문이라는 것이다. 實在論의 기본 주
장은 모든 사물들은 인간의 知覺으로부터 독립해서 존재하며 그것들은
우리의 의식속에 模寫反映 · 撮影된다는 견해이다. 反映論에 있어서 의
식은 물질의 반영이거나 모사되는 것이다. 우리 인간의 상식 뿐만 아니
라 과학적 지식까지도 물질의 반영이라는 것이다.

엥겔스 역시 자연의 객관적 · 합법칙적 인과성 · 필연성을 주장한다. 이
와 같은 엥겔스의 입장을 계승하여 레닌이 완성시킨 「認識論」이 바로
「反映論」이다. 레닌도

"정신질환자나 관념론자가 아닌 건강한 사람들의 實在論은 바로 사물과 세
계가 우리의 감각 경험 의식 그리고 우리 자신과는 독립적으로 존재한다고 보
는 견해이다. 동일한 경험이 우리들과는 독립적으로 존재한다는 확신을 준다.
우리의 감각과 의식은 단지 외부세계에 대한 「이미지」이다 영상은 영상되는
사물이 존재하지 않고서는 불가능하기 때문에, 영상되는 사물이 존재한다는
것은 너무나 명백한 사실이다. ”23)
"유물론은 물질이 인간의 의식과 감각 경험등에 독립적으로 존재하며, 의식
은 단지 물질의 반영에 불과하다. ”24)

다시 말하면 반영론은 감각과 지각이 우리와는 독립적으로 존재하는
객관적 신재를 반영한다는 견해이나.

그러나 이 실재의 의식적 반영은 움직이지 않는 사진의 原型과 유사

---

22) K. Marx and F. Engels, *Marx-Engels Selected Works*, Vol. 1, 앞의
    책, p. 604.
23) V. I. Lenin, *Materialism and Empirio-Criticism*, in Collected Works
    (Moscow: Foreign Languages Publishing House, 1960), pp. 69~70.
24) 같은 책, XIV, p. 326.

한 동작으로 이해되어서는 안된다. 세계가 발전의 과정인 것처럼, 인식
도 과정으로 이해해야 하며 이 과정에서 우리는 無知에서 깨어나 지식
의 상태로 넘어간다는 것이다. 레닌은 그의 철학노우트에서 되풀이하여
이 인식과정의 변증법적·反映的·성격을 강조한다. 즉 人間思考로의 자
연의 반영은 죽은 것도 추상적인 것도 운동이 없는 것도 모순이 없는것
도 아니라, 운동의 영원한 진행과정·모순의 발생과 止揚으로 파악되어
야 한다는 것이다. 25) 그리하여 인식과정에 있어서 2개의 변증법적 과
정을 제시한다. 즉 하나는 물질에서 의식으로 나아가는 것으로서 이것
은 감각에서 일어난다. 다른 하나는 감각과 表象에서 추상적 개념들을
형성하는 데서 일어난다는 것이다. 26)

　물질에서 감각으로의 전환은 인식과정에 있어서 첫째의 변증법적 「비
약」이 된다. 둘째의 「비약」은 그 뒤에 감성적 인식(감각·지각·추상)의
논리적·추상적인 개념으로의 전환이다. 말하자면, 인식이란 어떤 수동
적·직접적인 현실의 認識主觀으로서의 반영으로 이해할 것이 아니라,
인식主觀이 능동적으로 작용하여 감각내용을 抽象함으로써 보다 높은 인
식단계로 올라가는 과정 즉 단계적 과정으로 이해되어야 한다는 것이다.

　그런데, 우리가 여기서 주목하게 되는 사실은 인식과정을 변증법적
과정으로 이해하는 데에서 인식과 대상과의 관계에 대한 문제가 발생한
다는 점이다. 인식대상으로서의 객관적 사물자체가 끊임없이 변화·발
전하고 있으며, 인식자체도 하나의 과정이기 때문에 자연의 본질을 완
전하게 인식할 수 없다. 그런데, 변증법적 유물론자들은 감각과 개념 그
리고 논리적 지식은 실재의 모사·반영이며 따라서 이 세상에 인식할
수 없는 것은 아무 것도 존재하지 않는다고 주장한다.

　3) 眞理論 : 변증법적 유물론에 있어서 진리의 문제는 인식과 객관적 실
재와의 관계에 관한 문제이다. 유물론자의 철학은 존재가 일차적이며,

---

25) G. A. Wetter, 같은 책, p. 359.
26) 같은 책, p. 359.

우리 외부의 세계가 객관적으로 존재하며 우리의 감각과 의식은 객관적 실재를 반영 혹은 모사한다고 하는 模寫說에 근거하여 모든 것이 인식될 수 있다고 보기 때문에 진리의 문제 역시 쉽게 설명되고 있다.

진리의 기준이 되는 것은 인식내용과 대상간의 일치 즉 知覺·관념, 개념과 실재와의 일치 여부이다. 다시 말해, 지각이나 개념이 객관적 실재를 잘 반영하여 그것을 잘 모사하면 眞이고, 진인 명제나 이론은 곧 진리라는 것이다. 그런데 소비에트 철학은 지식이나 이론은 있는 그대로를 모사하기 때문에 그것의 眞僞가 실재하는 사물에 의해 결정된다는 의미에서 객관적 진리라고 규정하고 객관적 진리를 인정하는 것은 유물론자의 기본입장이라고 주장한다.

그러나 진리가 인식내용과 실재와의 일치라고 하더라도 그것이 하나의 완성된 사실은 아니다. 앞서 언급한 바와 같이 우리의 인식이 과정이라는 성격을 가지고 있는 데, 객관적 진리 역시 그와 같은 성격을 가지고 있다면 객관적 진리자체에도 절대적 진리와 상대적 진리가 구별되어야 한다.[27]

한편, 객관적 진리를 시인한다는 것은 절대적 진리를 시인하는 것이 된다. 그러나 인간은 이와같은 절대적 진리를 단번에 그 전체로서 파악할 수는 없다는 것이다. 인간은 그 진리에 계속 접근할 수 있을 뿐이고 점진적으로 도달해 가는 것이다. 인간은 자연을 전제로서 완전히 파악할 수 없다. 인간은 추상·개념·법칙 즉 과학적 세계상을 창조함으로써 영원히 거기에 접근할 수 있을 뿐이다. 절대적 진리를 점진적으로 정복해 가는 것이 상대적 진리이다. 곧 절대적 진리란 상대적 진리의 총화이다. 다시 말해 상대적 진리 속에 내포되어 있는 객관적 내용, 즉 절대적으로 참된 내용을 절대적 진리(absolute truth)라고 부른다.

따라서 진리의 변증법적 관계에 의하면 상대적 진리는 역사가 발전함에 따라 점차 사라지게 되고 절대적 진리는 점차 증대하게 된다. 이런

---

27) 같은 책, p. 372.

의미에서 객관적 진리는 상대적 진리의 총화라고 말한다. 종합해 보면, 객관적 진리에 이르는 과정은 상대적이지만 상대적 진리에는 절대적 진리가 내포되어 있다고 하여 相對主義의 총화로서 객관주의를 설명한다. 그리고 변증법적 유물론자들은 절대적 진리의 실례를 다음과 같이 들고 있다.

> "마르크스-레닌주의 철학, 경제학, 사회주의이론, 계급투쟁이론은 기본원리이다. 그 헤아릴 수 없이 많은 개별적 원리들은 절대적 진리이다. 물질이 1차적이고 의식은 2차적이라는 것, 자본주의의 몰락은 불가피하다는 것, 사회주의 질서가 자본주의에 뒤이어 온다는 것은 마치 낮이 밤에 이어 오는 것과 같이 필연적이라는 것, 사회주의 경제체제가 생산력의 발전에 무한한 공간을 열어 준다는 등, 이러한 사실들은 실천에 의해 증명된 절대적 진리이며 앞으로의 그 무엇에 의해서도 부정될 수 없는 것이다."[28]

4) 물질에 대한 개념 : 유물론의 명제에 있어 핵심으로 볼 수 있는 물질에 대해 레닌은 다음과 같이 기술하고 있다.

> "물질이란 인간의 감각에 주어져 있으며 우리의 감각으로부터 독립하여 존재 하면서 우리의 감각에 의해 복사되고 촬영되고 모사되는 客觀的 實在를 나타내기 위한 철학적 범주이다."[29]
> "물질이란 우리의 감각기관에 작용하여 감각을 산출하는 것이다. 물질이란 우리의 감각에 주어져 있는 客觀的 實在이다."[30]

이와같이 철학에서 다루어야 할 물질은 그것의 객관성이요 實在性이다. 즉 인간의 의식과는 무관하게 객관적으로 실재하는 존재가 유물론이 다루어야 할 물질이다. 철학은 본질을 구성한 요소가 입자라던가 에너지의 파동을 다루는 것이 아니라 물질이 객관적 존재인가 아닌가를 다루어야 한다는 것이다. 그리고 변증법적 유물론은 물질을 본질적으로

---

28) 같은 책, p. 374.
29) V. I. Lenin, 앞의 책, p. 117.
30) 같은 책, p. 138.

운동하는 것으로 파악한다. 곧 운동이란 물질의 속성이라는 것이다. 엥겔스에 의하면 '운동은 물질의 존재양식이다. 운동없는 물질이란 어디에도 없으며 있을 수도 없다'[31]고 한다. 물질과 운동의 不可分性에 대한 명제는 물질의 운동을 「自己運動」이라는 사실을 말해주는 것으로서 변증법적 유물론의 주된 요건이다. 또한 엥겔스는 '세계에는 자기운동을 하는 물질밖에 존재하지 않는다. 그리고 자기운동하는 물질은 공간과 시간 속에서만 운동한다'[32]고 주장한다.

물질이 존재한다는 것은 곧 물질이 운동하고 있음을 의미하며, 이 운동은 위치의 이동 뿐 아니라 물리학적·화학적 변화는 물론이고 생명의 운동까지 우주에 일어나는 모든 변화와 과정을 포함한다. 물질의 내부에 있는 운동의 원인은 모순되는 두 요소의 변증법적인 상호작용에 의한 것이다.

4. 唯物論의 평가

인간의 의식과 물질은 無形과 有形의 존재라는 점에서 차이를 나타내며, 양자는 상호보완적 관계에서 현실세계를 구성하고 있다. 정신과 물질은 결국 현실의 양측면을 이루고 있다.

이런 면에서, '물질이란 이미 정신속에 인식된 자연'이며 '인간의 의식밖에 독립하여 존재하는 자연이나 實在란 있을 수 없다'고 하여 물질의 객관적 실재성을 부정하고, 의식·정신만을 현실세계의 본질로 보려는 극단적 유심론은 올바른 것이 못되며, 물질을 현실세계의 본질로 보려는 극단적 유물론도 오류이다. 인간은 스스로의 의지에 따라 자아를 실현하고 사회의 개선·발전을 가져오며, 인류복지를 실현하기도 하는 역사발전의 주체적 존재이기 때문이다. 이제 변증법적 유물론자들이 주장하는 유물론의 한계를 비판해 본다.

---

31) F. Engels, *Anti-Düring* (Aüfl, Hamburg, 1955), S. 70.
32) 같은 책, p. 138.

첫째, 변증법적 유물론자들의 존재론은 물질이 1차적이며, 정신은 2차적인 것이고 물질이 인간의 의식과는 독자적으로 존재하며 따라서 물질의 객관적 법칙도 독립적으로 존재한다고 주장하는 견해를 유물론이라 한다.

이는 인간의 의식과 물질의 관계를 지나치게 2원론적으로 단순화시킨 것이라 할 수 있다. 그러나 아직까지 현대과학에서도 물질과 정신중에서 어느 것이 1차적이고 어느 것이 2차적인가 하는 문제를 규명하지 못하고 있다. 그러므로 19세기 말에 엥겔스가 주장했던 것은 하나의 철학적 단정에 불과하다.

또한 물질은 의식으로부터 독립하여 존재하는 객관적 실재이긴 하지만, 그 객관적 실재성은 인간의 정신활동의 결과로 나타나는 인식작용에 의해 파악되는 것이다. 그리고 인간의 정신·의식은 창조적이다. 인간은 필요에 따라 주어진 물질을 변형시키기도 하고 새로운 물건을 창조하기도 한다.

마르크스의 유물론을 비판할 수 있는 또 다른 방법으로 現象學的 存在論이 있다. [33]

「現象學」이란 「현상」 즉 「경험적 존재」의 논리이며, 「存在論」이란 경험을 초월하는 실체가 아니면서도 경험가운데 자기자신의 同一性을 경험의 형식으로 창조하는 「존재」의 논리이다. 그러므로 實體가 현상하는 것이 아니라 현상을 통해서 존재를 실현하는 그러한 존재이다. 여기서 현상과 존재 중에서 어떤 것이 우위인가 하는 것은 대단히 중요한 과제이다. 의식(현상)을 통해서 존재를 실현해야 될 것이다.

유물론자인 마르크스는 「現象과 存在」라는 명제 중에서 다음의 명제를 도출해 낸다. '인간의식이 그의 존재를 규정하는 것이 아니라 인간의 사회적 존재가 그의 의식을 규정한다'는 것인데, 여기서 마르크스는

---

33) David McLellan, 申午鉉譯, 『칼 마르크스의 사상』(서울 : 民音社, 1982), pp. 14~16.

의식의 개념에 대해 모호하게 이해하고 있는 듯하다. 의식은 두 가지 면을 지니고 있다. 하나는 작용하는 의식(noesis or cogito)이고 또 하나는 작용되어진 의식(noema or coitatum)이다. 작용하는 의식은 의지하고 소망하며 지향하는 작용이며, 작용되어진 의식은 의식작용의 내용이다.

예를 들면, 하나의 命題「나는 나이다」에서 앞의「나」는 생각하고 의식하는「나」이고, 뒤의「나」는 생각되어진, 생각의 내용물로서의「나」이다. 이 명제에서 앞의「나」가 뒤의「나」를 만들어 내는 것이다. 생각하는「나」없이 생각되어지는「나」가 있을 수 없다. 그런데 마르크스는 생각하는「나」가 없이도 생각되어지는「나」가 있을 수 있다는 모순을 범하고 있다. 이것이 바로 인간의식의 사회적 의식을 規定하는 것이 아니라 사회적 의식이 인간의식을 規定한다는 논리이다. 마르크스가 사유하는 의식(noesis)을 버리고 사유되어진 의식(noema)만을 강조한 것은, 마르크스가 사람의 모체인 사회만을 강조하고 인간의 내적 주체성인 사유를 간과한 것으로 마치 産婆(마르크스)가 胎盤(社會)만을 두고 嬰兒(思惟)를 버린 비유와 같다. 결국 현상학적으로 의식작용(認識主體)없이 의식의 내용(客觀的 內容)이 성립될 수는 없다.

둘째, 변증법적 유물론에서 가장 취약함을 드러내는 부분은 레닌에서 제시된 소박한 反映論(素朴實在論 native realism)이다. 이것은 우리의 감각·지각 그리고 사유는 객관적으로 존재하는 사물과 그 법칙을 그대로 반영한다는 것이다. 그러나 우리가 대상을 인식하려면 다만 대상을 받아들이기만 할 것이 아니라, 이것들을 분석·비교하고 종합하고 실험하는 연구를 거쳐야 한다. 인식을 대상의 단순한 수용이나 반영으로만 보는 反映論의 본질적 한계가 여기에 있다.[34]

① 인간의 의식이 지닌 능동적 성격을 인정하지 않는다.

② 과학적 지식 등 인간지식은 객관적 물질의 반영이 결코 아니다.

③ 의식은 물질세계의 반영이라 하여 인간의 의식·정신이 거울이나

---

34) 아세아문제연구소편, 앞의 책, pp. 92~93.

카메라와 같은 수동적 被寫體에 불과한 것이라고 주장한다면 같은 물질에 대한 인간의 의식은 모두 동일해야 할 것이다. 인간의 인식범위도 인간이 감지할 수 있는 물질에만 한정되어야 할 것이다. 그러나 감지할 수 없는 존재도 인식되는 것이 있으며 어떤 물질에 대한 인간의 인식도 모두 달라서 인식능력의 차이를 나타내고 있는 것이다. 따라서 인간의 의식을 거울과 같은 수동적 복사체로 보는 共産主義 反映論은 정당한 비판에 더 이상 견디기 힘들자, 인간에 의한 세계의 지각은 거울과 같이 수동적으로 직관하는 것이 아니라 능동적이라고 수정하지 않을 수 없게 되었다. 그러나 인간의 의식이 능동적인 것이라 인정한다고 해서 인간의 정신・의식의 자유로운 객관적 實在性을 인정하는 것이 아니라 여전히 정신・의식은 물질세계의 반영이라는 입장을 고수하고 있다. 이는 인간정신의 自存性을 인정하게 되면, 물질을 본질로 보는 유물론의 토대가 붕괴되기 때문이다.

④ 반영론의 난점은 유물론에서 치명적으로 나타난다. 레닌에 의하면 '의식은 다만 존재의 반영에 불과하고 고작해야 近似的으로 정확한 반영에 지나지 않는다.'[35]고 한다. 레닌의 이 명제는 의식이란 물질의 보다불완전한 반영에 불과하다는 유물론의 주장을 표현하고 있다. 이는 레닌이 자신의 명제의 眞情性을 스스로 부인하는 결과가 되었다. 뿐만 아니라, 인간의 모든 과학적 철학적 지식이 불완전한 물질의 반영이며, 따라서 진리는 없는 것이 되어 절대적 진리로 내세운 근거를 스스로 부인하는 결과가 되었다.

⑤ 反映論의 문제 중에서 가장 심각한 것은 우리 인간의 의식과 물질적 대상과의 관계를 반영관계로 이해하는 데에서 야기된다. 감각과 지각 그리고 추상적 사유가 실재를 객관적으로 반영한다는 것은 사실상 불가능하다. 감각과 대상과의 관계에 대해서 변증법적 유물론자들은 형식에 있어서는 주관적이지만, 내용은 객관적이라고 하는 변명을 하고 있다.

---

35) V. I. Lenin, 앞의 책, XIV, p. 326.

세째, 변증법적 유물론자들은 이 세상에서 인식될 수 없는 것은 아무
것도 존재하지 않는다고 주장하면서 절대적 진리를 내세우고 있다. 앞
서 본 바와 같이 감각·지각·사유가 實在를 그대로 복사한다고 하는
實在論의 전제가 불가능하게 되면, 그들이 주장하듯 모든 것이 다 인식
가능하다는 주장은 성립될 수 없다. 왜냐하면 反映論을 인정할 때만 가
능하기 때문이다. 또한 인간은 사물을 직접적으로 인식할 수가 없으며,
인식과정에는 언제나 선입관이나 모델, 언어와 같은 요소들이 스며들
기 마련이다. 인간의 인식은 언제나 인식과 경험의 배후에서 활동하는
감추어진 차원(hidden dimension)의 영향을 받는다. 모델은 인식주체가
가지고 있는 사물을 보는 틀(a set of recepter)이다. 따라서 동일한 현상
을 보더라도 서로 다른 모델을 가지고 있다면 그 현상이나 사물은 달리
보인다. 이와같이 우리의 지각, 감각을 포함한 全認識過程에 주관적인
요소들이 개입하게 된다고 하면 변증법적 유물론자들이 말하는 객관적
진리가 존재한다고 하더라도 그것을 완전하게 인식할 수는 없는 것이다.

그러므로 객관적 진리는 불변이며, 과정일 수 없으므로 상대적 진리
의 총체일 수도 없다. 객관적 진리가 존재하는데 그 과정에 상대적 진
리와 절대적 진리를 인정하는 것은 무의미하다.

또한 인간의 의식·정신은 그들 말대로 불완전한 것이므로 인간 마르
크스와 레닌의 의식작용에서 나온 공산주의 이론이 전능할 수 없다. 그
래서 변증법적 유물론자들은 변증법적 유물론과 사적 유물론을 객관적
진리로 규정하여 놓고 그것을 정당화시키기 위해 이론적 수단을 제시하
고 있다.

네째, 변증법적 유물론에서는 '영원한 합법칙적 변화 운동이야말로
물질의 존재행태·속성'이라고 하면서, 현실세계의 근본적 변화를 가져
오는 것은 인간의 정신·의식이 아니라 물질이라는 것이다. 자연(물질)이
끊임없이 변화하고 운동하는 것은 부정할 수 없는 사실이다. 그러나 물
질의 변화는 반드시 합법칙적인 것은 아니다. 물질세계는 인간의 의식,

정신에 의해 변형되기도 하고 새로운 물질이 생겨나기도 한다.

다음으로 변증법적 유물론자들이 물질에다 변증법을 귀속시켜 물질을 신비화시킨 점이다. 변증법적 유물론의 세계는 연속적인 상승의 과정으로 설명되며, 궁극적으로는 무한으로 확대된다. 그리고 그 속에 내재해 있는 변증법에 의거해서 그 자신의 힘으로 부단히 보다 고차원적인 완성으로 나아가는 것이 물질이라는 것이다. 결국 물질에다 변증법을 귀속시키는 것은 물질에다 정신적인 속성 뿐 아니라 神的인 속성까지를 부여하는 것이다. 물질은 시간과 공간상 영원하고 무한하며 내적인 힘을 소유한 것으로 발전의 어떤 단계에 이르면 물질은 정신적 속성을 획득하여, 낮은 단계 부터 높은 단계로 나아가고 점차 완전한 단계로 나아갈 수 있다면 그것은 진정한 창조력을 가진 것이라는 사실을 알 수 있다. 그렇게 되면 여기서의 물질은 초월적인 創造主 神을 대체한 새로운 절대자, 새로운 神으로 등장하며 다른 종류의 神에 대해서는 반대하는 입장을 갖는다.

제 2 절 辨證法

1. 헤겔과 마르크스의 辨證法

본래 변증법은 고대 그리이스시대에는 對話術・辯論術・論爭術을 뜻
하는 것이었다. 즉 상대방의 논점에서 모순을 발견하여 부정・공격함으
로써 진리에 이르는 기술을 의미하였다. [36] 예컨대 의견을 달리하는 두
사람이 어떤 문제를 놓고 토론한다고 가정할 경우, 먼저 A가 어떤 주
장을 내세우면 B가 이에 대한 이견을 제시하게 되어 이는 B가 A의
주장을 부정하는 것이 된다. 그 결과 A의 주장의 일부와 B의 주장의
일부를 포함한 보다 올바른 결론을 가져오게 되며 이것은 A와 B의 주
장이 결합되도록 한다는 것이다.

헤겔은 自然界와 人間界를 포함한 우주에 존재하는 세계를 끊임없이
운동・변화・발전하는 하나의 과정으로 보았다. 다시 말해 낡은 것은
사라지고 새로운 것이 생겨나는 하나의 과정으로 파악하였다. 이와같이
세계를 流動・生成하게 하는 과정 중에 그것을 추진・결정하는 것이 존
재한다고 생각했으며, 헤겔은 그것을 절대정신이라고 보았다. [37]

이 절대적인 理性(精神)은 만유의 구원으로서 일체의 객관적인 사물・
현실등 모든 현상세계는 이것의 顯現으로서 존재하고 있다. 헤겔에 의
하면 절대정신은 먼저 외부로 나타나는데 즉 外化(疎外)하여 자연(物質
界)이 된다. 자연은 理性(理念)이 다른 모습으로 나타난 것 즉 이념의

---

36) 李容弼, 『마르크스주의의 기초이론과 비판』(서울 : 화학사, 1982), p. 11.
37) 같은 책, p. 12.

「他在態」이다. 다시 말해 눈에 보이는 사실은 보이지 않는 마음(理念 혹은 精神)이 전개된 것에 불과하다. 그런데 이념은 자연에서는 자기자 신을 자각하지 못하고 자연법칙을 취하고 있으나 자연의 일부인 인간으 로부터 인간정신을 통해서 자기를 발견함으로써 마침내 자기 자신을 자 각하게 된다.

그리하여 헤겔은 '이성적인 것 그것은 현실적이고, 현실적인 것은 이 성적이다'는 명제를 제시하였다. 이것은 이념과 현실, 사유와 존재, 주 관과 객관은 대립하는 것이 아니라 동일한 일체임을 의미한다.

그러면 자연계(물질세계)는 정지해 있지 않고 부단히 발전하고 있는 데, 그 이유는 무엇인가? 그 발전의 이유는 현실(自然界)의 근원인 이 념자체가 발전하고 있기 때문이다. 이 이념은 일련의 자기모순에 의해 발전하며 헤겔은 이 이념이 발전하는 형식을 변증법이라고 했다. 그는 이념의 발전과정을 正·反·合 또는 肯定·否定·否定의 否定과 같은 3 단계로 보았다.

첫째, 이념이 아직도 그 자신의 상태(即自的, Ich)에 있을 때 즉, 모 순의 요소를 포함하고 있지만 아직 모순이 나타나지 않고 자기 동일을 보유할 때 正(These)이라 하고 둘째, 이념이 그 자체 안에서 발전의 계 기가 되는 모순의 요인이 발동하여 그 자체에게 대립되는 상태(對自的, für sich)로 되는 데 이를 反(Antithese)이라하고 세째, 발전의 요인인 모순이 더욱 발전하여 이념이 그 正과 反의 대립을 통해 종합(an und für sich)하는 새로운 상태가 되는 데 이를 合(Synthese)이라 한다. 이것 은 正과 反을 모두 받아들이면서도 그것을 극복하고 넘어섬으로써 止揚 (Aufheben)하여 더 높은 상태로 발전하는 것이다.

그리하여 合은 새로운 正이 되어 동일한 운동의 출발점이 되면서 그 의 부정을 수반하고 양자는 또다시 높은 단계에서 종합된다. 이러한 헤 겔변증법을 도식화하면 다음과 같다.

그런데 이념만이 변증법적 발전을 하는 것이 아니라 그의 철학체계

〈도표 1〉

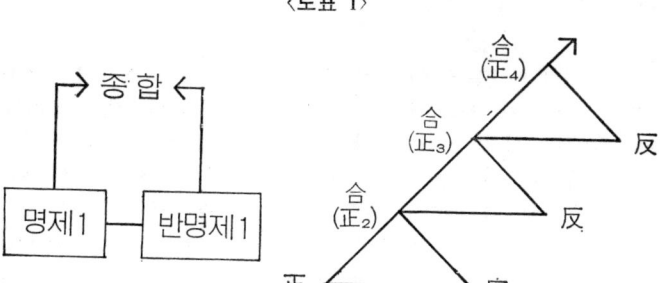

또한 자연철학을 거쳐 정신철학에 이르는 변증법적 체계를 이루고 있다. 즉 논리학은 존재에서 본질을 거쳐 개념에 이르는 개념의 변증법이요, 자연철학은 무기물에서 화합물을 거쳐 유기물에 이르는 자연의 변증법이며 정신철학은 주관적 정신에서 객관적 정신을 거쳐 절대정신으로 이르는 정신의 변증법이다.

여기서 주관적 정신이란 개인의 감각적인 마음·의식·지성 등으로 개인의 주관 안에서 작용하는 정신이다. 객관적 정신은 객관화되고 사회적인 정신으로 이는 법률·도덕을 종합한 人倫으로 발전하고 인륜은 다시 가족·시민사회·국가로 발전한다. 따라서 국가는 인륜의 최고단계이다. 시민사회에서 분열하고 대립하였던 개인은 국가 안에서 결합된다. 그리고 끝으로 정신의 가장 완성된 최고의 형태가 절대정신이며 이것은 예술과 종교 및 철학으로 나타난다.

이와 같은 헤겔변증법에서 영향을 받은 마르크스의 태도는 헤겔변증법의 논리체계는 인정하면서두, 헤겔빙법의 이념을 현실적 존재의 창조자로 보는 「神秘的 性格」에 대해서는 반대했다.

마르크스가 변증법에 대해 논술한 것은 후기에 비로소 두드러졌다. 그의 『資本論』을 보면 초판에서는 변증법에 관해 언급하지 않았다가 1873년 2판 서문에서 비로소 논술하기 시작했다. 그러나 『資本論』에서는 자기의 방법에 관해 말했을 뿐 결코 현실의 법칙성에 관해서는 말하지 않았다.

"나의 변증법적 방법은 근본적으로 헤겔의 그것과 다를 뿐 아니라 정반대이다. 헤겔에 있어 그가 이념이란 이름 아래 하나의 독립적 주체로 轉化시킨 思考過程에 있어서는 이념적인 것의 창조자(Demiurg)이나 이념적인 것은 단지 그 外的 현상을 이루고 있는 것에 불과하다. 나에게 있어서 거꾸로 관념적인 것은 인간의 두뇌에 倒置되고 번역된 물질인 것에 불과하다. … 변증법은 헤겔에서는 머리로 서고 있다. 그 정신적 外皮 속에서 合理的 核心(the rational kernel in the mystical shell)을 발견하기 위해서는 그것을 뒤집어야 한다. 그 神秘化된 형태에서 변증법은 독일에서 유행거리가 되었다. "[38]

마르크스는 헤겔변증법의 신비적인 성격을 도외시하나 그 外皮 속에 있는 합리적 핵심, 즉 변증법의 기본원리는 긍정적으로 받아들인다. 앞서 살펴본 마르크스의 새로운 유물론과 연관시켜 보면 마르크스에 있어서 변증법이란 다음과 같이 규정될 수 있을 것이다.

마르크스는 이념을 포함하여 관념이란 물질적인 것의 소산에 불과하며 물질적인 것을 기초로 하여 유물론을 제시했다. 다만 본질적인 사실은 물리적 자연과학적 물질이 아니고 실질적인 경제적 관계라는 의미에서 이해할 수 있는 물질이었다. 이와 같은 사실과 변증법의 원리를 歷史社會에 적용한 것이 유물사관이며, 인간이 만들어 낸 자연이 전개되는 역사과정을 변증법적으로 본다는 점에서 역사의 변증법이다.

2. 辨證法的 發展 : 그 근본법칙

변증법적 유물론에 대한 자연의 合法則性과 변증법적 연관성을 적극 연구하여 자연과학의 발전상태를 「자연변증법」에서 연구한 사람은 엥겔스였으며 그는 또한 『反듀링論』을 써서 변증법적 유물론의 기점을 마련하기도 하였다. 여기서 엥겔스는 변증법을 자연과 사회와 인간의 사유에

---

38) K. Marx, *Capitial I*, 앞의 책, p. 25.

있는 보편적 운동법칙과 발전법칙에 관한 학문이라고 하였다. [39] 엥겔스
에게는 현실성이란 물질 뿐이며, 이 물질은 에네르기이고 그 자체는 운
동과 발전에 의해서 규정된다. 엥겔스는 중요한 성질에 따라 세가지의
근본법칙을 제시하였고, 그 후에 변형이 되고 확장이 되었으나 오늘날까
지도 절대적인 타당성을 띤 것으로 간주된다.

1) 量에서 質로의 轉化法則(the transformation of quantity into quality)

변증법적 유물론에서는 운동을 부단히 새로운 것과 새로운 質이 나타
나는 것으로 이해한다. 세계내의 사물들과 현상들의 발전은 점진적으로
순전히 양적변화가 일정한 한계를 넘어서면 급격히 질적변화로 전환되
고 그 사물은 자신이 아닌 다른 것으로 변하여 새로운 질이 나타나게
된다는 법칙이다. [40]

엥겔스는 물이 0°C에서 얼고 온도가 증가하기 시작하여 100°C에 이
르면 沸點이 되어 수증기로 轉化한다고 지적한다. 이는 물이란 물질적
존재에 대한 온도의 양적 증가에 의하여 그것이 어느 단계에 이르면 돌
연히 질적 비약을 초래한다는 것이다. 이 質的規定과 量的規定의 유기
적 통일을 변증법적 유물론의 한도(maß=measure)라고 부른다. 限度는
그 내부에서는 양적변화가 질적변화를 유발하지 않는다는 그 한계를 말
한다. 다시 말해 물의 氷點과 沸點 사이에 일정한 성질을 가진 물의 度
量關係를 의미한다. 엥겔스는 멘데레프(Mendeleev)가 발견한 諸元素의
주기율표도 역시 量과 質의 변증법을 증명해 준다고 생각했다. 이 때
質의 節點(또는 結節點 Knoten=nodes)은 어떤 한도에서 다른 한도로의
전환점을 말한다.

그런데 양적변화의 질적변화로의 전환은 연속성을 깨뜨리고 하나의
비약으로 수행되는 것이다. 이런 현상을 마르크스-레닌주의에서는 자연

---

39) 백승균, 『변증법적 비판이론』(서울 : 經文社, 1982), p. 53.
40) G. A. Wetter, 앞의 책, p. 299~300.

현상의 변화를 해석하는 데 목적이 있지 않고, 「양적변화의 증가가 질적변화」를 일으킨다는 주장은 변화가 돌연 일어나 이 순간에는 물이었던 것이 다음 순간에는 얼음이나 수증기가 되듯이, 인류사회의 발전도 점진적인 성장과정을 거쳐 도달하는 것이 아니라 돌연한 비약에 의하여 도달되는 것이라 주장한다. 따라서 마르크스-레닌주의자들은 비약을 혁명으로 해석했고 이상의 법칙에서 사회는 반드시 혁명을 거쳐야만 발전하는 것이라는 결론을 이끌어 낸다.

그러나 이 변증법적 비약에 관한 이론은 소비에트 체제 자체에 대해서도 위험을 내포하고 있는 것이다. 즉 모든 발전이 진화와 또한 혁명의 계기를 포함한다는 이론에서 보면, 소비에트의 현사회질서도 질적 변증법적 비약이 혁명을 통해 앞으로도 계속 변형되어 나가야 한다는 결론에 이르게 된다.

이와 같은 문제를 벗어나기 위해 스탈린은 매우 중요한 구별을 마르크스-레닌주의에 도입하였다. 그는 비약을 구별하여 혁명적 발전(급격하게 진행되는 것)과 진화적 발전(점진적으로 진행되는 것)으로 분류한다. 즉 적대적 사회형태에서만이 어떤 형태로부터 다른 형태로의 전환이 폭발의 형식을 띤다는 것이다. 즉 노동자와 자본가가 적대적 관계에 있는 자본주의 사회에서 노동자를 해방하는 것은 서서히 이루어지는 변화, 개량의 수단에 의해서가 아니라 자본주의의 질적변화, 즉 혁명에 의해서만 실현될 수 있다는 것이다. 반면에 계급없는 소비에트사회의 발전에 있어서 이 비약들은 새로운 質의 요소들이 점진적으로 축적되고 낡은 질은 사멸되는 進化的 發展形式으로 일어난다고 말하고 있다. [41]

변증법적 유물론자들은 이처럼 급진적이고 폭발적인 변화를 정당화한 점에서 폭력혁명의 필연성을 주장하고 그 때문에 그 자신들의 철학이나 체제도 폭력혁명에 의해 발전되지 않을 수 없다는 결론을 내리면서, 한편으로 진화적 발전을 주장하는 것은 논리의 모순이라고 할 수 있다.

---

41) 같은 책, p. 305.

2) 對立物의 統一과 鬪爭의 法則(unity or identity of opposite)

앞서 취급한 量에서 質로의 轉化法則은 진화과정에서 어떻게 새롭고 높은 질이 출현하는가를 설명한 것인 데 비해, 「대립물의 통일과 투쟁의 법칙」은 발전과정 전체가 도대체 어디에서 기원하여 움직이게 되는지를 설명하는 것이다. 전자의 법칙이 어떻게(how)해서 발전이 있게 되는가를 설명해 주는 것이라면 후자의 이 법칙은 왜(why) 발전이 일어나는가를 설명해 준다. [42]

변증법적 유물론은 모든 운동을 自己運動(self-movement)으로 파악하여 그 자기운동의 기원을 사물들의 「內的 矛盾」에서 구한다. 다시 말해, 세계내의 운동은 외부에 원인을 갖는 운동이 아니라 모든 현상들과 사물에 존재하는 내적대립 즉 모순을 그 動因으로 한다. 이처럼 변증법적 유물론에 있어서 운동과 모순은 불가분의 것이다.

레닌에 의하면 '본래 의미에 있어서 변증법은 대상자체의 본질 속에 있는 모순에 대한 연구이다.' [43]고 하고 또한 모든 사물은 얼핏 보아 통일되어 있는 것처럼 보이지만, 그 안에는 서로 대립하고 相剋하는 「內的 矛盾」이 있다는 구체적 실례를 제시하고 있다. 예를 들어 수학에서의 十와 一, 微分과 積分, 力學에서의 작용과 반작용, 천문학에서의 遠心力과 求心力에 의한 遊星運動의 고정, 물리학에서의 陽電氣와 陰電氣, 화학에서의 원자의 화합과 분리, 자석의 북극과 남극 등이 그것이다. [44]

그리고 사회생활에서는 자본주의사회의 생산력과 생산관계의 모순을 지적하면서 이 모순의 위기가 계급투쟁으로 발전한다고 말한다. 그런데

---

42) G. H. Hampsch, *The Theory of Communism* (New York: The Citadel Press, 1965), p. 72.

43) V. I. Lenin, *Philosophical Notebooks* (New York: International Publishers, 1935), p. 237.

44) G. A. Wetter, 앞의 책, p. 319.

비록 대립, 즉 실재적 모순이 변증법적 통일을 이룬다해도 레닌은 다음
과 같은 점은 명백히 해야한다고 강조한다.

"相互定立과 相互排斥이라는 변증법적 관계에서는 통일이 아닌 抗爭이 우
위에 선다. 다시 말해 대립의 통일(合一, 同一性, 均衡)은 조건부이며, 따라
서 일시적・과도적・상대적인 것이다. 상호배척하는 대립물의 투쟁은 발전과
운동이 절대적인 만큼 절대적이다. "[45]

이상에서 알 수 있는 바와 같이 對立物의 통일과 투쟁의 법칙이라는
본래의 의미는 마르크스에 의하여 발견된 계급투쟁과 혁명의 사회현상
을 철학적으로 정당화하는 데 있다. 마르크스가 사회발전의 법칙으로
인식하였던 것이 여기서는 일반적인 존재법칙으로 되어있다. [46] 그런데
이 법칙이 그 성격상 볼세비키이론 자체에 대하여 毒針이 되기도 하였
다. 왜냐하면 그 법칙이 일반적 존재법칙이라는 성격을 가지게 되면 그
것은 자본주의사회 뿐 아니라 사회주의와 공산주의 사회에도 적용되기
때문이다. 또한 이 공산주의사회는 그들 말대로 계급없는 사회이므로
내적 모순은 없고, 따라서 그 사회는 아무런 발전도 있을 수 없는 停滯
性에 빠진다는 결론에 이른다.

그러므로 이 법칙에서 독침을 빼어버리고 사회발전의 새로운 추진력
즉 대립물의 투쟁이면서 동시에 아무런 투쟁도 아닌 새로운 형식의 투
쟁을 찾을 필요가 있었다. 이것이 敵對的 矛盾(antagonistic contradiction)
과 非敵對的 矛盾(non-antagonistic contradiction)과의 구별로 나타났다.

적대적 모순은 적대하는 계급・집단 및 세력들간의 비타협적 이해관
계가 기본이 되는 모순이다. 예로 소련에 있어서는 사회주의 건설(1936)
이 있기 전에는 노동자와 그리고 그때까지도 사유재산을 소유했던 小農
사이에 있었고, 사회주의 건설후에도 잔존하는 일부 모순들이 지적되고
있다. 모든 적대적 모순들은 오직 투쟁에 의해서만 극복될 수 있지만,

---

45) 같은 책, p. 319.
46) 같은 책, pp. 321~322.

비적대적 모순은 비판(criticism)과 자기비판(self-criticism)에 의해 극복될
수 있다고 주장했다. [47] 다른 자본주의사회를 공격할 때는 무자비한 극
한의 鬪爭辨證法이었던 것이 공산주의사회를 두둔할 때에는 점진적 완
화의 변증법으로 변질된다.

3) 否定의 否定 법칙(negation of negation)

이 법칙은 어디로 발전이 진행하는가에 대한 해답, 즉 발전의 경향과
방향을 대상으로 하는 것이다.

이 법칙은 量에서 質로의 법칙이 문제삼은 새로운 질로의 急變은 최
초로 질에 대한 부정을 뜻한다. 그러나 이 새로운 질은 다시 발전의 출
발점이 되고 발전이 진행됨으로써 다시금 그 새로운 질은 부정되기에
이른다. 따라서 최초의 부정은 새로운 부정에서 지양된다. [48] 이 법칙의
보편성을 증명하기 위해 엥겔스는 자연계의 변화나 진화와 사회과학의
대상인 인간사회를 동일시하여 「부정의 부정」을 적용한다.

　"만일 보리알 하나가 그것에 대해 정상의 조건에 있다면 발아한다. 그러나
보리 그 자체는 소멸된다. 즉 부정된다. 그 대신 그 보리에서 생긴 식물 즉 보
리의 부정이 나타난다. 그러나 이 식물의 정상적인 생활은 무엇인가? 그것
은 성장하고 꽃피고 열매맺고 마침내 다시 보리를 생기게 한다. 그리고 이러
한 「부정의 부정」의 결과로서 다시금 보리를 얻게 된다"[49]

이와 마찬가지로 사회주의사회의 경우에 원시적 공동소유에 대해 제1
의 부정에서 私的所有가 대두되고 그것에 대한 제 2 의 부정에서 새로운
공동소유가 다시 성립된다는 것이다. 다시 말해 「부정의 부정」에서 그
고차원적인 종합은 전적인 부정이 아니라 과거에 이룬 모든 긍정적인 것
을 간직하는 부정이다.

---

47) 같은 책, pp. 332~335.
48) 같은 책, p. 336.
49) F. Engels, 앞의 책, Ch. 13.

그러면 어떻게 부정에 의해 새로운 긍정적 부정이 나타날 수 있는 가？[50] 이 문제에 대한 소비에트의 두 이론가 카자케비치(T. A. Kazake-vich)와 아블렌세바(A. G. Abolenceva)의 해답은 이러하다.

형이상학에 고유한 것으로「非 A」는 A 를 부정한 것이다. 이에 반하여 변증법적 부정에 있어서의 그「非 A」는 발전의 前段階, 즉 A 를 부정하면서 동시에 거기에서 다시 나타나기도 한다. 부정하는 것은 서로 연결되어 있고 상호유발하는 것이다. 부정하는 것은 부정된 것에서 발생하고 부정된 것은 부정하는 것으로 이행한다. 사회주의는 자본주의에서 발생하며 자본주의가 부정됨으로써 사회주의가 잉태된다. 부정은 여기에서도 파괴의 요소일 뿐 아니라 새로운 것의 건설요소로 나타난다. 이 경우 낡은 것은 새로운 것 속에서 지양된다.

종합해 보면「부정의 부정」은 변증법적 운동이 上向發展한다는 것을 설명하는 법칙이다. 즉 A 가 부정되면 그것은 B, C 그 밖에 다른 것으로 변하지 않고 非 A 가 되고, 이 非 A 가 再否定되면 다시 A 로 자기복귀한다. 다시 회복된 A 는 A 와 非 A 를 지양한 것 즉, 양자의 긍정적인 것을 보존하여 보다 높은 단계로 발전한 것이다. 부정의 부정은 형식적으로는 최초의 부정에 대한 지양이고 내용상으로는 그 전단계의 긍정적 요소들에 대한 총체적 보존을 나타낸다는 어떤 의미를 지니고 있다.

그러나 소비에트 내부에서도 A 가 부정되면 비 A 가 아니라 B, C, D 등 일반적인 他者(反對物)들이 되어야 하고, 그리하여 이런 타자들을 부정의 부정으로 종합하여야 발전적 요소들이 나올 수 있다고 주장하는 학자들도 있다. 이런 반론은 매우 타당하지만 이렇게 될 경우 그것은 너무나 중대한 수정이 되어버린다. 부정의 부정에 의해서 자기복귀해야만, 계급없는 원시공산주의 사회가 계급사회를 거쳐 다시 계급없는 공산주의사회로 되돌아간다는 역사의 필연성을 논증할 수 있기 때문

---

50) G. A. Wetter, 앞의 책, pp. 340~342.

이다. 51)

요컨대, 엥겔스·레닌·스탈린 등의 변증법적 유물론자들이 제시한 변증법적 방법의 특징을 종합해 보면 다음과 같은 이른바 5가지 법칙들로 요약할 수 있다. 52)

첫째, 상호관계의 법칙으로 모든 사물 및 형상들은 밀접히 상관되어 있다.

둘째, 낙관적 진화의 법칙으로 모든 것은 부단한 운동과 변화, 부단한 更新과 보다 나은 상태로 나아가는 발전과정에 있다.

세째, 필연의 법칙으로 현재 존재하게 될 모든 것은 필연적으로 존재하고 있으며 또한 필연적으로 존재하게 될 것이다.

네째, 비약의 법칙으로 발전은 점진적인 것이 아니라 돌연한 비약에 의해 이루어지며 새로운 질이 생겨난다.

다섯째, 모순의 법칙으로 발전의 力動的인 힘은 그 본질속에 있는 모순과 투쟁으로 이루어진다.

이와같은 변증법의 공식화는 결정론적 법칙으로서 이 법칙들을 보편적으로 적용할 것을 요구한 점에서 인간의 자유와 능동성이 존립할 여지가 없게 되고 인간에 대한 他律的 支配가 정당화될 따름이다. 53)

3. 辨證法的 唯物論의 評價

엥겔스·카우츠키·레닌·스탈린등의 변증법적 유물론자들은 물질과 그 변증법적 운동의 결합인 마르크스주의 哲學敎程인 「DIAMAT」란 철하을 민들었고, 스탈린은 이를 黨世界觀으로 교조화했다. 그러나 이 철학의 큰 결함은 유물론과 변증법 양자의 결합이 그 본질상 불가능하다는 것이다. 오늘날 마르크스주의 철학계에서는 물질을 실재로 고집하려면,

---

51) 같은 책, pp. 340~342.
52) I. M. Bochenski and G. Niemeyer (eds.), 앞의 책, p. 25.
53) 아세아문제연구소 (ed.), 앞의 책, pp. 98~99.

변증법을 포기해야하고, 변증법을 살리려면 유물론을 포기해야 하는 문제에 직면하여, 레닌적인 유물론파와 루카치를 비롯한 서구마르크스주의자들의 변증법파로 양분되어 있다. [54] 사실 유물론과 변증법은 당초부터 문제가 내포되어 있었으며 엥겔스의 『反듀링論』과 『自然辨證法論』이 그 시초이다. 그 때문에 엥겔스의 자연변증법에 대한 비판은 거세고 광범하다.

리히트하인과 퐁떠는 변증법과 유물론을 각각 다음과 같이 비판하였다.

"만일 이 자연이 유물론적으로 생각된다면 자연은 변증법적 방법에는 적합하지 않으며, 만일 변증법이 자연에까지 소급하여 존재될 수 있다면, 유물론은 좌절한다. 마르크스는 이 점을 알고 있거나 감지하고 있었으므로 그는 현명하게도 인간적 자연 이외의 자연에까지 손을 미치지 않았다. 엥겔스는 마르크스가 다루기 어려워서 넘지 않은 데까지 감히 침범한 것이고, 그 결과가 변증법적 유물론이었다. "[55]

"만약 자연을 인간 밖의 자연 그 자체로 볼 때, 거기에서는 변증법의 성립에 필요한 관계도 성질도 나올 수 없다. 자연에 대해 변증법이 문제된다면 그 경우 우리는 인간행위에 관계있는 인간에 의식되는 요소를 문제로 삼는다. 변증법의 형성에 필요한 요소가 자연자체에 존재하는 것이 아니라, 인간의 행위가 거기에 작용한다. "[56]

마르크스에서 중요한 것은 「자연에 대한 인간의 변증법적 관계」이며,

---

54) 마르크스에 있어 가장 중요한 두 영역은 人本主義的 요소와 自然主義的 요소이다. 이러한 마르크스의 자연주의적 요소를 『反듀링論』과 함께 자연의 변증법적 이론으로 전개한 사람이 엥겔스이며 그는 변증법적 유물론의 길을 열었다. 다른 한편으로 마르크스의 人本主義的 요소를 강조한 것은 신마르크스주의로 루카치·싸르트르·까뮈·M. 라이터·E. 프롬 등과 프랑크푸르트학파의 변증법적 비판이론가이다.

55) George Lichthien, *Marxism: An Historical and Critical Study*(New York: Praeger, 1961), p. 247.

56) Maurice Merleau Ponty, *Sense and Nonsense*, trans. Herbert L. Dreyfus and Patrica, (Evanstor: Northwest Univ. Press, 1964), p. 126.

이때 자연은 인간적 자연이고 인간은 의식적인 면과 자연적인 면을 모두 가진 존재이다. [57] 그러나 자연(物質)이 스스로 변증법적으로 전개되는 것으로 보게 되면, 자연은 神秘化되어 버린다. 바로 이런 관점에서 엥겔스의 「자연변증법」은 신비적이고 형이상학적 유물론의 특색을 띠게 된다. 지금까지 유물론과 변증법 결합의 모호성을 살펴보았는데 보다 세분하여 비판해 보자.

첫째, 변증법적 발전의 주체로서 물질을 가정하면 그것은 마침내 낮은 것에서 높은 곳으로 나가는 변증법적 발전과정을 시간의 흐름 속에서 전개되는 과정으로 본다는 입장이 된다. 즉 태초에는 오로지 빈약한 존재만이 있다가 뒤에 가서야 보다 완전한 것이 나타난다는 것이다. 그리하여 태초에는 생명도 정신도 없는 물질이 있으며, 보다 완전한 존재를 전제하는 것은 불가능하다. 그러나 그렇게 되면 그 발전과정 전체는 하나의 환상에 불과하다. 말하자면 그것은 因果律·充足理由律·矛盾律과 같은 모든 사고의 기초가 되는 원리를 희생시킨다는 의미이다. 또한 量에서 質에의 轉化法則에서와 같이 물질개념을 변증법적인 진화의 본바탕으로 볼 수 없다. 물질의 물리화학적 변화는 동질적인 변화는 있으되 질적인 비약이나 진화론적인 발전은 불가능하다. 사회발전을 점진적으로 보지 않고 혁명적 발전형태로만 이루어진다고 주장함으로써 공산혁명투쟁을 정당화하고 직업혁명가의 집권을 신성시하기 위한 주장이라 볼 수 있다.

둘째, 물질의 운동이 모순에 의해 이루어진다면 자본주의 사회로부터 계급투쟁을 통하여 공산주의사회가 형성된 후에도 그 모순에 의해 공산주의 사회는 없어지고 다른 사회형태가 생겨나야 하는데 그 사회는 규정되어 있지 않다. 또한 「모순」은 「반대나 대립」과는 구별해야 한다. 모순관계는 서로 양립할 수 없는 두 가지가 대립하는 것으로 서로 용인할

---

57) Louis Dupré, 홍윤기(譯), 『마르크스주의의 철학적 기초』(서울 : 한밭출판사, 1982), pp. 223~233.

수 없는 관계에 있다. 이런 의미에서 자본가와 노동자를 모순관계로 規定함은 잘못이다. 한편 「대립」관계는 반대관계이거나, 상관적인 공존관계로 規정지어짐으로, 자본가가 존재하면 노동자가 존재할 수 없는 공존불가능한 관계는 아니다. 예를 들어 白과 黑은 모순관계에 있지 않다. 白의 자기부정은 非白이지 黑이 아니다. 따라서 자본가의 자기부정은 노동자가 아니다. 흔히 문제가 되는 것은 반대대립(수학에서의 +와 -)이며, 모순이 동일한 주체에 속하지 않거나 적어도 동시적인 것은 아닌 것이다.

세째, 부정의 부정이라는 원칙에 의해 보다 높은 단계에서 통합된다는 변증법적 유물론만이 유일한 진리라는 것은 모순이다. 인간은 自省과 再反省을 통해 자신의 발전을 도모한다. 또한 시대적인 구분으로 혁명의 불가피성을 강조하여 자본주의가 멸망한 후에는 반드시 공산주의로 이행하는 것이 필연적이라는 결론을 이끌어내기 위한 논리의 비약일 뿐이다.

제 3 절　唯物史觀

마르크스는 史的唯物論(historical materialism)이라는 용어를 전혀 사용하지 않았고, 唯物論的 歷史槪念(the materialistic conception of history) 또는 唯物論的 生產條件(the materialistic conditions of production)이라는 표현을 사용했다. 이 때 「유물론적」이라 함은 자연과학적 물질이 아니라 경제적 물질, 즉 물레방아나 기계방아와 같은 물질의 원리이며 그 眞意는 경제·산업기술을 지칭한다. 사적유물론이라는 명칭은 엥겔스에 의해 처음으로 사용되었다.

이 새로운 역사관에 대한 최초의 定式化는 1945 년에 마르크스와 엥겔스가 공동집필한 『獨逸이데올로기(The German Ideology)』이며, 1848 년의 『共產黨宣言』과 1859 년의 『政治經濟學批判序文』에서 더욱 발전되었다. 마르크스의 유물사관은 생산력과 생산관계간의 모순을 원동력으로 하는 역사전개의 원리이다. '물레방아는 봉건영주가 있는 사회를 낳았고 기계방아는 산업자본가가 있는 사회를 낳았다.'[58]고 했다. 생산력이 발달하여 물레방아가 기계방아로 발전하게 되면 봉건제 사회는 자본제 사회로의 사회구조(生產關係)가 바뀐다는 것이다. 일단 유물사관이라는 것은 경제·기술적 요인을 역사상의 중요한 것으로 보아 역사를 설명하고 해석하는 역사관으로 풀이할 수 있다.

1. 唯物史觀의 基本公式

마르크스의 역사철학을 살펴보기 전에 헤겔의 역사철학을 체계적 상

---

58) K. Marx, *Poverty of Philosophy* (Moscow: Foreign Languages Publishing

관성에서 대조해 보는 것이 필요하다.

헤겔의 역사철학은 '세계사를 지배하는 것은 理性이며, 세계사는 이성적으로 전개되어 간다'[59]는 것을 기본전제로 하고 있다. 헤겔에 의하면 세계사의 지배원리는 세계정신(Weltgeist)[60]이며, 따라서 역사과정은 세계정신을 통해서 수행되는 것이다. 이러한 세계사 속에서 표면적으로는 어떤 개인의 의식적 활동에 의하여 진행되고 있는 것처럼 보이지만 그것이 그들 자신의 업적이 아니고, 바로 세계정신의 실현을 위해서 쓰여지고 있는 업무대리자에 지나지 않는다. 알렉산더, 시이저, 나폴레옹 같은 사람은 세계사의 주체가 아니라, 세계정신의 대행자에 불과하며 主體는 세계정신이다. 헤겔은 세계는 우연과 외부적·우발적 諸要因에 맡겨진 채 될대로 되라고 방치하고 있는 것이 아니라, 하나의 攝理 즉 신의 섭리가 세계의 모든 사건을 다스리고 있다는 종교적 신앙을 표명하게 되었다. 그러므로 역사상에서 일어나는 전쟁, 민족의 불행 개인의 파멸같은 비극은 모두 신의 섭리에 의한 것이다. 세계정신이 개인을 존중하여 서로 싸움을 붙이고 희생케함으로써 개인이 의식하지 못하는 세계정신의 목적을 수행하도록 하는 것은 「이성의 계략(List der Vernunft)」이다. 헤겔은 현실적인 역사를 어린이, 어른, 노년의 정신 연령의 단계로서 비유적으로 해석한다. 또한 그는 동양세계, 고대세계, 그리고 기독교세계의 변증법적 도식을 전개한다. 세계사의 이러한 세가지 시대와 세계는 헤겔 역사철학의 변증법적 三段理論(主觀的·客觀的·絕對的 精神)과 정확히 평행을 이룬다.

이와 같이 헤겔은 세계사의 근원을 세계정신에서 보았지만, 마르크스는 이와 달리 역사의 원동력을 사회의 물질적 생산양식의 발전법칙에서

House, 1959), p. 119; Ernst Fisher, *Essential Marx*, 노승우 역, 앞의 책, p. 100.

59) G. W. F. Hegel, *Die Vernunft in der Geschichte* 5(Aüfl, Hamburg, 1955), S. 28.

60) 같은 책, S. 60.

보고 있다. 마르크스 유물사관의 기본사상은 모든 사회구조와 그 역사
적 발전은 경제적 諸關係(生產力·生產關係)에 의해서 결정된다는 것
이다.

「上部構造와 下部構造」

마르크스는 그의 저서 『政治經濟學批判序文』에서 유물사관의 기본 원
리를 논술하고 있다.

> "나는 나의 연구에서 다음과 같은 결론에 도달하였다. 법률관계 및 국가형
> 태란 것은 그 자체를 가지고 또는 소위 인간정신의 일반적인 발전에 의해서도
> 이해될 수 없으며, 오히려 이러한 관계와 형식은 물질적 생활의 관계 속에서
> 그 근거를 가지고 있다. 인간들이 영위하고 있는 사회적 생산에 있어서 그들
> 은 일정의 필연적인 자기들의 의지와는 독립된 제관계 속에 들어간다. 즉 그
> 들의 物質的 生產諸力의 일정한 발전단계에 대응되는 生產關係에 들어간다.
> 이러한 生產關係의 總和가 사회·경제구조를 형성한다. 이것이 실질적 토대
> (real basis)이며, 그 위에 하나의 법률 및 정치적 상부구조가 올라가서 그
> 리고 일정한 諸社會意識의 형태가 대응한다. 물질적 생활의 생산양식이 사회
> 적·정치적·생활과정 일반을 제약(bedingt)한다. 인간의 의식이 그들의 존
> 재를 결정(bestimmt)하는 것이 아니라, 그들의 사회적 존재가 그들의 의식을
> 결정하는 것이다. 사회의 물질적 生產諸力이 그 발전의 어떤 단계에서 그것
> 들이 지금까지 그 내부에서 운동해 온 기존의 生產諸關係와 그 법률적 표현에
> 불과한 것인 소유관계와 모순되게 된다. 이러한 생산관계는 생산력의 발전 형
> 태들로부터 그 생산을 구속하는 질곡(桎梏)으로 변한다. 그 때에 사회혁명의
> 시기가 도래한다."[61]

위의 마르크스의 명제에서 보는 바와 같이 유물사관은 모든 사회를
이데올로기로서의 상부구조와 경제적 토대로서의 하부구조로 나누고,
「사회의 근본원인」 또는 원동력은 「물질적인 힘」 또는 생산력의 증대에
있다고 주장하며 「量的 변화」의 요소라 한다. 여기서 생산력이란 노동수
단, 생산용구 및 일정한 사회경험, 노동숙련을 몸에 익혀 물질적 재화

---

61) Karl Marx, *Preface to a Contribution to the Critique of Political
   Economy*, 앞의 책, pp. 11~12; 노승우 역, 앞의 책, p. 146.

를 생산하는 인간(노동자)을 뜻한다. [62]

```
生   産   力        생산수단        생산용구(instrument of production)
(productive forces)  (means of   ─── 천연자원(raw materials)
                     production)      장소(spaces)
                     노동력──생산하는 인간
                     (labour forces)
```

〈도표 1〉

유물사관에 의하면 인간의 물질적 생산력은 일정한 발전단계에 따라 발생하는 필연적 관계인 생산관계와 결부되어 있다. 생산관계란 개념은 마르크스에 있어서 생산수단의 소유관계로 규정된다. 마르크스의 생산관계는 제조공업에서 이용되는 기계적인 기능이나 공장의 기술적인 조직을 의미하는 것이 아니며, 인간들이 소속되어 있는「사회관계」또는 더 나아가 그들이 사회의 경제생활에 참여할 때, 항상 의식하게 되는 사회관계를 의미하는 것이다. 소유관계는 이러한 사회적 생산관계의 형식적 표현이며「質的 변화」의 대상이 된다. 그런데 마르크스는 『政治經濟學批判序文』에서 '생산력과 생산관계는 필연적으로 모순을 일으켜 사회주의 사회로 발전한다.'는 점을 변증법적으로 전개하였다. 예를 들어, 생산력이 어린이의 몸이라면 생산관계는 그 옷이다. 어린이의 몸이 어느 정도 클 때까지는 무방하나 더이상 지탱할 수 없도록 커지면 새옷으로 갈아입어야 한다는 것이다.

사회의 물질적 생산력은 일정한 발전단계에 이르면「현재의 생산관계」또는 그 법적 표현인「소유관계」와 모순되어 생산관계는 생산력에 대한 속박이 된다. 주어진 생산관계가 이미 현존하며 또한 생산과정에 있는 생산력의 전개를 위해서 그 스스로 적응하지 못한다면 인간은 조만간 이러한 생산관계를 변혁시키고 보다 높은 역사단계에 이를 수 있도록 생산력과 생산관계의 일치를 강제한다는 것이다. 그런데 이러한

---

62) G. A. Cohen, *Karl Marx's Theory of History* (New Jersey: Princeton Univ. Press, 1978), p. 55.

生産力과 生産關係의 모순과 충돌에 따른 경제구조의 변동에 따라 거대
한 상부구조 전채가 서서히 또는 급격히 변혁된다고 마르크스는 주장
한다.

이미 앞에서 살펴본 바와 같이 생산관계의 변화는 생산력 발전에 의
해 조건지워지는데, 이 생산관계의 총체가 경제구조(下部構造)[63]를 형
성하며, 이 하부구조가 사회의 진정한 기초가 된다. 이 기초 위에서 법
률적·정치적 상부구조가 건설되고 또 이 기초에 따라 「일정한 사회적
의식형태」가 형성된다. 따라서 하부구조는 생산력과 생산관계로 구성되
어 있고 上部構造는 인간의 의식형태·이데올로기·철학·법률·정치제
도등으로써 前者인 하부구조가 후자인 상부구조를 결정한다. 결과적으
로 물질적 生産樣式이 사회적·정치적 생활과정 일반을 결정짓는다는
것이다.

이상과 같이 인간의식이 사회생활을 결정하는 것이 아니라 반대로 사
회생활이 인간의 의식을 결정한다는 것이기 때문에, 사회변혁은 인간의
의식에 의해서가 아니라 생산력과 생산관계의 모순에 의해서 변화한다
는 것이다. 上部·下部構造를 도식화하면 다음과 같다.

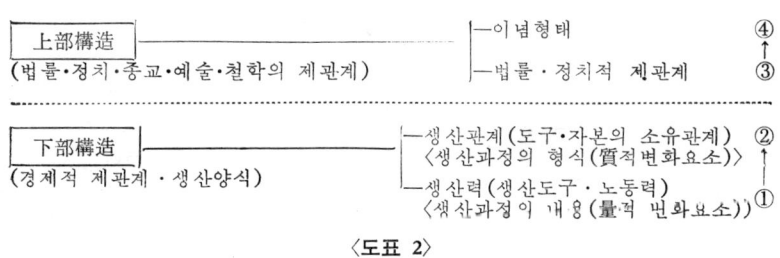

〈도표 2〉

2. 歷史發展의 五段階

전술한 바와 같이 유물사관은 생산력과 생산관계가 모순을 일으켜 사

63) 같은 책, p. 63.

회주의사회로 발전하는 단선형적 진보주의 역사관을 전개하였다. 마르크스는 생산력과 생산관계가 모순·투쟁이라는 것을 계급투쟁이라는 것으로 轉化시켜 인류사회가 과거·현재·미래에 걸쳐 반드시 거쳐나가야 할 「필연적 과정」으로 원시사회·노예사회·봉건사회·자본주의사회·공산주의사회라는 단계를 제시하여 인류역사의 발전과정을 決定論的으로 단정했다.

마르크스에게는 모든 것이 미래로 향하고 있는데, 그것은 계급없는 공산주의 사회의 지향이다. 따라서 이 사회는 자본주의의 생산력이 가장 높은 단계에 이르러 프롤레타리아혁명을 통해서 성취할 수 있고, 이 미래의 계급없는 사회가 역사의 마지막 시기를 만드는 최후의 단계여야 한다. 따라서 그 이상의 새로운 사회가 올 수 없는 것이다. 이처럼 마르크시의 法則的 必然史觀에는 무계급사회의 도래를 예견하는 終末論的 성격이 내재하며, 또 이 사관은 계급투쟁과 생산력과 생산관계간의 모순으로 인해 자본주의는 자멸한다고 예언했다. 그의 역사발전과정을 도식화하면 다음과 같다.

사회형태	생 산 력	생산관계	주요계급
원시공산사회	석기·활·사냥·어업	생산수단의 공유	무계급
고대 노예사회	금속기·목축·농업 수공업	생산수단과 인간의 사유	노예소유자와 노예
중세봉건사회	철제의 개량·쇠쟁기· 조직농업·수공업발전	생산수단의 사유와 인간의 제한된 사유	봉건영주와 농노
근대자본주의 사회	기계시설에 의한 대 규모 공업	생산수단만의 사유	자본가와 무산계급
사 회 주 의 공 산 주 의	제조업과 공업의 큰 발전	생산수단의 공유	무계급

〈도표 3〉[64]

---

64) I. M. Bochenski and G. Niemeyer, 『공산주의 비판전서』(한국반공연맹, 1964), pp. 55~56.

3. 러시아 마르크스주의의 史的 唯物論

후진러시아의 10월혁명은 마르크스사관과 전혀 맞지 않았다. 왜냐하면 상부구조의 정치(革命)가 하부구조의 토대인 경제보다 앞서서 일어났고, 그리고 마르크스에 있어서 사회혁명은 먼저 생산력이 고도로 발전한 것을 전제로 한 데 반해 러시아 10월혁명은 선진자본주의 국가보다 생산력이 뒤떨어진 후진국상태에서 일어난 것이기 때문이다. 이 역사적 실례로 미루어 소련에서의 유물사관에 대한 새로운 해석, 보완은 불가피하였다. 그 핵심부분은 레닌의 정당 및 그 역할에 대한 중요성과 스탈린의「言語와 構造論」에 있다. 레닌이 마르크스주의에 政黨을 도입한 것은 유물사관의 심장을 찌르는 것이었다. 상부구조가 그 토대에 의해서 결정될 때까지 기다리지 말고, 비밀적이고 전문적으로 잘 조직된 소수정예분자(政黨)에 의해 이루어져야 한다는 것이다. 여하튼 레닌 이후에 정치가 경제에 앞서서 위치하게 되었다. 그리고 레닌은 러시아가 주로 농업국이고, 그 대중은 대다수 농민이라는 사실에 기초하여 혁명은 산업국에서 발생하여야 한다는 마르크스의 주장을 불문에 붙인 것이다.

그런데 유물사관의 약점이 결정적으로 드러난 것은 1950년 소련에서 야기된 언어학논쟁에서였다. [65] 이 논쟁은 1950년 5월 9일자「프라우다」지에 치코바바(A.S. Chikobava)가「소련언어학 몇 가지 문제」란 글로 소련의 계급주의적 언어학의 권위자였던 마아르(N.Y. Marr)의「言語上部構造說=階級說」에 반론을 제기한 데에서 야기되었다. 언어가 언간思惟에 의해서 성립되고, 그 사유는 물질에 대해 제 2 차적 인것이라면 그것은 상부구조에 속한다. 따라서 계급의식에 의해 제약을 받는다는 마아르의「언어상부구조설=계급설」에 대하여 러시아어는 소련사

---

65) 梁好民外, 『共産主義 批判』(서울 : 극동문제연구소, 1981), p. 63.

회의 성립 이전이나 이후를 통해 별로 변한 것이 없으며, 오늘의 소
련인들은 푸시킨의 詩를 무리없이 이해한다는 주장으로 치코바바교수는
반론을 제기한 것이다. 이로 인해 야기된 마아르와의 논쟁에 스탈린이
개입하여 「프라우다」지의 「언어에 있어서의 마르크스주의에 관하여」란
글에서 언어는 상부구조도 토대도 아니며, 또한 언어는 계급적인 것도
아니라는 非階級說로 결론을 맺었다.

스탈린의 결론은 ① 마아르의 언어상부구조론에 반대하면서 스탈린
은 언어란 상부구조에 속하지도 토대에 속하지도 않는다고 주장한다.
② 언어는 계급성에 의해 제약되지 않으며, 그것은 한 계급에 의해 창
조된 것이 아니라 전인민적인 것이다. ③ 상부구조는 상대적인 것이다.
상부구조는 상대적 독립성을 가지고 토대에 반작용되기도 한다는 것
이다.

스탈린의 이 언어학논문은 단지 언어문제에 그치지 않고 마르크스 이
후의 철학 전반에 걸친 다각적인 파급효과를 가져왔다. 우선 이 논문은
스탈린 자신의 「마르크스주의와 민족문제」이래의 「민족」개념에 대해
크게 수정을 가했고, 「학문의 당파성」이라는 공식에 묶였던 형식논리학
이 변증법의 敎條에서 해방됨과 동시에 수학, 논리학 등도 공식적인
〈DIAMAT〉의 적용에서 벗어나 그 성격이 재규정되었다. 이처럼 「토대
와 상부구조」의 2분법의 어느 쪽에도 속하지 않는 언어·수학 등의 분
야를 인정하게 된 것은 유물사관을 대폭 수정한 것이다. 그리고 스탈린
은 「소비에트국가」라는 상부구조가 오히려 「사회주의적 경제토대」를 만
들어 내는 데 중요하다고 보고, 또 사회주의적 애국주의, 조국애 등의
정신적 요인을 강조했다.

4. 唯物史觀의 평가

첫째, 마르크스의 유물사관은 과학적 법칙이나 이론의 자격을 가진

것이 아니라, 巨視的 歷史豫言에 속하는 것이다. [66] 마르크스와 엥겔스는 19세기말 과학관의 관점에서 자신의 주장을 과학 또는 철학으로 내세우려고 했으나 그의 이론은 사실분석과 예언적 통찰이 혼합된 지난 시대의 한 사상체계에 불과한 것이었다. 비판적 합리주의자 포퍼는 마르크스의 토대결정론이 러시아혁명 때 나타난 역사적 사실에 의해 이미 반증되었으므로 이를 그 뒤에도 진리로 계속 주장해서는 안된다고 한다[67] 또한 마르크스는 계급투쟁과 생산력과 생산관계간의 모순으로 자본주의는 스스로 멸망한다고 예언했지만, 그것은 어떤 시기에, 어떤 사건으로라는 정확한 예측은 아니었다. 이와같이 예견되는 시기가 항상 未決定的인 예언은 진정한 과학적 예측의 자격을 가지지 못한다. 오히려 지금의 유럽자본주의 국가에서는 사회주의나 공산주의사회를 거치지 않고 바로 福祉國家를 건설했다.

둘째는 유물사관에 따르면 생산력의 증대가 사회발전의 원동력이라고 주장하고 있으나, 사회의 발전이란 물질적인 측면에서만 평가될 수 없다. 물질적인 생산력이 변화하지 않아도 사회는 정치제도의 개선, 인간의 의식구조의 변화 등에 따라 계속 발전한다. 생산력의 증대는 생산력 자체에 의해서가 아니라, 인간의 정신, 의식의 작용에서 나온 기계, 과학, 기술의 혁명, 개선에 의해 이루어지고 있다.

셋째, 유물사관은 생산관계가 생산력 발전에 의해 조건지워진다고 주장한다. 그렇다면 생산력이 동등한 수준에 있는 한 어느 시대, 어느 곳에서건 동일한 생산관계가 존재해야 한다. 그러나 중국의 역사를 돌이켜 보면 19세기 이전 약 2천년간 생산력은 아무런 변화가 없었음에도 불구하고 봉건제와 王權制가 번갈아 성립할 수 있었고, 오늘날 미, 소는 거의 동일한 생산력을 가졌으면서도 「하나는 자본주의, 다른 하나는

---

66) 양호민, 『공산주의 비판』(高大亞細亞問題研究所), p. 125.
67) cf. Karl R. Popper, *The Open Society and Its Enemies* (London: Routledge and Kegan Paul, 1962) 참조.

사회주의라는 전혀 이질적인 생산관계를 성립시켰다.」[68] 따라서 생산력에 의해서 생산관계가 결정된다는 주장은 정당화되지 못한다.

네째, 유물사관에 의하면 정치·법률적 상부구조와 인간의 의식은 하부구조의 반영에 불과하다고 주장한다. 물론 경제생활의 향상이 사회구조의 변화에 많은 영향을 끼친다. 그러나 인간의 정신·의식이 생산수단과 생산력을 포함한 경제구조의 변화를 더 많이 가져오는 것이다. 따라서 사회라는 有機的 組織體를 상부구조와 하부구조로 나누어 대립시키는 자체가 모순이다. 공산주의자의 주장대로 양자로 나눈다면, 하부구조가 상부구조에 의해 더 많은 영향을 받는다고 말할 수 있다. 왜냐하면 사회의 경제구조는 그 사회의 정책에 따라 결정되기 때문이다. 예를 들면, 소련과 같은 공산주의사회에서는 國家統制 經濟構造가 생겼고 서구의 민주주의사회에서는 자본주의 경제구조가 나타난 것도 그 때문이다. 오늘날 공산국가에서는 상부구조의 하나인 공산당이 정치·사상·학문·예술은 물론 하부구조인 경제까지 지배하고 있다.

다섯째, 공산주의자들은 그들의 유물사관에 따라 인류사회의 발전을 오직 5단계로만 결정짓고 있다. 항상 변증법적으로 새로운 단계로 발전해 나간다고 주장하면서도 사회주의 내지는 공산주의의 다음 단계를 제시해 주지 못한다.

여섯째, 하버마스(Habermas)는 『理論과 實踐(Theory and Practice)』에서 마르크스에 불리한 4가지 사실을 다음과 같이 열거하고 있다. [69]

① 자본주의의 전개과정중 자유주의 단계에서 자기나름대로의 유형을 갖고 분리되어 있던 국가(state)와 사회(gesellschaft)는 자본주의가 조직화되는 단계에 들어서자 서로를 구속하면서 일정한 관련을 갖게 되었다. 상품교환과 사회적 노동의 영역은 점점 더 중앙집권적 조직과 행정을 필요로하게 되어, 한 때

---

68) 梁好民, 『공산주의 이론과 현실비판 全書 Ⅰ』(서울 : 內外文化社, 1963), p. 131.

69) Habermas, *Theory and Practice*, trans. by John Viertel(An H. E. B. Paperback), p. 195; 양호민 외, 공산주의비판(극동문제연구소, 1981), p. 59 에서 재인용.

시장법칙에 따라 움직이는 私的 個人들이 주도하던 시민사회는 사회내에서 이루어지는 상업적 교류를 여러 부분에 걸쳐 사전에 정치적으로 조정하지 않으면 안 되었다. 공산권에서도 정치권력이 우위에 서서 경제구조를 國有化시키고 당관료주의가 경제를 지배하고 있다. 소련은 인간까지 국유화하는 强制社會가 되었다.

② 선진자본주의 사회에서는 여러 계층에 있는 많은 사람들의 생활수준이 향상되었기 때문에 경제적인 용어를 직접적으로 사용하여 사회해방의 정확한 관심을 표현하는 것은 불가능해졌다. 「疎外」는 이제 명백한 경제적 의미를 거의 상실하다시피 하였다. 소외된 노동에서의 빈곤이 아니라 소외된 여가의 빈곤으로 바뀌었다. 동구 공산권의 체코·폴란드등을 보면 당관료주의에 의한 인간 소외는 더욱 심각한 실정이다.

③ 이러한 상황 아래서 미래에 일어날 사회주의 혁명의 담당자인 프롤레타리아의 계급적 특징은 해소되었다. 하부구조를 비정치적 형식으로 조정하려는 어떤 시도도 성공할 가능성이 희박하다. 여하튼 오늘날 선진국에서 생활수준이 향상된 노동자에게선 어떠한 계급의식 특히, 어떠한 혁명적 계급의식도 발견되지 않는 이런 상황에서 혁명이론은 受信人 없는 편지와 같다. 계급투쟁은 이제 단일 국가 내에서는 모습을 감추었으며, 자본주의와 사회주의라는 양대 진영간의 국제화된 갈등에서 그 흔적을 찾아볼 수 있을 뿐이다.

④ 러시아 혁명과 소비에트체제의 확립이라는 역사적 사실이 마르크스주의에 대한 이론과 토론을 상당 부분 마비시켜 버렸다. 마르크스의 예언과는 달리 계급적 성장이 불충분한 프롤레타리아에 의해 일어나고 농민층의 지지를 받은 反封建運動은 혁명 후에 확립된 당조직과 당관료체제에 힘입어 농업을 집단화하고 관료주의적 하향식사회주의혁명을 이끌어 나가게 되었고 그리고 서구열강에서는 체제를 보강하고, 그들은 사회적 통제 범위를 보다 확대하고 사회보험을 실시하고 보다 평등한 소득분배를 꾀했으며, 그렇게 되자 제도를 부인하지 않는 점진적 개혁, 「자기훈련」을 통한 자본주의의 자율규제가 가능하게 되고 계속 발전의 길을 가게 된다.

이상과 같은 결론으로 미루어 보아 唯物史觀에 의한 共産主義思想은 그 자체의 모순성과 허구성 때문에 진퇴양난의 딜레마에 빠지게 되었다.

제 3 장 마르크스사상의 政治·經濟理論

제 1 절 마르크스사상의 정치이론

1. 階級과 階級鬪爭

1) 階 級

마르크스의 계급개념은 그의 사상전개와 함께 매우 다양하게 변화하고 차이를 보여 왔으며, 마르크스는 항상 계급은 고정되거나 영구불변의 것이 아니라 역사발전의 산물이며 원동력이라는 것을 강조했다.[1]

일단 마르크스의 계급이란 공통의 경제적 이해를 가지며 그 의식에 있어서 연결되는 사람들의 집단이다. 마르크스는 『資本論』에서 계급개념을 다음과 같이 분석하고 있다.

"임금·이윤·지대를 각각 그 수입원으로 삼고 있는 단순한 노동력 소유자·자본 소유자·지주 즉 임금노동자·자본가·지주는 자본주의 생산양식에 의존하는 현대사회의 3 대 계급을 이루고 있다. 영국에서 현대사회가 고도로 발달되고 있으며 경제구조에서도 가장 고전적으로 발전되어 있다는 것은 이론의 여지가 없다. 그럼에도 불구하고 계급의 층이 영국사회에서도 그 순수한 형태로 나타나 있지 않다. 중간단계나 과도단계(middle and intermediate strata)

---
1) E. Fisher, *Essential Marx* (New York: The Seabury Press, 1974), p. 63.

가 여기서도 확연한 경계선을 흐리게 하고 있다. "[2]

『資本論』에서 유일하게 계급의 개념을 분석하고 있는 이 구절 이외에, 「공산당 선언」에서 부르조아와 프롤레타리아의 단순한 양대계급의 모형을 제시한다.

"우리들의 시대, 즉 부르조아 시대의 특징은 계급대립을 단순화 한 것에 있다. 사회는 더욱 더 적대하는 양대 진영으로 직접 상호대립하는 양대계급 즉 프롤레타리아와 부르조아로 분열되고 있다. "[3]

그러면 양대계급모형으로 분류하는 기준은 무엇인가?

첫째는 生産樣式이다. 생산수단을 소유하고 임금노동의 고용주는 부르조아며, 반면에 생산수단을 갖지 못하는 자는 프롤레타리아이다. 다시 말해 프롤레타리아는 자신의 노동력을 팔아서 생계를 유지해 나가는 계급이며, 부르조아는 프롤레타리아가 일하는 생산자원을 소유하는 사람들이다.

둘째는 集團意識이다. 하나의 계급은 스스로를 그러한 계급으로 의식할 때만 존재하며 정치적 조직을 산출하지 못할 때는 하나의 계급을 형성하지 못한다는 것이다.

"수백만의 가족들이 그들의 생산양식, 즉, 이익·문화등을 다른 계급과 분리시켜 서로 대립하게 만드는 경제적 조건아래서 살고 있는 한 그 가족들은 계급을 형성한다. 이러한 소규모 자영농민들 사이에 지역적인 상호관계만 있고 그들의 이익이 가진 동일성으로 인해 그들 사이에 어떤 공동체나 민족적 유대, 정치적 조직도 태어나지 않는 한 그들은 계급을 형성하지 않는다. "[4]

그런데 마르크스가 계급을 분류할 때 가장 어려웠던 점은 노동자와

---

2) K. Marx, *Capital III, tr.*, D. Fernbuch (Random House, 1958), Chapter 52, p. 1025.
3) E. Fisher, 앞의 책, p. 62.
4) 같은 책, p. 63.

학자들의 계급이론 비교

구분 \ 학자	계급 결정요인	계급구조	계급이동	계급간의 관계	계급의식 형성요인	계급혁명 가능성
마르크스	생산수단의 소유	계급의 양극화 ·부르조아 ·프롤레타리아	절대 불가능	·적대관계 ·갈등관계 ·착취관계	·소외 ·착취와 궁핍화 ·계급의 조직화	필연성
베버	생활방식, 교육재산의 획득과 이용 경제적 상태	계급 지위집단 권력(정당)	이동가능	·합리적결속 ·비합리적 갈등	·동일한 계급 상황 ·경제적 적대자 반대 ·지식인에 의한 목표 제시	가능성
다렌도르프	권위 배분	양극화 경향	이동가능	발전적 갈등관계	계급의식 희박	점진적 변동
아롱	경제사회적인 조건 (소유관계, 교육, 직업) 위신등	다양한 유형	계급간의 순환	필연적 협력관계	·계급의 동질성 결여 ·비조직성	경제 성장으로 인한 프롤레타리아의 의지 약화
볼트모어	재산과 수입	양극화 경향 ·엘리트 ·대중	순환	경제적 갈등관계	계급의식 희박	혁명성 희박
기든스	시장능력의 소유	다분화된 구조	이동가능	정치적 갈등관계	계급의식 약화	사회구조 통화성에 의한 혁명성약화

자본가 그리고 지주사이에 위치하는 부르조아와 농민·농업노동자·
인텔리겐챠·룸펜프롤레타리아등의 중간계급이었다. 그러나 중요한 특
징은 이들이 발전하여 궁극적으로 중간계급은 프롤레타리아나 부르조아

의 범주에 속하게 되고 양대진영으로 변형되어 간다는 것이다. 결국 마르크스는 사회를 변화하게 하는 혁명을 위해 상호대립적이며 투쟁적인 계급의 양극화를 도출해 내었다고 볼 수 있다.

그런데, 개념상 주의하여야 할 용어는 계급의식이다. 계층은 객관적인 외부적 관찰로부터 형성된 사회적 범주이고 계급은 주관적으로 귀속된 심리적 집단이다. 따라서 계급이란 계층을 전제로 성립되는 개념이며, 계층과 동일선상에서 이해된다. 계급의식이란 객관적 계급사실의 의식적 반영을 말하는 데, 계급의식의 구조에는 類似性, 自覺性, 連帶性, 敵對性, 行動性 등이 있다. 계급의식의 형성단계는 유사의식에서 團結意識(solidarity)으로 발전하고, 다시 이것은 對抗意識으로 발전하는 단계를 거친다.

앞의 도표는 마르크스와 다른 학자와의 계급이론을 비교해 본 것이다.

2) 階級鬪爭

계급투쟁이란 개념은 한 계급의 행동으로서 다른 계급에 대립하는 투쟁을 말한다. 다시 말해, 착취계급에 대한 피착취계급, 압박계급에 대한 피압박계급의 투쟁이 바로 계급투쟁이다. 마르크스는 계급투쟁을 계급구성의 본질적인 요소로 생각하며, 이는 적어도 역사가 기술되기 시작한 때부터 존재해 왔다고 주장한다.

"지금까지 존재해 온 모든 사회의 역사는 계급투쟁의 역사이다. 자유민과 노예, 귀족과 평민, 영주와 농노, 길드의 고용인과 장인, 한 마디로 표현해서 억압하는 자와 억압당하는 자는 항상 서로 대립하며 때로는 은연중에 때로는 공공연히 끊임없는 투쟁을 계속해왔다. 그리고 이 투쟁은 항상 전사회의 혁명적 변혁으로 끝나든지 그렇지 않으면 상쟁하는 계급의 공동소멸로 끝난다."[5]

---

5) 같은 책, p. 62.

그러나 자본주의보다 앞서 나타난 경제적 단계에 있어서 계급투쟁은
단지 사회의 제한된 부문에만 영향을 미쳤기 때문에 자본주의 사회의
계급투쟁과는 달랐다.

　"봉건사회의 몰락에서 발생한 근대부르조아 사회는 계급대립이 폐지되지 않
았다. 다만, 새로운 계급, 억압적인 조건, 새로운 투쟁형태는 낡은 것들을 바
꿔 놓은 데 지나지 않았다."6)

　그러므로 자본주의사회는 그 이전의 시대와는 달리 계급간의 거리가
멀어져 보편적 양극화현상을 이루어 부르조아와 프롤레타리아의 양대
진영으로 분열되어 있다는 것이다. 즉 계급이 그 자신의 이익을 사회공
동의 특수한 이해관계와 동일시하여 그들 자신이 계급자체를 이루고,
다양한 계층의 인구를 흡수하게 된다는 것이다. 그러므로 혁명을 일으
키는 계층은 단순한 계급이 아닌 사회전반의 대표자로서 등장한다. 마
르크스는 부르조아계급과 프롤레타리아계급의 발전단계를 끊임없는 변
화·분화의 긴 과정으로 분석하고 있다.

　"프롤레타리아는 여러가지 발전단계를 거친다. 부르조아에 대한 그들의 투
쟁은 그들의 탄생과 더불어 시작된다. 처음에는 개별적인 노동자가, 다음에는
한 공장의 노동자들이, 다음에는 한 지구의 같은 노동자들이, 자기들을 직접
착취하는 개별의 부르조아와 싸운다. … 그들은 보다 큰 집단으로 결집하여…
노동자는 부르조아에 대항하기 위해 단결하기 시작한다."7)

　결과적으로 자본가와 노동자 사이의 충돌은 점점 빈번해지고 더 큰 규
모로 발전된다. 노동자들은 노동조합을 조직하기 시작했으며 갈등은 단
결된 두 계급사이의 투쟁이라는 형식을 띠게된다. 노동자들의 궁극적인
승리를 위해 절대로 필요한 것은 완전한 연대감과 혁명에 대한 준비이

──────────

6) 같은 책, p. 62.
7) 같은 책, pp. 67~68.

다. 전체적 혁명이 완성될 때까지 노동자는 부르조아계급과 계속적인 계급투쟁을 하게 되는 것이다.

이 계급투쟁은 마르크스가 살았던 시기에 볼 수 있었던 부르조아와 프롤레타리아간의 모순을 지적한 것으로 볼 수 있다. 즉 생산력과 생산관계의 모순에서 출발한다. 이 두 계급은 산업화의 발전으로 서로 필요하기 때문에 합쳐졌으나 점차 적대적인 관계로 바뀌어 변증법에서 말하는 正命題와 反命題로 갈라서고, 부르조아는 부유해지고 프롤레타리아는 가난해져서 이 두계급간의 분열이 더욱 심화되어 더이상 지탱하기 힘들게 되면, 量은 質로 변해서 갑자기 폭발지점에 이르게 되고 부정의 부정에 도달하여 사회혁명과 통합에 이르게 된다는 것이다.

3) 階級論과 階級鬪爭의 평가

첫째, 階級鬪爭論을 일종의 煽動論으로 보는 견해가 있다.[8] 프롤레타리아의 혁명운동을 선동하기 위해 프롤레타리아의 이익이 사회전체의 이익이며 그들만이 사회의 주인이므로 계급투쟁을 통해 사회주의혁명을 이루어야 한다는 일종의 선동적 성격을 지니고 있다는 것이다.

둘째, 中間階級의 등장이다. 마르크스는 실제로 중간계급을 인정하면서도 혁명을 위해 계급의 양극화모형을 제시하는 모순에 빠졌다. 오늘날은 자본가계급이나 노동자계급에 속하지 않고 봉급을 받는 직업집단이라 볼 수 있는 중간계급이 현대사회의 구조적 특징을 이루고 있으며, 자본가·노동자·중간계급·농민계급 등 여러 종류의 계급이 산업사회에 존재한다.

세째, 계급의 사회적 流動性이다. 사회적 流動이란 한계급이 다른 계급의 범주로 상승하는 이동(upward mobility)과 하강하는 이동(downward mobility)을 포함하는 수직적 이동과 같은 계급의 位階 안에서 횡적으로

---

8) 全得柱, 『이데올로기론』(서울 : 박영사, 1982), pp. 189~190.

이동하는 수평적 이동을 의미한다. 오늘의 노동자가 내일의 자본가로 급변하는 이른바 계급의 유동성이 현대 산업사회에서 뚜렷이 나타난다.

네째, 계급간의 협조이다. 마르크스는 계급을 착취자와 피착취자의 관계로 보고 이들 관계는 계급투쟁으로 발전된다고 주장한다. 그러나 초기자본주의 사회의 현상과는 달리 후기자본주의 사회에서는 자본가와 노동자 사이의 갈등적 관계는 비교적 감소되고, 계급간의 협조가 이루어지므로 계급투쟁은 현실적으로 비논리적이다. 즉 계급의 투쟁이 아니라 조정에 의해 발전되고 있다.

2. 黨理論

마르크스는 정당에 관해 체계적인 설명을 한 것이 없으며, 당조직 즉 〈공산당연맹(Communist League)〉, 〈인터내셔날〉등의 당원으로서 활약했다. 1847년 〈의인연맹〉이 〈공산당연맹〉으로 개칭되고, 이 공산당연맹의 위촉으로 마르크스는 「공산당선언」을 만들고 다른 노동자 계급의 당들과 구별했다.

"공산주의자들은 다른 노동자계급 정당으로부터 오직 이 두가지 점에서만 구별된다.

첫째, 국적이 다른 프롤레타리아들이 저 나름의 국가적 투쟁을 수행해 나가는 데서 공산당은 국제적 관계없이 모든 프롤레타리아의 공동관심사를 지적해 내고 또 이를 전면적으로 부각시킨다.

둘째 부르조아에 대항하는 노동계급의 투쟁이 통과하지 않으면 안되는 어떠 가지 발전 단계에서 공산주의자들은 언제 어디서나 운동전체의 이익을 대변한다.

그러므로 공산당은 한편으로는 만국의 노동계급 정당 가운데 가장 진보적이고 단호한 부분이며 다른 모든 정당을 앞으로 이끌어나가는 실천적 부분이며, 다른 한편 이론적으로 보면 프롤레타리아 대집단 위에서 프롤레타리아 운동의 행진노선의 조건 및 궁극적이고 전반적인 결과를 명석하게 이해하는 데 유리한 위치에 서있다. 공산당의 직접적인 목적은 다른 모든 프롤레타리아 당들의 목적과 같이 프롤레타리아를 하나의 계급으로 형성하여 부르조아 위치를 타도하고 프롤레타리아에 의해 정치권력을 정복하는 것이다."9)

마르크스주의는 정당의 본질을 계급투쟁에 두고 정당을 노동자계급의 대표로 본다. 본래 정당의 본질로서 정당을 계급대표로 보고 階級性을 특히 강조하는 설은 모두 階級政黨論의 범주에 속한다. 마르크스가 이해하고 있는 당은 결코 어떤 이상적인 기구가 아니라 항상 기존의 정치조직에 기반을 둔 대중의 당이었다. 그리고 당은 혁명적 폭동에 의해서 권력을 장악해서는 안되며, 고도로 중앙집권화되지 않은 완전히 민주적인 내부조직을 지켜야 하고, 노동자 자신의 독창적인 창출이어야 한다고 보았으며 조직이 어떤 다른 정당의 일부이거나 그에 의존해서는 안된다고 덧붙였다.

그러나 레닌은 러시아의 여건을 고려하여 마르크스의 생각과는 달리 엄격한 규율, 철저한 단결과 비밀 속에 이데올로기의 強直性, 활동의 체계성, 그리고 조직의 강인성을 유지할 수 있는 직업혁명가로 구성되는 소수 精鋭分子의 당을 요구했다. 결국 사상적으로 무장되고 철저히 훈련된 이러한 당만이 프롤레타리아의 前衛로서의 역할을 수행할 수 있다고 믿었다.

〔黨理論 批判〕

첫째, 정당의 3차원적 구조를 무시하고 있다.

공산주의 이론은 계급이익이 국가이익에 우선하는 사고방식이다. 현대정당은 단순한 계급정당이 아니라 계급적, 국민적, 국제적인 3차원적 구조 속에서 존재하고 활동하는 정치집단이다. 레닌이 말하는 비밀조직과 음모적인 활동을 위주로 하는 공산당을 公黨이라 할 수 없다.

---

9) K. Marx and F. Engels, *Selected Work I* (Moscow: Foreign Languages Publishing House, 1962), p. 46.

둘째, 공산당 이론은 특권계급의 黨獨裁를 의미한다.

프롤레타리아독재란 프롤레타리아에 의한 당의 독재를 의미하며, 프롤레타리아 대중에 대한 당의 독재를 의미하므로, 일반당원에 대한 당간부의 독재가 허용되고 결국에는 공산당 최고 지도자의 個人獨裁로 귀결된다.

셋째, 공산당은 대중을 위한 정당이 아니다. [10]

모든 민주정당은 上向式으로 체계화되어 있다. 모든 문제를 아래에서 제기하여 안건을 위로 올리어 해결하는 방식을 취하여야 한다. 그러나 공산주의 정당들은 그 반대로 민주적 中央集權制라는 下向式 방법을 택하고 있다. 간부의 선거도 외견상으로만 민주적이지, 실제에 있어서는 사전지명이며 아래에서 위로 전달되는 통로가 차단되어 있다.

3. 革命理論

마르크스의 혁명이론은 역사발전에 있어서 사회구성체를 분석의 대상으로 삼고 있다. 인간은 자신의 생활을 위한 투쟁과 자연과의 접촉과정에서 생산력의 발전이 역사를 진보케 하는 원동력으로 보았다. 또한 그는 생산관계를 인간의 존재를 지배하는 관계로 보고 이는 본질적으로 누가 생산 수단을 소유하는 가에 따라서 역사가 발전했다는 것이다. 즉 일정한 시기에 생산력의 발달 수준과 이에 조응하는 생산관계(혹은 소유관계)를 정립하여 역사 발전 5단계의 사회형태를 파악해 낸 것이다.

인간의 물질 생산력은 일정한 발전단계에 도달하면 현재 존재하고 있는 생산관계와 갈등을 일으키게 되고, 자본주의하에서 생산력은 사회적인 성격으로 점차 확장해 나가는데 반하여 자본가는 생산수단을 사적으로 소유하고 생산물은 자본가에 의해 독점된다는 것이다. 따라서 생산

---

10) 全得柱, 앞의 책, p. 195.

의 사회적 성격과 자본주의적 소유관계와의 대립이 첨예화되고 이런 현
상은 생산수단의 사회적 소유를 요구하게 된다는 것이다.

  "인간생활의 사회적 생산에 있어서 인간은 일정한 관계에 돌입한다. 그 관
계는 필연적이며 그들의 의지와는 무관하다. 생산관계는 인간의 물질 생산력
의 일정한 발전단계에 조응한다. … 어느 일정한 발전단계에 이르면 사회의 물
질생산력은 현존하는 생산관계와의 갈등에 이르게 되거나, 혹은 똑같은 것의
법적 표현에 지나지 않지만 지금까지의 생산관계 내에서 작용해 온 소유관계
와의 갈등에 이르게 된다. 이 관계는 생산력의 발전형태에 따라 질곡(fetter)
으로 轉化된다. 이때 사회혁명의 신기원은 시작된다."[11]

  따라서 이러한 생산력과 생산관계의 갈등은 본격화되고, 가장 고통을
받는 「가장 위대한 생산력」인 노동자 계급의 혁명에 의해서 사회주의로
의 전환이 가능하다는 것이다. 따라서 마르크스의 혁명은 한 사회에서
다른 사회로의 역사적인 전환을 뜻한다.

  "자본의 독점은 자본 아래에서 자본과 함께 발생하고 번성하였던 생산양식
의 질곡이 된다. 생산수단의 집중화와 노동의 사회화는 자본주의적 樣態와 양
립할 수 없는 곳에 이른다. 그리고 이러한 양태는 산산이 분쇄된다. 자본주의
적 사유재산의 종말을 알리는 吊鐘이 울린다. 착취자는 착취된다."[12]

  마르크스는 사회주의 혁명의 본질적인 내용을 생산수단이 公的所有로
전환되는 것으로 보고, 이를 담당하는 세력은 소유권에 지대한 관심을 갖
고 있는 노동자 계급의 지도하에 이룩되어야 한다고 보았다. 그러나 이
과정은 폭력 형태로 발생할 것인가 혹은 평화적으로 실행할 것인가는 부
차적이었고, 시기에 따라서 상이성이 있다. 즉 미국·영국·화란에서는
평화적인 혁명의 가능성을 언급한 반면, 그는 「철학의 빈곤」과 「공산당
선언」 그리고 다른 저작 속에서 프롤레타리아의 지배는 부르조아의 강

---

11) Karl Marx, *Preface to a contribution to the Critique of Political Eco-
    nomy*, pp. 328~9. 노승우 역, 앞의 책, p. 146.
12) Karl Marx, *Capital III*, pp. 472~3 노승우 역, 앞의 책, p. 147.

제적인 해체에 입각해서만 가능하다고 보았다.

> "우리는 정부에 대해 다음과 같은 사실을 선언해야 한다. 우리는 정부가 프
> 롤레타리아에 대항하는 무력세력임을 알고 있다. 우리는 가능하다면 평화적인
> 수단으로, 필요하다면 무력으로 정부에 대항하면서 우리의 길을 갈 것이다."[13]

마르크스는 이와같이 필요에 따라서는 혁명을 통해서 부르조아 사회
를 타도하여 다시 사회주의사회로 이행해야 한다고 주장했다. 특히 1848
년의 유럽혁명이 일어나는 동안 마르크스의 기대는 절정에 달했으며 그
의 「공산당선언」은 확실히 세계에서 가장 유명한 革命證書가 되었다.

① 마르크스가 주장하는 혁명의 전제조건

첫째, 경제적 착취이다. 모든 계급은 본질적으로 경제적 집단들 사이
의 투쟁이므로 마르크스에 있어서 경제적 착취는 혁명에 필요한 단일조
건으로서 가장 중요한 것이다.

둘째, 정치적 착취이다. 경제를 지배하는 계급은 반드시 국가를 지배
하며 이 지배권을 그들의 특혜적 지위를 유지하기 위해 사용된다. 국가
는 본질상 탄압기구이며 이 기구를 이용하여 지배계급은 피지배계급을
탄압한다고 보았다.

세째, 勞動의 疎外이다. 자본주의사회에서 분업에 의해 소외된 노동
은 불가피하며 이로 인해 노동자 자신의 노동생산물로부터의 소외, 생
산활동으로부터의 소외, 類的存在로부터의 소외, 인간자신의 타인으
로부터의 疎외 등의 양상이 나타나게 된다. 마르크스는 이의 해결을 위
해 공산주의로의 도약을 주장하며 인도주의와 연결한다. 여기서 마르크
스는 소외문제를 혁명과 직결시키고 있다.

네째, 階級體系의 양극화현상이다. 마르크스는 「공산당선언」에서 현재

---

13) Marx-Engels, *Werke* (Berlin, 1956), Vol. 17, p. 652;
　　노승우역, 앞의 책, p. 152.

부르조아사회의 계급을 부르조아계급과 프롤레타리아계급으로 분류하고 있다. 중간계급과 다른 중간집단은 소멸되거나 새로 생성되지도 못하며, 중간적 지위에 속하는 사람은 부르조아가 되거나 프롤레타리아가 되도록 한다. 지식계급도 마찬가지이다.

다섯째, 마르크스는 시종일관 지배계급이 항상 그 위치와 한 계급으로서의 통일성을 의식하고 있는 것으로 가정하고 있다.

그러나, 프롤레타리아는 부르조아지배를 지지하는 이데올로기의 보급때문에 초기에는 階級意識을 가질 수 없게 미혹당한다. 결국 프롤레타리아는 그들의 착취를 인식할 것이다. 광범하게 산재한 여러 분야에서 여러 종류의 직업에 종사하고 있는 사람들이 그들의 공통점, 즉 자본가에게 그들 자신과 그들의 노동력을 팔아야만 한다는 점을 인식하게 된다는 것이다. 그들은 점차 프롤레타리아의 역사적 역할과 그 속에서 자신들이 수행해야만 할 역할을 깨닫게 된다. 주관적 계급의식은 착취의 객관적 조건에 달려있다. 노동자의 조합과 정당의 결성에 의하여 드디어 노동자들이 계급의식을 갖는 데 도움이 되는 對抗理念을 전개시키게 된다.

여섯째, 지식인들의 혁명수행이다. 마르크스는 가끔 지식층을 부르조아의 「이데올로기적인 대변자」라고 언급하고 있다. 혁명을 유발하는 결정적인 사건은 지식인들의 상당부분이 노동자계급으로 옮아가는 것이다. 지식인만이 이데올로기를 개발하고 보급하며 대중을 각성시킬 수 있다고 보며 대중을 동원할 수 있다는 것이다.

일곱째, 프롤레타리아의 經濟的 不可缺性이다. 혁명의 다른 조건들이 성숙해 있다고 해도 권력을 가진 집단이 경제에 대한 통제력을 상실하지 않았다면 혁명은 발생하지 않는다. 프롤레타리아는 그들이 경제적으로 불가결하며 그들 없이는 경제가 움직일 수 없는 경우에만 혁명을 일으킬 수 있다. 그리하여 프롤레타리아가 필수불가결해지면 부르조아는 없어도 된다는 것이다.

여덟째, 경제적 위기이다. 자본주의에서는 과잉생산의 경향이 있기 때문에 호황과 불황이 되풀이되어 나타난다. 이것이 주기적으로 위기를 가져온다. [14]

② 혁명이론의 수정

이상과 같은 혁명의 전제조건이 성숙되면 혁명의 담당자인 프롤레타리아계급이 폭력으로 정권을 장악한다. 그러나 1848년의 혁명들이 퇴색되고, 1871년〈파리코뮨〉[15]이 좌절되는 동안에 혁명을 자세히 검토하게 되고 몇가지 수정을 하게 된다.

먼저 사회주의혁명이 수행되기 전에 그 예비단계로 쁘띠부르조아(petit-bourgeoisie)와 연합하여 부르조아 혁명을 일으키고 그 혁명후에 국가권력이 프롤레타리아 수중에 장악될 때까지 영구혁명을 해야 한다는 것이다. [16]

처음에 마르크스는 자본주의하에서 주석회사(stock company)는 생산수단과 사유재산의 크기에서 발생하는 모순의 표현이라 믿었다. 그래서 생산양식에 의거한 생산수단과 노동력이 집중되어 자본의 소유형태가 사유재산의 형태에서 사회자본의 형태를 띠고, 나아가서 소유권과 경영관리가 분리, 경영자에게 기업의 경영권이 많이 양도됨으로서 자본주의적 소유자는 그의 기능을 상실했다고 분석했다.

---

14) James T. Duke, 서울大社會科學硏究所 譯, 『갈등과 권력』(서울 : 法文社 1981), pp. 36∼41.
15) 파리코뮨 : 1870년 9월 4일 독일군은 프랑스군을 격파하였고 프랑스공화정의 수반 띠에르(Λ. Thiers)가 휴전협성을 맺고 파리포기를 촉구하자, 브랑키주의자들이 4000 병력으로 동년 3월 28일 정부군을 격파하고 파리를 접수했다. 그들의 주장은 ① 교회와 국가의 분리 ② 교회보조금 중지 ③ 상비군 폐지, 민병대체 ④ 경찰의 정치개입 중지였다. 동년 5월 28일 72일만에 파리코뮨은 정부군에 의해 붕괴되었다. 이 결과 3만 파리시민이 총살되고 4만 5천명의 포로, 1만 5천명의 사형을 가져왔다. 국제공산주의자들은 파리코뮨은 사상 처음으로 무력혁명에 의한 노동자정권을 수립했다는 긍지를 가졌다.
16) Address of the Central Committee to the Communist League, in Select-

"본질적으로 사회적 생산양식에 의거하고 생산수단과 노동력의 사회집중화를 전제로 한 자본은 즉각적으로 사적 자본(私的 資本)과 구별되는 사회자본의 형태(직접적으로 연결된 개인들의 자본)를 띤다. 그리고 그 자본기업은 개인기업과는 구별되는 사회기업의 형태를 띤다. 이것은 자본주의적 생산 자체의 구조에서 사유재산으로서의 자본의 폐기를 의미한다.

자본주의적 생산의 궁극적인 발전의 결과는 개인생산자의 사적 소유가 아니라 연합된 생산자들의 소유, 즉 사회적 소유로 再轉換하려는 필요불가결한 過渡段階이다. 한편 주식회사는 자본주의적 소유와 연결되어 여전히 남아 있는 재생산과정에 있어서의 모든 기능들을 연합된 생산자의 기능, 즉 사회기능으로 전환시키는 하나의 과도기이다. "17)

역사적 의미에서 본다면 노동자 계급은 사회를 대표하여 생산수단을 공공연히 점유하는 임무를 띠고 생산수단을 사회화 하는 생산의 사회적 성격으로 발전된다는 것이다.

따라서 마르크스는 사회혁명이 서구의 선진국들과 가장 먼저 산업이 발달한 영국에서 동시에 일어나리라고 기대했던 것이다. 그러나 마르크스의 이러한 예측은 빗나가고 생산수단은 후진국가에서 최초로 사회화 되었다. 그래서 저개발국가에서의 부르조아혁명이 다음에 올 혁명을 점화시킬 수 있다고 주장했다. 18) 아울러 마르크스는 선진공업국에서 공산주의가 평화적 수단에 의해 성취될 가능성이 있다고 시사했다.

마르크스는 혁명이 이루어진 후에도 반혁명세력을 분쇄하고 새로운 사회질서를 창조하기 위하여 막강한 권력을 가진 강력한 정부가 필요하다고 역설하였다. 순수공산주의로 넘어가기 전의 이 과도기가 프롤레타리아독재의 시기이다. 이 과도기의 목적은 공산주의가 성공적으로 기

ed Works in two Volumes, Vol. I, pp. 102, 108; E. Fisher, *Essential Marx*, 노승우 역, 앞의 책, p. 151.

17) K. Marx, *Capital III*, pp. 427~28; E. Fisher, *Essential Marx*, 노승우 역, 앞의 책, pp. 148~149.

18) 만약 러시아가 서방에서 일어날 프롤레타리아 혁명이 신호가 되어 마침내 혁명이 점화되어, 이 양자가 서로 보완하게 된다면, 현재의 러시아 토지 공유제도는 공산주의 발전을 위한 출발점 역할을 할 수 있을 것이다.

능하는 데 꼭 필요한 조건들을 조성하는 데 있다.

한편 레닌은 『국가와 혁명』에서 오로지 폭력혁명을 주장하면서 다음과 같이 말하였다.

"피압박민족의 해방은 폭력혁명없이 불가능하며, 지배계급에 의해 만들어지고 그 소외를 체현(體現)하고 있는 국가권력 장치를 철폐하지 않고서는 불가능하다."[19]

레닌은 이러한 이론을 1917년 10월 러시아혁명이라는 실천적 혁명으로 전개시켜 성공하고 공산당 당독재의 기틀을 만들었다.

〔革命論의 평가〕

첫째, 마르크스는 혁명을 만들어내는 데 필요한 조건들을 정확히 인식하지 못하였고, 또 프롤레타리아혁명에 필요한 조건들은 혁명이 결코 발생할 수 없을 정도로 너무도 까다롭고 형성되기 힘든 것이었다. 거의 모든 자본주의국가에서 계급의 양극화 현상이 형성되는 것이 아니라 오히려 모든 노동자들의 생활수준이 점차 향상됨과 더불어 중간계급이 점차 증대하는 경향을 띠었다. 그리고 자본주의정부는 민주적 과정을 통해 합법적으로 노동하는 노동자계급집단(勞動組合)들의 의견을 받아들였다. 따라서 생산력의 증대에 따른 생산관계와의 마찰은 극소화 되고 주식의 배분과 노동자의 복지후생에 역점을 두는 경향으로 나가고 있다. 그런 점에서 부르조아나 프롤레타리아는 적대관계가 아니라 상호 협조 민게로 조정되어 나간다고 이해할 수 있다.

둘째, 마르크스는 시기에 따라 폭력에 관한 견해가 다르지만 폭력을 「必要惡」으로 보지 않고 프롤레타리아 독재에 「必須的」인 것으로 보는 점이다. 공산주의자들은 폭력을 숭배하여 공산주의의 혁명전술형태의

19) James E. Conner(ed.), *Lenin*(New York: The Bobbs-Merril Co., 1968), pp. 192~193.

하나인 테러전술을 혁명에 한정하여 적용하는 것이 아니라, 정권을 장
악하고 프롤레타리아 독재를 확립한 후에도 계속하여 이를 악용하고 있
다.

역사적으로 고찰해 보면 서구의 근대혁명은 오랜 시간동안 어려움속
에서 성장하여 민주주의로 발전하였으나, 러시아에서는 專制的 폭력정
치가 되었다.

4. 國家論

1) 마르크스·엥겔스의 國家觀

마르크스에 의하면 국가란 경제관계를 토대로 한 부르조아계급과 프
롤레타리아 계급간의 대립의 산물이다. 이 대립이 격화되면 부르조아계
급은 자기의 이익을 위해 프롤레타리아를 폭력적으로 억압하는데, 그
수단이 곧 국가라는 개념이다.

한편 엥겔스는 국가개념에 대해 다음과 같이 말하고 있다.

"국가는 외부로부터 사회에 강요해서 생겨난 권력이 아니다. 그것은 또한 헤
겔이 주장하는 것처럼 「도덕적 이념의 현실」이나 「理性의 形象 및 현실」이 아
니다. 도리어 그것은 일정한 발전단계에 있어서 사회의 산물이다. 그것은 이
사회가 해결할 수 없는 자체모순에 빠져 자기 힘으로 물리칠 수 없고, 화해할
수 없는 대립으로 분열되었다는 고백이다. 경제적으로 이해관계가 서로 다른
적대계급이 무익한 상호투쟁으로 자기자신과 사회의 정력을 낭비하지 않기 위
하여 충돌을 억압하고 그것을 질서의 영역에 가두어 두기 위하여 외관상 사회
위에 있는 권력이 필요하게 된다. 그리고 사회로부터 생성해서 사회 위에 서
서 사회로부터 점차 멀어지는 권력, 그것이 바로 국가이다."[20]

---

20) F. Engels, *The Origin of the Family, Private Property and the State* (Moscow: Foreign Languages Publishing House, 1948), p. 241.

또 다른 하나의 개념은 지배계급의 국가로서 경제적 지배계급의 이익을 지키는 강자의 무기라는 것이다.

"국가는 계급들의 대립을 누르기 위한 필요에서 생긴 것이다. 때문에 그것은 가장 세력있는, 경제적으로 지배하는 계급의 국가인 것이 일반적이다. 이계급은 국가를 사용하여 정치적으로 지배하는 계급이 되고, 그리하여 피압박계급을 억압하고 착취하기 위한 새로운 수단을 얻는다. 그리하여 고대국가는 먼저 노예를 억압하기 위한 노예소유자의 국가이며, 봉건국가는 農奴 및 예속농민을 억압하기 위한 귀족의 기관이며, 근대국가의 代議制國家는 자본에 의해 임금노동을 착취하기 위한 도구이다. "21)

2) 國家本質論

공산주의국가관에서 국가라는 것은 사회적 계급의 발생과 더불어 나타났고, 그것은 본질적으로 폭력적 탄압기구이며 이를 통하여 지배계급은 피지배계급을 탄압한다고 주장한다. 따라서 국가에는 선(善)이 존재할수 없고, 다만 악(惡)에 불과한 것으로서 그것은 동서고금의 어느 국가를 막론하고 공통적이라고 한다. 엥겔스는 1891년에 국가란 한 계급이 다른 계급을 억압하기 위한 기구에 지나지 않으며, 이것은 군주국에 있어서나 민주공화국에 있어서나 조금도 변함이 없고, 아무리 좋은 국가라고 해도 국가는 하나의 악이라고 보았다. 이어 엥겔스는 국가를「生産統制階級의 경제적 욕구의 반사」,「부르조아인 지주·자본가에 의한 피착취계급인 노동자·농민에 대한 조직적 집단세력」,「주어진 생산양식과 부합하는 억압의 상태로 피착취계급을 계속 유지시키기 위하여 존재하는 기구」, 22)「소유계급이 비소유계급으로부터 보호를 목적으로 조직한 기관」, 23) 등으로 규정하고 惡의 화신인 것처럼 간주했다. 마르크스·

---

21) 같은 책, p. 244.
22) F. Engels, *Socialism-Utopian and Scientific* (New York: Unknown, 1935), p. 69.
23) F. Engels, *The Origin of the Family, Private Property and the State*, 앞의 책, p. 209.

엥겔스에 이어 레닌 역시 유사한 국가본질론을 정립하였다. 레닌에 의
하면 국가는 '그 최고의 목적이 개인재산의 보증에 있으며 그것은 사회
내에서 계급의 분열을 항구화시키고 소유계급의 권리를 강제로 유지시
켜 비소유계급을 착취하는 것이며 그것은 또한 권력조직으로서 타계급
을 압박하기 위한 폭력조직'이라고 정의된다.[24] 한 마디로 말해 공산주
의자들은 레닌이 적절하게 묘사하고 있는 것처럼 '한 계급이 다른 계급
을 억압하고 예속시키기 위한 장치'[25]에서 국가의 본질을 찾는다.

3) 國家枯死論

마르크스의 국가개념이 앞에서도 지적한 대로 조화되지 않는 계급갈
등과 연관되어 있다면 혁명에 의하여 계급갈등이나 착취가 없어지는 단
계에서 적어도 국가의 枯死는 가능한 것이다. 그리고 일차적으로 공산
주의자들이 원하는 프롤레타리아의 구별이 없어짐으로써 국가도 소멸되
지 않을 수 없다는 것이다. 요약하여 말하면 국가는 본질적으로 계급의
산물이라는 점에서 惡일 수 밖에 없고 따라서 계급없는 사회에서는 枯
死할 수 밖에 없다는 것이다.

"억압되어야 할 사회계급이 사회에서 없어질 때, 계급지배가 종전과 같은 생
산의 아나키상태에 근거한 개인의 생존을 위한 투쟁, 그리고 이런 것에서 연유
한 충돌과 남용이 없어지면 더 이상 억압할 것이 없을 뿐 아니라 억압세력인
국가도 더이상 필요치 않게 된다. … 사회관계에 대한 국가의 개입은 차츰 모
든 방면에서 無用化하고 드디어 스스로 休止狀態에 이르게 된다. 사람들 위의
정부는 사물의 관리와 생산절차의 지도로 대체된다. 국가는 「廢止(Abschaffen)」
되는 것이 아니라 「枯死 (Absterben)」하는 것이다."[26]

---

24) Lenin, *State and Revolution*(New York: International Publishers, 19-
    35), p. 22.
25) Irving Howe(ed.), *Essential Works of Socialism*(New York: Bantan
    Books Inc., 1971), p. 302.
26) 같은 책, p. 100.

여기서 문제가 되는 것은 國家枯死의 개념이다. 마르크스·엥겔스에 따르면 이 개념은 일단 산업혁명 뒤에 일어나는 과정으로 이해되고 있 다. 마르크스는 프롤레타리아혁명에 의하여 자본주의체제가 그 국가 권 력과 더불어 전복되고 공산주의사회를 실현할 때까지는 하나의 과도기 가 있어야 하고, 이 과도기에는 프롤레타리아의 독재가 필요하다고 주 장했다. 바로 이 프롤레타리아계급의 독재과정에서 국가는 枯死한다. 고사란 점진적인 소멸을 뜻하는 것으로, 프롤레타리아의 짧은 과도 기 적 독재만 거치면 국가권력 자체가 영원히 소멸한다는 의미이다.

〔國家論의 평가〕

첫째, 국가의 본질을 전적으로 계급착취의 도구로 보는 것은 지나친 사고 방식이다. 국가는 사회의 질서유지와 복지증진을 목적으로 하는 기능적 조직의 실체로서 국가사회를 위해 존재한다. 그리하여 국가기능 이 점차 확대되어 사회정책·사회입법 등으로 獨占資本主義의 폐단을 시정하고, 계급대립을 완화시켜 가고 있다.

둘째, 국가는 반드시 필요악이 아니다. 마르크스-레닌주의라는 대전 제는 인간은 주체성과 창조성이 없고 다만 환경과 역사적 필연성만의 지배를 받는다고 하는 것이다. 그러므로 그들은 自然을 善으로 보고 국 가는 惡이라고 본다. 국가권력은 지배자에게만 필요한 것이 아니라 治 安과 安保에 있어서도 똑같이 필요하다.

세째, 지상낙원이라는 공산주의 사회는 현재 폐쇄된 국가로 볼 수 있 다. 직업선택·거주이전·양심의 자유·종교의 자유 등이 박탈당하는 一黨獨裁의 국가이다. 공산주의국가의 권위의 주체는 프롤레타리아가 아니라 공산당이다.

결국, 이 세상에 인간이 존재하는 한 공동사회생활은 사라지지 않을 것이며, 인간의 공동사회생활이 있는 한 국가는 영원불멸하게 존재한 다.

5. 프롤레타리아獨裁論

마르크스는 자본주의국가를 소멸시키고 공산주의사회를 건설하기 위해서는 하나의 혁명적인 개혁기간이 필요할 것이라고 주장했다. 다시 말해 부르조아국가가 사라지고 난 다음에도 反革命 세력을 분쇄하고 새로운 사회질서와 세계를 창조하기 위하여 막강한 권력을 가진 강력한 국가의 필요성을 역설한 것이다.

그는 1875 년 「고타綱令의 批判」에서 자본주의사회와 공산주의사회 사이에는 변화과정을 위한 과도기가 있으며, 이것과 병행해서 국가가 프롤레타리아의 혁명적인 독재수단이 되는 정치의 과도기가 있다고 주장했다. [27] 1852 년 와이데마이에르(Weydemeyer)에게 보낸 편지에서도 다음과 같이 말하고 있다.

"내가 발견한 것은 다음과 같은 것을 새로 증명한 셈이다. 첫째, 계급의 존재는 생산의 일정한 역사발전단계와 결부되어 있을 뿐이라는 것. 둘째, 계급투쟁은 필연적으로 프롤레타리아독재로 이끌어 진다는 것. 세째, 독재 그 자체는 모든 계급의 폐지와 무계급사회로 이끄는 과도적인 것을 명시하는 데 지나지 않는다는 것이다. "[28]

그리고 엥겔스가 폰 파텐(Von Patten)에게 보낸 편지 가운데서도 분명한 언급을 하고 있다.

"프롤레타리아의 승리 뒤에 그들이 발견할 수 있는 기존조직이라고는 정확하게 국가밖에 없다. 이 국가는 그 새로운 기능을 수행하기 이전에 상당한 변화를 필요로 할 것이다. 그러나 그러한 순간에 국가를 파괴한다는 것은 승리한 프롤레타리아가 새로이 爭取한 힘을 유용하게 만들 수 있고 자본주의적 반대

---

27) U. Meyer, 국토통일원譯, 『프롤레타리아혁명』, p. 69.
28) K. Marx and F. Engels, *Selected Works II* (Moscow: Foreign Languages Publishing House, 1950), p. 341.

세력을 진압할 수 있는 유일한 유기적 조직체가 될 것이다. "[29]

우리가 여기서 주목해 볼 것은 프롤레타리아가 권력을 잡은 후에 공산주의로 가기 전의 「革命的 過渡期」와 그 상태에서 국가조직의 잔존과 강압적인 힘을 가진 프롤레타리아독재이다. 이 과도적 국가의 목표는 공산주의가 성공적으로 기능하는 데 필요한 조건들을 조성하는 데 있다. 가장 중요한 것은 생산수단의 私的所有가 일체 제거되어야 하고 모든 노동자에게 공동으로 그 소유권이 이양되어야 한다는 것이다. 이 시기는 사회주의단계로서 프롤레타리아의 특징은 다음과 같이 규정된다.[30]

① 노동량에 따른 소득분배
② 계급의 점차적인 소멸
③ 프롤레타리아가 장악한 국가
④ 생산성 提高
⑤ 평등의 提高와 통제경제
⑥ 국가경제체제의 확립

이상과 같은 과정을 겪으면서 프롤레타리아독재는 단시일 내에 끝나는 것으로 생각되었다. 그러나, 소련의 마르크시즘에 들어와서 프롤레타리아독재의 성격은 확대되고 정당화되며 장기화되었다.

레닌은 공산주의를 2단계로 나누고, 그 첫단계는 사회주의 단계이고 두번째는 理想的 共産主義단계였다. 사회주의 단계에서는 아직 정의와 평등이 실현되지 않고 구사회의 잔재가 아직도 남아 있기 때문에 국가는 프롤레타리아독재의 도구로 남아있게 된다. 높은 단계의 공산주의

29) Bhikhn Parekh, (ed.), *The Concept of Socialism* (New York: Holmes and Meier Publishers, 1975), p. 185.
30) E. Fisher, *Essential Marx*, 노승우 역, 앞의 책, pp. 161~62; P. J. D. Wills, *The Political Economy of Communism*(Harvard Univ. Press, 1962), pp. 332~33; 한국정신문화연구원역, 『공산주의』(서울 : 고려원, 1982), p. 39.

사회에서만이 비로소 국가란 존재가 없어지도록 되어 있다는 것이다.

스탈린은 레닌의 이러한 段階論을 소련의 현실에 맞추어 발전시키고, 자신의 일국사회주의와 자본주의포위이론을 통해 프롤레타리아독재의 전체주의국가화를 가져왔다. 요컨대 세계에서도 가장 거대하고 강력한 군대와 경찰, 그리고 관료조직을 유지하고 있는 나라의 하나인 오늘의 소련국가의 존재를 어떤 논리로 변명해도 그것은 본래의 마르크스주의에서는 도저히 정당화될 수 없는 변질이다.

〔프롤레타리아獨裁의 평가〕

첫째, 칼 카우츠키는 「프롤레타리아혁명과 그 강령(1922)」에서 폭력혁명과 프롤레타리아독재를 사회주의혁명의 불가결한 요소라고 주장한 레닌에 대항하여, 마르크스주의의 정통성을 자처하는 사회민주주의의 입장에서 사회주의에의 과도기문제를 거론하였으나, 과도기국가 형태로서 民主共和國 이외의 것이 없다고 본 카우츠키는 소비에트국가가 얼마나 관료제의 압박을 받고 있는가를 지적했다. [31]

둘째, 오늘날 프롤레타리아독재를 과연 프롤레타리아의 單獨支配라고 할 수 있는지는 의문이다. [32] 왜냐하면 대부분의 공산주의국가의 진로가 몇 명의 당고위 간부에 의해서 좌우되며, 실제로 프롤레타리아에게는 아무런 자유와 권한이 없기 때문이다. 그리고 프롤레타리아독재는 실질상이나 형식상으로 一國一黨主義에 입각하고 있다.

세째, 프롤레타리아 독재정권의 기초는 마르크스가 뜻한 바와는 달리 프롤레타리아 다수의 自由意志와는 무관하며, 국민을 지배하는 독재자의 조작된 카리스마적 강제력에 있다. 공산주의의 프롤레타리아 독재는 一人獨裁 내지 소수집단의 독재로서 규정지을 수 있다.

---

31) 李茂雄, 앞의 책, pp. 239~240.
32) 全得柱, 앞의 책, p. 201.

6. 마르크스의 완성된 공산주의

마르크스가 말하는 이상적 체제인 완성된(full) 공산주의 혹은 순수한 (pure) 공산주의는 「프롤레타리아의 독재」의 시기를 지나서 도래하며 그 특색을 살펴보면 다음과 같은 이상사회가 이루어 진다는 것이다. [33]

   ① 수행한 노동에 비례하는 것이 아니라 필요에 따른 소득의 분배

   ② 階級不在

   ③ 국가의 枯死

   ④ 높은 生産性과 풍요

   ⑤ 격려하지 않아도 열심히 일하는 사회주의의식

   ⑥ 평등의 실현, 그러나 절대적 평등은 아님

   ⑦ 金錢不在

   ⑧ 관리경제

   ⑨ 자유롭고 평등한 생산자협회에 의하여 운영되는 경제

   ⑩ 직업의 소멸, 도시와 농촌간의 사회적 구분 해소

   ⑪ 각 개인의 균형잡힌 육체 및 정신노동

   ⑫ 체제의 세계화

---

33) E. Fisher, *Essential Marx*, 노승우 역, 앞의 책, pp. 161~2; P. J. D. Wiles, *The Political Economy of Communism*, 앞의 책, pp. 332~3 ; 한 국정신문화연구원역, 앞의 책, p. 39.

제 2 절 마르크스思想의 經濟理論

마르크스가 경제학에 관심을 가진 것은 파리에 이주한 1843 년 이후
이다. 궁핍한 생활에 허덕이면서도 경제학 연구에 정진하여 1840 년대
후반에 「철학의 빈곤」, 「임금노동과 자본」 그리고 「공산당선언」을 저술
하고 경제학비판을 하게 되었다. 마르크스 경제학은 자본주의적 생산양
식을 연구대상으로 하면서 그 고유의 경제 제법칙을 다루고 있다.

마르크스 경제학에서 종합적 체계를 이루고 있는 초석은 『資本論』[34]
이다. 『資本論』의 구성은 제 1 권『자본의 생산과정』제 2 권『자본의 유
통과정』제 3 권『자본주의적 생산의 총생산』으로 되어 있다.

제 1 권은 자본의 생산과정을 다루고 생산은 경제생활의 다른 모든 국
면을 규정한다고 설명한다. 자본주의적 생산과정이 설명되는 제 1 권에
서는 잉여가치의 생산에 대한 분석이 중심이다.

제 2 권은 자본의 유통과정을 다루고 있다. 화폐자본으로 생산수단과
노동력을 구입 · 종합하여 생산된 상품을 매매하고 처음 투하한 자본과
잉여가치인 이윤을 화폐로 회수한다. 즉 不變資本의 補塡部分 (C)과 可
變資本 (V) 및 잉여가치 (S)로 구성되어 있는 상품을 매매하여 화폐로
회수하는 과정을 다룬 것이 『資本論』제 2 권의 주제이다.

『資本論』제 3 권은 자본주의적 생산의 총과정을 분석하고 있다. 여기
서는 유통과정까지를 포함한 전체로서의 자본주의생산의 분석에서 발생

---

34) 마르크스의 『자본론』 제 1 권은 1867 년 9 월초에 1 천부를 출판하였으나
『자본론』 2 · 3 권은 간행하지 못한 채 1883 년 3 월 14 일에 죽었다. 그 후
『자본론』 제 2 권이 1885 년에 그리고 제 3 권이 1894 년 말에 그의 친구인
엥겔스가 마르크스의 초고에 따라 출판함으로써 마르크스의 구상대로 완
성되었다.

하는 여러 현상이나 관계, 즉 「利潤率 低下法則」, 「過剰生産現象」, 「恐慌」 등이 다루어지고 있다.

엥겔스에 의해서 『資本論』 제 4 권으로 구성되었던 마르크스의 「經濟學批判」 초고와 「剩餘價値學說에 관한 마르크스의 歷史的 批判 遺稿」를 중심으로 카우츠키(Karl Kautsky)에 의해서 『剩餘價値學說史』가 출간되었다. 제 1 권이 1904 년에, 제 2 권이 1905 년, 그리고 제 3 권이 1910 년에 간행되어 마르크스경제학은 하나의 체계를 이루었다.

1. 勞動價値說

마르크스의 노동가치설은 아담 스미스가 주장하고 리카르도에 의해 발전된 노동가치론을 계승한 것이다.

아담 스미스에 의하면 한 마리의 고래를 잡는 데 드는 노동과 두 마리의 사슴을 잡는 데 드는 노동이 量的으로 같다면 한 마리의 고래와 두 마리의 사슴이 교환된다는 것이다. 즉, 상품가치는 그것이 생산에 투하된 노동량에 의하여 결정되는 바, 이것이 投下勞動價値論이다. 한편 마르크스는 상품의 교환가치는 그 상품을 생산함에 있어서 사회적으로 필요한 평균노동량에 의하여 결정되며 그 크기는 노동시간에 따라 측정된다고 주장한다.

그는 이 문제에 대해 상품의 使用價値와 交換價値의 구별에서부터 시작한다. 마르크스가 상품이라고 하는 것은 인간이 필요로 하는 것이며, 정당한 댓가나 최소한의 희생을 지불함으로써 求得할 수 있는 것으로서 노동력에 의해 생산된 재화와 서비스를 의미하고 있는 것이다.[35] 상품에는 인간에게 소용이 되는 성질 즉 有用性(utility)을 지니며, 이것을 가치로 표현할 때 使用價値가 되며 유용성이 없는 물건은 상품이 될 수

---

35) Sherhan, 국토통일원譯, 『共産主義 本質批判』(서울 : 국토통일원, 1973), p. 78.

없다. 그러나 마르크스는 사용가치는 상품의 구성요소는 되고 있지만,
교환에 있어서는 아무런 역할도 하지 않고 있다고 주장한다. 다시 말해
사용가치 외에 교환가치가 있어야 한다는 것이다.

왜냐하면, 교환이라는 것은 상품의 가치를 양적으로 비교해서 그 가
치가 서로 대등할 때에 이루어지는 것이기 때문이다. 그런데 사용가치
는 상품에 따라서 각기 다르기 때문에 양적으로 비교할 수가 없다. 예
를 들면 쌀(X財)과 고무신(Y財)이 물물교환된다고 할 때, 쌀의 사용가
치는 먹는 데 있고, 고무신의 사용가치는 신는 데 있다. 이것은 상품의
質的 성질이지 量이 아니기 때문에 비교될 수 없으므로 교환이 되려면
비교될 수 있는 X財도 Y財도 아닌 공통적인 제 3 의 속성 즉, 두 상품
속에 공통으로 들어있는 양적 요소가 필요하다. 이 공통요소에 의해 교
환될 때, 그 가치는 교환가치이며, 결론적으로 상품은 사용가치와 교환
가치의 통일물이라는 것이다. 마르크스는 이 공통적인 요소를 노동이라
하고 有用勞動 또는 具體勞動(useful labor)과 抽象勞動 (abstract labor)으
로 구별하였다.

유용노동은 생산하는 데 필요한 목적·방법·수단 및 각기 다른 생산
활동을 하는 데 지출되는 노동을 말하며, 이 유용노동은 상품의 사용가
치를 만들어 내는 노동이다.

> "코우트는 특정욕망을 만족시키는 하나의 사용가치이다. 코우트가 존재하게
> 된 것은 여러 종류의 생산활동의 결과인데, 이 생산활동의 성질은 그 목적,
> 조작양식·주체·수단 그리고 결과에 의해 규정된다. 이리하여 노동생산물의
> 사용가치로 그 유용성이 표시되고 또 자신의 생산물을 사용가치화 함으로써
> 스스로 표현하는 그러한 노동을 有效勞動이라 부른다."[36]

노동의 유용한 구체적 성격은 예를 들어 織物勞動과 製靴勞動에 있어
서 직포와 구두는 이질적이므로 양적 환원이 불가능하다. 그리고 抽

---

36) K. Marx, *Capital Vol. I*, 앞의 책, p. 41.

러 종류의 有用勞動을 차지하고 인간의 두뇌·신경·근육 등의 단순한
노동력을 지불하는 노동이다. 즉 추상적이고 단순한 인간에네르기의 지
불로서의 일반적 성격을 띤 노동이다.

"생산활동이란 그 특수한 형태 즉 노동의 유용한 성격을 무시하면 오직 인
간 노동력의 지출에 불과하다. … 어떤 상품의 가치란 추상적인 노동, 즉 인간
노동일반(human labor in general)의 지출을 의미한다."[37]

예를 들어 재봉과 천을 짜는 노동은 양적으로 다른 생산활동이지만,
양편 모두 인간의 두뇌·근육·신경·손 등을 사용하는 抽象勞動이다.
마르크스는 이 추상노동이 교환가치를 결정하며, 이 노동의 양은 노동
시간으로 측정할 수 있다고 주장한다. 그런데 문제는 게으른 사람과 미
숙련 노동자는 노동시간이 더 걸리므로 그들이 만든 상품은 그만큼 더
가치가 클 것이라는 의문이 제기된다. 그래서 마르크스는 추상적 노동
에 「社會的으로 필요한 勞動時間(socially necessary labor-time)」[38]이란 개
념을 사용하여 추상적 노동의 가치형성을 설명하고 있다.

"사회적으로 필요한 노동시간은 정상적인 생산조건 아래에서 그 당시에 지배
적인 평균노동숙련도와 평균노동강도로 어떤 물품을 생산하는 데 필요한 노동
시간이다."[39]

예를 들어 한 단위의 직물을 짜는 데에 10시간 걸리는 사람이 있고
3시간 걸리는 사람이 있다면, 평균적인 기술수준을 지닌 노동자로서
그 직물을 생산하는 데 5시간이 걸리는 사회에 있어서는 5시간 노동이
그 직물가치를 결정한다는 것이다. 그러므로 상품의 교환가치의 크기는
개별 생산자가 상품의 생산에 지출하는 개별 노동시간에 의한 것이 아
니고 사회전체의 평균노동에 의해 형성된다는 것이다.

---

37) 같은 책, p. 41.
38) 같은 책, p. 39.
39) 같은 책, p. 39.

"사회에서 생산되는 총상품의 가치합계인 사회의 **총노동력**은 비록 **무수한** 개체의 단위들로 구성되지만 여기서는 동질 인간의 노동력의 양으로 간주한다. 사회의 총노동력이 사회의 평균노동력의 성격을 갖고 있는 한 이 각각의 단위들은 여타의 것들과 똑같고 다음과 같은 효과를 갖는다. 즉 사회의 총노동력이 상품생산을 요구하는 경우 평균적으로 필요한 시간 이상의 시간을 필요로 하지 않고, 사회적으로도 필요한 이상의 것을 필요로 하지 않는다."[40]

상품의 2 요소를 도표로 표시하면 다음과 같다.[41]

상품의 2 요소 ─┌─사용가치……(具體的)有用勞動─┐─勞動의 2 중적 성격
              └─교환가치……抽象的(人間)勞動─┘

상품에는 사용가치와 교환가치 두 가치가 있는 데, 교환 때는 교환가치가 사용되며, 이것은 노동량에 의해 결정되고 이 때의 노동은 「사회적으로 필요한 평균노동시간」을 가진 추상적 노동이다. 사회적으로 필요한 노동시간은 생산의 정상적인 조건하에 집약적으로 보급되고 평균생산의 사회적 균형점을 유지해야 한다는 것이다. 왜냐하면 수요와 공급의 파동속에서 어느 노동은 과잉해서 과잉생산품이 나와 값이 떨어지고 따라서 사회적인 추상적 노동은 낭비된다는 것이다.

마르크스는 상품과 화폐와의 내면적 연결을 명백히 하는 가치형태를 분석하고 또 「상품의 物神的 성격」의 이론을 설명했다. 생산수단의 私有와 사회분업을 기초로 하는 상품생산 아래에서는 생산과정에 있어서의 인간과 인간의 사회적 연관은 상품으로서의 물질과의 관계로서 표시한다. 마르크스는 이러한 현상은 인간의 두뇌의 산물인 신을 숭배하고 이에 의해 지배되고 있는 종교와 유사하다고 보고, 그는 이것을 「상품의 物神的 性格(commodity fetishism)」이라고 불렀다. 이 物神性은 화폐에 있어서 그리고 자본에 있어서 더욱 현저히 나타나고 있다고 하겠다.

40) K. Marx, *Capital I*, p. 39; 노승우역 , 앞의 책, p. 114.
41) 林元澤, 『제 2 자본론』(서울 : 一潮閣, 1978), p. 686.

말하자면 勞動價値說은 자본주의사회의 사회토대를 이루고 있는 상품의
교환관계를 설명하려는 것이다. 모든 경제거래를 상품의 교환관계로 보
고 이에 따른 상품교환비율을 지배하는 법칙을 파악하는 것이 자본주의
를 이해하는 관건으로 간주하고 이것을 해명하려는 이론이 노동가치설
이라 할 수 있다.

마르크스는 앞에서 본 바와 같이 가치의 실체가 추상적·인간적 노동
인 것을 명백히 하여, 그것과 使用價値를 만들어 내는 구체적·유용적
노동과의 구별, 바꾸어 말해 상품에 구현되어 있는 노동의 이중적 성격
을 처음으로 파악하여 古典經濟學의 그것과는 근본적으로 다른 공적을
이루었다.

〔勞動價値說의 평가〕

첫째, 勞動價値說은 완전경쟁의 경우 이외에서는 전혀 적용되지 못한
다. 또 완전경쟁의 경우에 있어서도 노동이 유일한 생산요소가 아니고,
더구나 노동이 모두 동일한 종류의 것이 아니라면, 노동가치설은 절대
로 원활하게 적용되지 못한다. 생산을 인간의 노동력에 의존하던 전근
대적 사고의 산물로써 기계문명이 발달한 현대에는 부적합한 이론이다.

가치이론에서는 노동가치설 보다는 限界效用論이 우월성이 있다. 한
계효용론은 독점과 불완전경쟁의 경우, 노동 이외의 생산요인이 있을
경우, 또한 노동이 이질적인 경우에서도 설명이 가능하며 노동력이 투
하되지 않는 가치의 설명에도 유용하다. [42]

둘째, 사회적으로 필요한 평균노동량이 여러 종류의 異質勞動을 단순
화·동질화 할 수 있다는 것은 불가능하다. 마르크스는 복잡한 숙련노동
을 모두 단순한 평균노동으로 환산할 수 있다는 낙관론이지만, 현실적
으로 노동은 동질적이 아니며 정확한 노동량의 계산도 어렵다.

42) J. A. Schumpeter, 이상구譯, 『자본주의·사회주의·민주주의』(서울 : 삼
성출판사, 1982), pp. 65~66.

세째, 가격과 가치의 문제이다. 마르크스에 의하면 가격이란 상품의 교환가치를 화폐로 표시한 것이다. 그래서 가격과 가치와 노동량은 언제나 일치한다. 가격은 가치와 일치함으로써 생산과정을 거쳐 나올 때 노동량에 의해 이미 결정되어 나오며 유통과정에서는 어떤 영향도 받을 수 없다는 것이다. 즉 가격은 항상 고정화되어야 한다는 것이다. 이것은 비논리적이며, 가격결정이란 현실적으로는 수요와 공급관계에 의한 가격변동에 따르게 된다. 수요가 많으면 가격은 오르고, 공급이 많아지면 가격이 떨어지게 된다. 아울러 골동품이나 희귀품은 그것을 생산하는 데 소요되는 노동량과는 무관하며 高價이다. 그리고 노동비율과 교환비율과는 무관하게 정부의 통제나 협정·독점에 의해서도 가격은 좌우된다.

네째, 마르크스는 인간노동이 투하되지 않는 자연산물에는 가치가 없다고 보나 현실적으로 노동의 투하와 관계없는 山林·油田 등은 가치가 크다. 중동의 산유국의 경제는 노동가치설 보다 자원가치설이 더 적합하다.

다섯째, 마르크스의 가치설은 循環論法의 오류를 범하고 있다. 즉 노동이 가치의 척도라면 노동자체의 척도는 무엇이라고 설명할 것인가? 결국 노동의 가치는 그 노동력을 생산하기 위해 투하된 노동에 의해 결정되고 노동 그 자체의 가치는 노동생산물의 가치로 결정되며, 그 노동생산물의 가치는 또 다른 노동으로 결정된다는 일종의 순환론법의 오류를 범하고 있다. [43]

여섯째, 가치는 勞動費用과 비례하지 않는다. 마르크스의 노동가치설에 의하면 1단위의 노동은 1개의 상품을 생산하므로 1단위 노동을 추가하면 2개의 상품이 생산된다고 보았으나 생산력이 증가하면 대량생산법칙 및 대규모 생산법칙에 따라 투하되는 노동량은 체감하게 되는 것이다.

마지막으로 노동가치설은 자본은 차치하고라도 기술과 관리능력등 다

---

43) 李茂雄, 『共產主義 이론과 현실』(서울 : 大旺社, 1983), p. 170.

른 생산요소의 중요성을 인정하지 않고 있다. 현대경제는 과학의 진보에 따른 제반기술의 혁신에 결정적인 영향을 받고 있다. 마르크스는 인간자본이란 주요개념을 인식하지 못하고 노동과 자본을 너무 기계적으로 구분하였다. 따라서 노동과 자본·기술 및 관리의 복합적 산물로 보지 않고 일반적으로 노동의 기여로만 생각하였다.

결국 노동은 財貨나 用役의 공급을 결정하는 한가지 요인에 지나지 않는데, 마르크스가 노동이 모든 財貨의 전체가치라고 생각한 것은 잘못이다.

2. 剩餘價値論

마르크스의 자본주의적 생산은 본질적으로 잉여가치의 생산이라고 주장한다. 그래서 그는 자본주의사회에서 자본가들이 어떻게 이윤을 획득하는가에 대해 집중적으로 분석하였다.

그의 잉여가치론의 2가지 특징은 잉여가치가 유통과정에서 생기는 것이 아니라 생산과정에서 형성된다는 점과 또 그것이 생산수단에 의하지 않고 단순히 노동력에 의해 형성된다고 한 점이다.

노동력이란 생산을 위하여 사용하는 육체적·정신적 능력의 총계이며 이 노동력의 사용·소비·지출·발휘가 노동이다. 그러므로 노동력은 가치이고 노동은 그 사용가치이다. 자본주의 사회에서도 노동력은 상품이 되고 다른 일반상품과 같이 매매되니 자본가는 노동력을 사는 것이다. 이렇게 하여 자본가는 노동자에게 일정한 시간노동을 시킬 권리를 취득하며, 이 권리의 댓가가 노동임금이며 노동의 가치가 된다.

마르크스는 '자본가는 紡績工의 노동력 1일분 또는 1주일분의 가치를 지불함으로써, 그 노동력을 1일 또는 1주일에 걸쳐 사용할 권리를 얻는다. 그러므로 방적공은 하루에 12시간(자본가가 계약노동자를 노동시키는 시간) 일하게 될 것이다. 노동자는 자기의 가치와 동등한 생산물을 생산하기 위해 6시간만 노동하면 되는데, 그 이외의 6시간 이상을 일하지 않으면 안되며 나는 이것을 잉여노동시간이라고 부르고 이 잉여노동은 잉여가치 및 잉여생산물에 있어서 자기를 실현할 것이다' [44]고 주장한다. 마르크스는 노동력만이 잉여가치를 생산한다는 논증을 위해 必要勞動時間・剩餘勞動時間 등의 개념을 만들었다.

必要勞動이란 노동자가 자기의 생활필수품을 생산하는 데 필요한 노동 즉 노동시간이다. 그런데 이 필요노동의 以上이 잉여노동이며 잉여노동시간이다. 마르크스는 '노동력의 가치만을 재생산하는 노동일자의 부분은 필요노동시간이며 그 시간에 지출된 노동은 필요노동이다.' [45]라고 규정하고 자본주의하에서는 이 필요노동시간이 초과되었으며, 이 초과된 노동일자 부분을 마르크스는 잉여노동시간이라고 명명하였고, 아울러 그 시간에 지출된 노동을 잉여노동이라고 칭했다. [46]

앞서 인용한 마르크스의 견해에 의하면 처음 6시간 동안에 노동자는 그 자신의 최저생활을 위해 필요로 하는 것 만큼의 가치에 상응하는 재화를 생산 한다는 것이다. 이것이 필요노동시간이며 한 사람의 노동자가 자신의 생활을 위하여 반드시 의무적으로 해야 할 노동시간이다. 이것은 임금으로서 노동자에게 지불된다. 그러나 그 나머지 6시간 동안에 노동자는 자본가에게 돌아갈 잉여가치를 생산하게 된다. 이것은 노동자에게 그 가치가 지불되지 않은 채 자본가의 호주머니 속으로 들어가고 [47] 이 부분은 소위 자본가에게는 價値增殖分 즉, 이윤이 된다. 그러므로 剩餘價値率을 증가시키는 방법은 노동시간을 연장시키든가(즉 絕對的 剩餘價値) 또는 필요노동시간을 단축시키든가(相對的 剩餘價値)에 달려 있다.

---

44) K. Marx, 長谷部文雄譯, 『賃金, 價格 及 利潤』(東京：岩波文庫), p. 63.
45) K. Marx. *Capital I*, 앞의 책, pp. 216～217.
46) 같은 책, p. 217.
47) Sherhan, 앞의 책, p. 91.

絕對的 剩餘價値의 생산이란 필요노동 시간을 그대로 두면서 노동시간을 연장하여 잉여가치를 더 많이 생산해 내는 것을 의미한다.

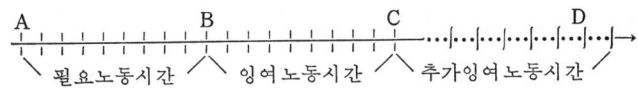

자본가는 C를 D의 방향으로 움직이기 위해 BC의 길이를 연장하려고 노력한다. 이것이 절대적 잉여가치를 창출하게 되는 것이다.[48] 그러나 노동자의 육체적 한계와 노동법 등으로 무한히 연장될 수는 없고 불가능하다. 相對的 剩餘價値는 노동시간의 연장없이 필요노동시간의 감축에 의해 발생되는 잉여가치를 뜻한다.

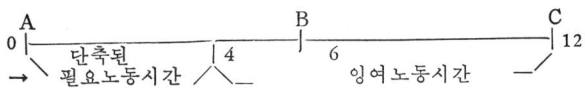

그러면 필요노동시간은 어떻게 단축시킬 수 있는가?

첫째, 노동자에게 지불되는 임금을 인하하여 그에 의한 이윤율 인상을 촉진하는 것이다.

둘째, 생산과정에 새로운 기술, 생산설비, 노동조건의 개선을 도입함으로써 필요노동시간을 단축시켜 상대적 잉여가치를 높일 수 있다고 하였다.

그러므로 하나의 완성된 상품가치는 세가지 부분으로 형성된다.

첫째는, 생산에 필요한 원료의 가치와 동시에 기계와 설비의 消耗價値部分이다. 둘째는 노동력의 가치이다. 세째는 잉여가치이다. 그리고 마르크스는 자본을 不變資本과 可變資本의 둘로 구분하였다.

不變資本(constant capital)은 생산과정에서 그 가치의 크기가 변화되

---

48) 같은 책, p. 93.

지 않는 생산수단 즉 모든 도구·기계·건물 그리고 원료 등으로 정의
된다. 이것은 또 노동력이 상품생산에 이미 투하되어 버렸다는 의미에
서 「죽은 노동(dead labor)」에 투하된 화폐라고도 말한다. [49] 이에 대해
可變資本(variable capital)은 잉여가치를 생산하는 자본으로 자본가가 구
입한 「산 노동(living labor)」으로 정의된다.

"잉여가치는 기계에 의해 치환된 노동력으로부터 발생하는 것이 아니라, 도
리어… 기계를 움직이는 노동력으로부터 발생한다. … 잉여가치는 자본의 可
變部分에서만 발생한다."[50]

따라서 완성된 상품의 가치는 C + V + S 에 의해 구성된다.

"자본(C)은 두 성분으로 구성된다. 하나는 생산수단에 투하된 화폐의 양(c)
이고, 다른 하나는 노동력에 지출된 화폐의 양(v)이다. 여기서 (c)는 不變資本
을 구성하는 부분을 표현하고, (v)는 可變資本을 구성하는 부분을 표현한다.
이리하여 먼저 C=c+v 이다. 생산과정이 완료될 때 우리는 그것의 〈가치=(c
+v)+s〉로 표시되는 하나의 상품(C')를 얻는다. C'=(c+v)+S, 여기서 S는
잉여가치이다."[51]

전술한 잉여가치율은 $\dfrac{S}{V}$ 로, 총이윤율은 $\dfrac{s}{c+v}$ 로, 마르크스의 자본
의 「유기적 구성」(總資本에 대한 不變資本의 비율)은 $\dfrac{c}{c+v}$ 로 표시된다.
자본의 유기적 구성은 각 생산부문에 의해 서로 다를 뿐 아니라, 일반
적으로 자본주의적 생산의 발전과 같이 고도화하는 경향을 가지고 있
다. 다시 말해, 생산이 발전함에 따라 총자본 중에서 可變資本 보다는
不變資本 부분이 불균등하게 증가되는 경향이 있는데, 잉여가치는 가
변자본에서만 증가되므로 이윤율은 분명히 저하되는 경향이 있다. 자본

---

49) 같은 책, p. 89.
50) K. Marx, *Capital II*, 앞의 책, p. 139.
51) K. Marx, *Capital I*, 앞의 책, p. 212.

주의사회에서 자본의 축적이 진행됨에 따라 자본의 유기적인 구성이 고도화되면 노동력매입에 투자하는 가변자본이 상대적으로 감소하여 고용이 낮아지니 상대적인 과잉인구인 産業豫備軍(失業者)이 증대하게 된다.

또한 자본축적이 진행됨에 따라 불변자본이 상대적으로 확대되므로 상대적인 잉여가치가 증가하여 자본가는 상대적으로 부유해 지는 반면 가변자본은 상대적으로 감소하므로 노동자는 상대적으로 빈곤해진다. 결론적으로 잉여가치는 잉여노동시간에서 창출된 가치이며 그 노동자의 잉여가치가 자본가의 이윤이 된다는 것이다.

[剩餘價値說의 평가]

위에서 설명한 잉여가치설은 그 자체의 한계를 가지고 있다.

첫째, 이 이론의 근본적인 한계는 생산력의 가치나 이윤의 근거가 노동만에 의하여 창조된다는 데 있다. 어떤 생산물을 생산하기 위해서는 노동 이외에도 자본·원료·기업능력 기타의 생산요소들이 필요하다. 또한 마르크스가 자본주의 사회에 대한 경제비판 중의 잉여가치설에서도 소수 부르조아나 자본가들의 다수 프롤레타리아에 대한 착취에 촛점을 맞춘 점이다. [52]

둘째, 인간의 노동력을 기계력과 동일시한 관찰이다. 잉여가치설에 의하면 인간의 노동력도 하나의 상품이며 이 노동력이라는 상품의 가치는 그것을 생산하는 데 사회적으로 필요한 노동량에 의해 결정된다고 보았다. 그러나 노동자는 기계가 아니므로 노동력의 가치가 그 생산에 투입되는 인간노동시간에 비례한다고 가정할 근거는 없다. [53]

셋째, 상품의 가치란 오직 투하된 노동이나 기타의 생산요소에 의해서만 창출되는 것이 아니라 그 생산물에 대한 수요와 공급에 의하여 결정되는 것이다. 노동이나 기타의 생산요소는 그 상품의 공급을 결정하

52) 李茂雄, 앞의 책, p. 173.
53) 같은 책, p. 174.

는 생산비를 구성하는 데 지나지 않으며 따라서 생산비란 상품의 가치를 형성하는 데 어느 정도 영향을 미치는 것은 분명하지만 그 상품의 가치를 단독으로 결정할 수 없다. [54]

네째, 賃金의 수준은 노동력이 再生產費에 의해 결정된다는 마르크스의 주장도 비논리적이다. 임금은 근본적으로 노동에 대한 수요와 공급에 의하여 결정되는 것이며 노동에 대한 수요는 그 노동이 생산하는 생산물에 대한 수요에 의하여 결정된다는 것이 경제학에 있어 하나의 상식으로 되어 있다. [55]

다섯째, 마르크스는 자본가나 기업가를 구분하지 않는다. 자본주의초기에는 자본가인 동시에 기업경영자인 경우도 상당히 있었지만 근대에 이르러서는 기업을 경영하는 기업가와 자본가는 분리되어 있는 경우가 많다. 더구나 마르크스는 자본가는 전혀 노동하지 않는다는 가정 위에서 있지만 자본가는 노동자처럼 육체노동을 하지 않을는지 모르지만 대신 고도의 정신노동을 하지 않으면 안된다. [56]

3. 資本主義 崩壞理論

마르크스는 이와 같은 가치론을 기초로 하여 자본주의경제를 설명하고, 자본주의는 필연적으로 몰락한다고 주장했다. 자본주의가 발달함에 따라 자본의 축적이 진행되고 이에 따라 자본의 유기적인 구성이 고도화되므로 평균이윤율이 저하되는 경향이 생기고, 자본은 이 이윤율의 저하를 막기 위해 불변자본을 상대적으로 증대시켜 생산을 더욱 더 증가시키는데 반해 가변자본을 상대적으로 축소시켜 노동자의 노임이 감소해서 노동자계급의 빈곤화와 실업율이 증대된다. 그 결과 상품가격이

54) 권태일外, 『比較經濟體制論』(서울 : 博英社, 1975), pp. 211～213.
55) 李茂雄, 앞의 책, p. 175.
56) 같은 책, p. 174.

상승하는 데 대해 상품수요가 감소하여 과잉생산현상이 일어나 恐慌이 발생하여 자본주의가 붕괴된다. 자본주의는 이러한 공황을 주기적으로 겪는 동안 공황이 미치는 영향이 점증하고 경제체제의 본질적 모순을 스스로 해결할 수 없게 되어, 결국은 사회주의로 이행하지 않을 수 없게 된다는 것이다.

1) 資本蓄積의 법칙 : (The Law of the Accumulation of Capital)

앞 절에서 살펴본 바와 같이 잉여가치를 더 증대시키기 위해서는 1일 노동시간을 연장하든가 또는 필요노동시간을 단축해야 하는데, 전자는 노동법등에 저촉되어 불가능하므로 후자를 선택할 수밖에 없다. 그러므로 자본가는 상대적인 잉여가치를 증식시키기 위해 기계설비 및 매입에 투자하는 불변자본을 상대적으로 증대시키는 데 반하여 노동력구입에 투자하는 가변자본을 상대적으로 감소시키므로 자본의 有機的 構成 $\left(q = \dfrac{c}{c+v} \right)$ 이 고도화하게 된다. 그 결과 可變資本比率의 상대적 감소는 平均利潤率의 저하경향과 더불어 노동자계급의 窮乏化傾向이 필연적으로 야기된다. [57]

이와 같이 확대재생산은 자본축적(자본의 有機的 構成度)이 높아지면 반드시 이윤율$\left(P = \dfrac{S}{c+v} = S'(1-q), \ S' = \dfrac{S}{V} \right)$이 낮아지므로 장기적인 자본축적은 자본주의경제를 붕괴시킨다는 것이다. 다시 말하면, 자본가가 필요노동시간을 단축하여 잉여가치를 더 증대시키기 위해서는 보다 새롭고 기능이 좋은 기계를 설비하는 방법을 취하게 되는데, 그것을 위해서 자본가는 계속해서 자본축적을 해야 한다. 이 새 기계를 사용하면 짧은 시간내에 좋은 질의 상품을 대량생산하여 시장가격과 생산비와의 차이가 커져서 그만큼 이윤이 늘어날 것이다. 따라서 자본가들은 경쟁

---

57) 같은 책, p. 174.

에서 패배하지 않기 위해서 기계를 개량하거나 더 효율적인 새 기계를 계속 도입해야 한다. 이렇게 되면 결국은 경쟁에 의해 시장가격 전체가 싸지고, 자본가는 끊임없이 자본을 축적해야 하므로 자연히 이윤은 점차 적어지게 되고 경쟁을 이겨나가기 위해서는 생산비를 切下시켜야 하므로 총자본 중에서 상대적으로 불변자본의 비중이 증대된다는 논리이다.

그러나 현실적으로 자본주의 경제는 이윤율이 저하하기는 커녕 증대 현상이 나타나고 있다. 가변자본보다 불변자본이 커지면 착취율 (S′)이 낮아지므로 이윤(P)도 저하된다고 하였는 데, 오늘날 자본의 有機的 構成度의 고도화는 우수한 기계를 많이 도입하고 설비하여 대량생산을 하게되므로 필연적으로 生産費節減을 초래하여 이윤을 증대시키고 있으므로 이 說은 성립되지 않는다.

2) 最低生活賃金說(Theory of Subsistence Wage)

마르크스에 의하면 노동자는 생활에 필요한 것을 마련하기 위해 일하는 경우 자본가는 노동자가 간신히 살아가는 데 필요한 최저 생활임금만을 준다고 가정하였다. 마르크스는 최저생활임금만을 주는 이유로 ① 잉여노동자가 있기 때문에 그 이상 지급할 필요가 없고 ② 자본가가 이윤을 얻기 위해 노동자에게 임금을 최저생활임금 이상으로 지급하지 않으며 ③ 자본가는 계속해서 경제적인 위기에 봉착하기 때문에 더 이상 지급할 능력이 없다. 자본가는 노동자에게 지급하는 임금을 초과해서 생산되는 양으로부터 이윤을 얻는다. 이것이 最低生活賃金說이다. 그러나 자본가는 경쟁을 하기 위해 노동력 대신 기계를 사용하는 경우 생산성이 향상되고 이것은 상품의 가치를 감소시킴에따라 상품가격이 하락하여, 노동자의 實質賃金(노동자가 소비하는 상품량)을 증대시키고 있다. 따라서 노동시간의 감축은 노동자의 생활수준을 향상시키고 있다.

3) 資本集中의 법칙(The Law of the Concentration of Capital)

자본주의 발전과정에서 자본의 有機的 構成度가 고도화됨에 따라 자본가들 사이에 자유경쟁이 심해져서 중소기업체는 도산하여 대자본가에게 흡수되고 만다. 한편으로 패배를 두려워하는 다수자본가들은 장래의 경제위기에 대비하기 위하여 자본을 한 곳에 集積시키는 까닭에 자본주의는 불가피하게 企業合同(Trust), 企業聯合(Cartel), 獨占資本(Conzern) 같은 독점형태를 취하지 않을 수 없게 된다. 이렇게 자본이 소수자의 손 안에 집중되고, 따라서 잉여가치도 소수에 집중되므로 자본주의는 거대한 생산조직을 가지지만 자본의 분배는 이루어지지 못한다. 그리하여 증가해 가는 프롤레타리아 세력이 봉기하여 계급투쟁이 발생되고 결과적으로 프롤레타리아의 승리로 자본주의는 몰락하게 된다는 것이다.

그러나 현실적으로는 중소기업이 양적·질적으로 커지는 경향이 있다. 그것은 대기업과 비경쟁적 분야의 중소기업 및 대기업과 상호 의존관계에 있는 下請企業이 속출하기 때문이라 볼 수 있다. 현재 카르텔·트러스트·콘체른 등이 나타나고 있지만 그렇다고 해서 자본이 모두 소수 자본가의 수중으로 집중되었다고 할 수 없다. 왜냐하면 이들은 대부분이 주식회사이기 때문에 그 주식이 한 사람이 아니라 수천, 수만의 株主로 구성되어 있기 때문이다. 그리고 주식회사 등을 중심으로 경영자 등의 새로운 중간계급이 대두하고 있다.

4) 産業豫備軍說(Theory of Industrial Reserve Army)

산업예비군설이란 실업자 혹은 취직을 하지 못한 노동자이다. 이것의 발생에 관해 마르크스는 기계화로 인하여 대량생산이 가능하게 되고, 또 이 대량생산은 노동자를 해고시키게 되어 실업자가 대량으로 생긴다

고 보았다. 자본이 점차 축적되고 기계가 들어옴으로써 기계가 인간을
불필요하게 만드는 것이다. 그리하여 고용되지 않은 노동자는 점차 증
대되고 노동자의 지위는 점차 불안해진다.

현대자본주의 사회에서는 완전고용과 최저임금 및 사회보장등을 통해
福祉國家(welfare state) 건설에 주력하고 있다. 完全雇傭政策에서는 금
융·재정정책 뿐 아니라 기술훈련을 통해 산업예비군을 고용하고 있다
그리고 자본축적율은 인구증가율보다 빠르기 때문에 만성적인 노동력
부족현상은 가능하지만 마르크스의 산업예비군의 축적개념은 적용할 수
없게 되었다.

5) 過剩生産論과 貧困增大의 법칙(The Law of Increasing Missery)

자본의 축적은 자본의 有機的 構成이 고도화되고 거기에 따라 이윤율
이 감소하여 資本家들은 노동자계급에 대한 착취를 높이고 따라서 노동
자계급의 빈곤은 증대된다는 것이다. 자본가들은 이윤추구로 말미암
은 자본축적으로 과잉생산이 일어나는 반면 노동자들은 궁핍되어 구매
력이 없어짐으로 過小消費現象이 필연적으로 일어나고 말아 자본주의
경제는 몰락한다는 것이다.

　"사회의 절대적 생산능력에 비추어서만 생산력을 발전시키려고 하는 자본주
의적 생산의 충동에 대비하여 대중의 빈곤과 소비제한이 항상 모든 현실적 恐
慌의 궁극적 원인이 되고 있다. "[58]

끝없이 증대되는 사회생산력과 노동력의 빈곤으로 인하여 제한을 받
는 소비력과의 충돌관계를 보여준 것이다. 그의 恐慌理論이 소비와 생
산과의 불균형 즉 과잉생산이 공황의 원인이라고 보는 데에 어느 정도
동의하지만, 현실적으로 자본주의사회에서는 자본의 유기적 구성도의

---

58) K. Marx, *Capital III*, 앞의 책, pp. 472~473.

고도화는 노동수요도 증가하고, 노동수요가 커지면 임금이 증대하고 따라서 구매력 즉 有效需要가 오히려 높아진다. 이에 따라 연쇄적으로 생산이 자극되고 공황이 쉽게 발생한다고 볼 수 없는 것이다.

또한 재정금융정책을 중심으로 하는 有效需要調整策, 경기변동을 자동적으로 안정시키는 기능을 가진 失業保險 및 사회보험제도, 農産物價格支持, 累進稅率의 자동안정장치의 발달 등으로 조절하며 오늘날 선진국에서는 誘導的 經濟計劃과 아울러 생산의 총수요와 총공급을 균형있게 잘 조절함으로써 공황의 가능성을 배제하였다. 물론 자본주의 경제체제에서 보면 다소 경제변동이 있기는 하지만 그것은 어디까지나 경제발전에 수반되는 하나의 부산물이며 크게 문제되는 것도 아니다. 또 자본주의사회에서 자본의 축적이 진행됨에 따라 노동자의 생산수준은 저하되어 간다는 노동자 窮乏化理論도 노동자계급의 정치력이 증대하여 소득재분배와 누진과세 및 사회보장의 요구가 강화되는 현상황에 적용될 수 없다.

결론적으로 마르크스의 자본주의붕괴설은 현실적으로 타당하지 않게 전개되고 있다. 선진자본주의제국은 오늘날 經濟停滯와 恐慌을 사전에 잘 막고 있으며, 케인즈혁명으로 이론적으로도 혼합 또는 高壓力經濟의 관리가 능률화되고 있다. 자본주의체제는 놀랄만한 성장력과 실질임금상승을 보여준다. 또한 마르크스의 유물사관의 발전법칙과는 달리 영국과 미국보다 자본주의가 성숙하지 않은 소련과 중공이 사회주의체제로 편입되었다.

제 4 장 레닌主義

제 1 절 레닌主義의 생성배경

1. 레닌主義의 사회적 배경

마르크스의 과학적 사회주의의 프로그램에 의하면 공산사회혁명은 고도로 발전된 자본주의국가에서 발생된다. 그러나 오늘날까지 서구선진 자본주의국가에서 공산주의혁명이 성공한 적은 없으며 이와 대조적으로 유럽에서 가장 낙후된 농업국가인 러시아에서 1917년에 최초로 공산정권이 수립되었다.

마르크스와 엥겔스는 그들의 이론이 고도로 발달한 자본주의국가에 적용되며, 사회혁명은 인민의 대부분이 산업노동자로 구성되어 있고 경제적으로 고도로 발달된 나라에서만 가능하다고 지적했다. 이러한 자본주의체제의 혁명모델이 혁명 전의 러시아 상황과는 너무나 거리가 있었기 때문에 레닌은 러시아의 현실 여선에 맞게 마르크스사상의 상당한 부분을 수정·보완하였다.

레닌의 실천론적인 입장에서 마르크스이론을 변용한 것을 보면 ① 국가간의 경제발전의 불균형성 ② 부르조아혁명을 위하여 부르조아 아닌 농민으로부터의 지원에 대한 기대 ③ 자본주의 국가연쇄(chain of capitalist countries)에 있어서 가장 약한 고리(the weakest links)가 혁명을 위하여 가장 적합한 지역이라는 것 ④ 혁명을 위한 농민노동자 동맹의 중시 ⑤ 혁명의 自發性에 대한 不信이 그것이다.[1]

이처럼 레닌주의는 본질적으로 러시아적 환경에 적용된 마르크스사상의 발전이라는 動態的인 맥락에서 파악할 수 있다. 레닌은 기본적으로 마르크스주의에 바탕을 두고 있으면서도 그 마르크스사상의 실천이론으로써 새로운 정치적 행동강령을 제시한 것이다.[2] 이런 의미에서 공산주의 이념은 공식적으로 마르크스-레닌주의라고 불려지고 있다.

1) 러시아의 革命的 토양

(1) 러시아의 後進性과 政治的 遺産

트로츠키는『러시아革命史』에서 '러시아 역사의 기본적이며 가장 확고한 특징은 그 발전의 완만한 템포, 이와 더불어 경제적 落後性·사회형태의 原始性에서 유래한 문화의 低級性에 있다'[3]고 지적하였다.

19세기까지의 러시아적 상황을 정치·경제·문화면에서 살펴보면 다음과 같다.

첫째, 경제적인 면에서 사회적 생산의 대부분은 농업에 기초를 두고 貴族地主의 農奴制的 경제였다. 농업은 수 세기 동안 전인구의 80%를 차지하는 농민의 노동에 의존해 왔다.[4]

둘째, 정치적인 면에서 볼 때, 짜르(Tsar)절대주의의 지배하에 민권 및 언론은 극도로 통제되었고, 국민의 정치활동은 엄중히 감시되고 있었다. 이러한 러시아의 專制主義를 강화한 역사적 요인은 두 가지이다.

---

1) K. Deutsch, *Politics and Government: How People Decide Their Fate*(Boston: Houghton Mifflin, 1970), pp. 352~355.
2) G. Niemyer, 國土統一院譯, 『공산주의 본질비판』(서울 : 국토통일원, 1973), pp. 119~120.
3) L. Trotsky, *The History of the Revolution*(Ann Arbor: Michigan Univ. Press, 1957), p. 1.
4) 양호민 外, 『공산주의 비판』(서울 : 극동문제연구소, 1981), p. 66.

그 하나는 비잔틴을 통해 받아들인 그리이스正敎이며 또 하나는 蒙古-
달단(韃靼)(Mongol-Tatar)지배이다. 이로써 러시아는 철저한 동방적인 전
제정치이념을 습득하게 되었다.

　세째, 사회문화면에서 러시아는 그리이스정교에 의해 기독교화되었기
때문에 라틴문명을 상속받지 못하고 문예부흥에도 관여하지 못하였다. 그
때문에 인격의 자유와 개인의 존엄성에 대한 사고가 뿌리내리기 어려웠다.

　(2) 革命思想의 成長

　이러한 전근대적 사고를 배경으로 하여 러시아 지식층에서는 프랑스
혁명사상의 영향을 받아 절대주의 타도와 農奴制 폐지를 주장하는 혁명
운동이 19세기에 나타났다. 1825년 12월의 「데카브리스트(Dekabrist)」
사건은 러시아 사회에 하나의 전환점을 가져오고, 혁명정신의 기수로서
의 혁명적 러시아 지식층은 1840년대에는 서구주의자와 민족주의자로
분열되었다. 이를 시발점으로 하여 러시아 지식층을 도식으로 나타내보
면 아래와 같다.

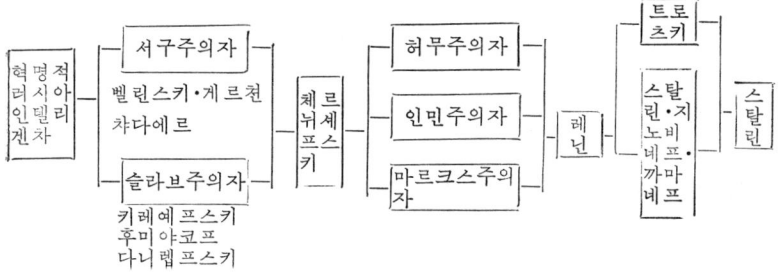

　① 서구주의자와 슬라브 민족주의자(1840년대)

　서구주의자는 벨린스키(U.G. Belinski; 1811～1848), 게르첸(A.I. Gert-
sen; 1812～70) 등이며 이들은 農奴制와 專制政治 그리고 이를 옹호해온
그리이스正敎의 노예적 敎儀를 날카롭게 비판하면서 서구의 자유사상을
지지하였다.

반면 호미야코프(A.S. Khomzakov: 1804~60) 등의 슬라브민족주의자들은 프랑스 혁명 후에 있어서 서구의 정치적 혼란과 경제적 모순을 직시하고 전제정치와 농노제의 제도를 서구에서 유입된 것으로 간주하여 증오하면서 피터大帝 개혁전의 러시아를 理想化하고 그들 나름대로의 전통과 문화를 장래의 발전적 토대로 해야 한다고 주장하였다.

이 양자는 모두 짜리즘(Tsarism)과 농노제를 부정하는 점에 있어서는 일치하였다.

서구주의자인 게르첸은 1848 년 프랑스 2 월혁명에서 프롤레타리아가 부르조아에게 분쇄당하는 것을 직접 목격하고 서구민주주의에 실망을 느끼고 동양에서 빛을 구하게 되었고 러시아의 농민을 이상화하였다. 게르첸과 같이 부르조아적 서구의 부패를 느낀 사람들은 슬라브파와 결합하여 추악하다고 생각되는 자본주의 단계를 뛰어 넘고 독특한 사회주의 길을 모색하려고 노력하였다. 이에 큰 영향을 끼친 사람들은 러시아 사회주의 선구자인 체르뉘셰프스키였다. 그를 비롯하여 초기 사회주의자들은 농민에게 사회주의사상만 주입할 수 있다면 러시아 특유의 農村共同體를 사회주의사회의 기본적 조직체로 변형시킬 수 있고 현재의 반봉건적인 사회에서 직접 사회주의체제로 이행할 수 있다고 생각하였다. 이 사상이 人民主義運動이라는 이름으로 80 년대에 실행에 옮겨졌다.

② 虛無主義(Nihilism 1860~70)

허무주의의 대표적 사상가로는 체르뉘셰프스키・도브롤류보프・피사레프를 지적할 수 있다. 바쿠닌의 영향아래 있었던 니힐리스트들의 주장은 다음과 같다.

첫째, 일체의 정신문화, 즉 神・영혼・이념・도덕・규범 등을 부정하고 둘째, 상류계급의 전용물에 불과하며 대중의 생활에 도움이 되지 않는 문화, 즉 철학・예술・形而上學・美學・사회과학 등을 허무라고 부정하고 세째, 민중의 행복을 저해하고 인간을 노예화하는 권위, 전통적 인습, 미신을 배격하고 有神論을 사회악으로 단정하며 無神論을 주장하였다.

이와 같이 기존의 문화가치를 부정하고 사회적 정의와 민중의 행복과
하층 노동자계급의 복리를 추구하면서, 현실에 대한 부정과 파괴는 미래
에 대한 긍정과 건설에 직결된다고 하여 테러리즘화하였다. 이는 나로
드니키운동으로 발전하여 1870년대에서 1880년대에 이르기까지 러시아
에서 지배적인 운동이 되었다.[5]

③ **人民主義**(民衆主義 혹은 나로드니키주의)

1860년대의 허무주의가 지나간 뒤 「브나로드(to the people)」 즉, 「민
중 속으로」란 구호를 가진 나로드니키운동이 대두되었다. 2천명의 젊은
지식인들이 반짜르운동을 전개하기 위해 민중 속으로 들어가 직공·행
상인·간호원·의사·교사가 되어 사회주의 복음을 전파하고 농민혁명
의식을 고취했으나, 농민들의 無知와 無關心, 토지소유의 욕구 및 正敎
徒들이 짜르정권의 신성성을 가르쳐 결국 실패로 돌아갔다.

이들의 사상적 공통점은 아래와 같다.

첫째, 러시아의 자본주의를 부정하고 러시아는 서구의 자본주의 발달
단계를 거치지 않고도 능히 사회주의 사회에 도달할 수 있다고 믿는 점
이다.

둘째, 그들은 프롤레타리아혁명을 염두에 두지 않고 농민을 혁명세력
으로 중시하였다는 점이다. 즉, 그들은 미이르(Mir), 즉 農村共同體를
미래사회의 이상적 원형으로 생각하였다.

세째, 나로드니키는 소수의 英雄主義에 의해 혁명을 수행하려고 했다
는 점이다. 즉, 역사의 창조는 혁명적 엘리트들에 의하여 이루어지며 대
중은 조직적 활동의 능력이 없다고 보았다. 직업혁명가들이 핵심을 이
루는 집단(정당)을 조직하고 鐵의 規律에 복종하는 혁명가에 의한 사회
주의 건설을 주장했던 것이다.

그러나 1880년대에 들어서면서 러시아의 자본주의는 도약하기 시작
했다. 인민주의자들이 극력 회피하려고 했고 부정하려고 했던 자본주의

5) 金永俊, 『혁명이데올로기와 갈등』(서울 : 아세아문화사, 1982), p. 122.

의 발전은 인민주의의 이론과 실천의 기반을 뒤흔들어 놓았고 비현실적인 것으로 점차 쇠퇴해졌다.

④ 러시아 마르크스主義

러시아의 자본주의 발달과 인민주의의 쇠퇴로 말미암아 등장한 것이 서구 사회주의운동의 러시아형으로서의 마르크스주의였다. 스페인 망명중 마르크스주의자가 된 플레하노프(G. V. Plekhanov: 1856~1918)는 러시아의 마르크스 정치조직의 창시자로서 1883년에 〈勞動解放團(Liberation of Labor)〉을 조직하였다. 그는 마르크스의 입장에서 人民主義를 다음과 같이 비판하였다. 6)

첫째, 인민주의는 러시아의 자본주의화를 부정하지만, 자본주의는 불가피하게 거치지 않을 수 없으며, 벌써 그 발전도상에 들어선 것이다 따라서 러시아 혁명은 프롤레타리아를 무시하고는 생각할 수 없으며 오히려 그들에 의해 주도되어야 한다.

둘째, 인민주의자들은 농민의 혁명성을 맹신하고 농촌공동체를 사회주의 토대로 간주하고 있으나 그것은 러시아의 자본주의화에 따라 급속히 붕괴되는 과정에 있다.

세째, 인민주의자들은 개인의 영웅적 행동으로서 혁명을 수행하려고 하나, 그것은 역사의 객관적 법칙을 이해하지 못한 것이다. 역사의 주체는 개인이 아니라 계급이므로 혁명은 계급투쟁에 의해 달성되는 것이라고 주장하였다.

이와같이 플레하노프는 러시아에서의 자본주의 발달에 대한 이론을 마르크스주의 사상으로 체계화하고 인민주의자의 革命理論을 극복하는 데는 성공하였지만 러시아혁명을 승리로 이끄는 데는 몇가지 문제점을 갖고 있었다.

첫째, 그는 唯物史觀의 공식에 집착한 나머지 러시아혁명의 특수성과 긴박성을 간파하지 못하였다. 議會主義와 民權이 날로 발전해 가는 서

---

6) 양호민 外, 앞의 책, pp. 96~97.

구와는 달리 당시 러시아 짜리즘의 부패와 독점은 날로 극심해져 가는
데도 불구하고 강렬한 혁명의식이 없이 사회적 조건만 성숙되면 저절로
짜리즘은 타도된다고 생각하여 막연히 역사의 발전만을 기다리고 있었다.

둘째, 그는 자본주의 발전과 더불어 러시아에서도 자유주의적 부르조
아가 성장할 것이니 그들과 제휴하여 우선 부르조아 민주주의혁명을 성
취해야 할 것이며 그 후에 의회주의를 통하여 사회주의를 실현할 수 있
을 것으로 생각하였다.

세째, 그는 농업 중심의 러시아의 현실에 부합하는 농민대중의 힘을
무시했다.

이상에서 살펴 본 바와같이 인민주의나 플레하노프系 마르크스주의는
당시 러시아의 사회현실에 부합되는 혁명이론은 아니었다. 따라서 러시
아의 혁명을 위해서는 양자의 비현실성을 극복하고 러시아의 실정에 정
통한 혁명이론이 절실하게 요청되었다. 이 때에 등장한 것이 바로 레닌
의 혁명이론이었다. 레닌주의는 러시아의 후진성을 극복하기 위해 마르
크스주의를 러시아에 적용·실천한 戰略이며 세계 공산주의자들의 정치
적 행동강령이기도 했다.

2. 레닌의 생애

레닌(Nikolai Lenin: 1870~1924)은 1870년 4월 10일 볼가강 연안의
심비르스크(Simbirsk)에서 태어났다. 그의 본명은 블라디미르 일리이츠
울리아노프(Vladimir Iljich Ulyanov)였다. 그의 아버지는 교장을 지내고
視學官이었으며 그의 가정은 사회적 성분으로는 지방의 귀족이었다.

레닌의 형 알렉산드르는 페테르스부르크 대학생으로 나로드니키(Nar-
odniki)운동에 가담, 알렉산더 3세의 암살사건에 연루되어 1887년 5월
21세의 나이로 교수대에서 처형되었는데, 이때 어린 레닌은 심한 마음

의 충격을 받았을 것이다. 그해 레닌은 김나지움(gymnasium: 공립중학교)을 우등으로 졸업하고 까잔(Kazan)대학에 입학하였으나 혁명적 학생단체들과 접촉하여 학내 소요사태에 연루되어 퇴학을 당했다.

그후 사마라와 페테르스부르크를 전전하는 동안 플레하노프, 마르크스, 엥겔스 등의 저서에 심취하고 『공산당 선언』을 번역하면서 마르크스주의 서클도 조직했다. 1891년에 校外生으로 聖뻬쩨르부르크(St. Petersburg)대학교의 법학부를 졸업, 검정시험에 합격하여 법학사의 학위를 얻고, 1892년부터 얼마동안 변호사로 활약을 했다.

1894년에 레닌은 성 뻬제르부르크의 〈사회민주당〉의 지도권을 장악하고 「'인민의 벗'이란 누구이며 그들은 사회민주주의자들과 어떻게 싸울 것인가?」를 집필하고 나로드니키의 반혁명성을 비판하였으나 그들의 농민중시사상을 수렴하여 혁명적 투쟁을 계승했다.

레닌은 1895년에 최초의 해외여행을 하여 스위스의 주네브에서 플레하노프를 만나 그의 노동자해방그룹과 접촉하고 파리와 베를린을 방문하고 돌아와 〈노동계급해방동맹〉을 창설하였으나 그해 12월 체포되어 3년형의 시베리아 流刑을 선고받고, 14개월간의 옥고를 치른 다음 1897년에 시베리아의 세이縣으로 流刑당했다. 그는 그곳에서 같이 유형당하고 있는 끄루쁘스카야(N.K. Kruspskaya)와 결혼하였으며, 유형지 근처를 흐르는 〈레나〉강의 발음을 따서 레닌이란 별명을 지었다.

레닌은 1900년 유형이 만료되고 해외로 망명하여 뮌헨에서 〈이스끄라(Iskra, 불꽃)〉라는 지하정치신문을 발간했다. 1902년에는 『무엇을 할 것인가』를 출간, 1903년에 러시아 사회민주당 제2차 대회에서 당 조직문제로 마르토프등의 멘세비키(Mensheviki)파와 대립, 비밀결사의 前衛黨조직을 주장한 레닌파가 당의 문호 개방을 주장한 마르토프파(Mensheviki : 소수파)를 누르고 근소한 차로 다수파(Bolsheviki)가 되었으나, 플레하노프 등이 멘세비키파로 넘어 옴으로써 레닌은 소수파로 되고, 이스크라지가 멘세비키파의 수중으로 들어가자 1904년 새로운 신문 〈전진〉을 제네바에서 발간했다. 1904년에 「1보 전진 2보 후퇴」를 출간하고, 1905년 「民주주의혁명에 있어서의 사회민주주의의 두가지 전략」을 써서 勞農同盟에 의해 짜리즘을 타도하고 노농민주혁명 독재정권을 수립할 것을 주장했다.

그는 1908년 「유물론과 경험비판」을 출판하여 기회주의를 비판하고, 제1차세계대전 때는 혁명적 反戰主義를 주장하였으며, 1916년 『제국주의론』을 집필, 자본주의 팽창에 의한 제국주의전쟁에 관한 불가피론을 폈다.

1917년 8월 혁명이 성공하자 독일군에 의해 封鎖列車에 태워져 국내에 송환되어 혁명을 지휘하였다. 드디어 10월에는 수도 뻬쩨르부르크의 무장봉기를 조직하여 소비에트정권을 수립, 인민위원회 의장으로 선출되었다. 그후 신경제정책을 채택하고 코민테른을 결성하는 등 분망중에도 수십편의 집필을 계속하여 「프롤레타리아 독재의 시기에 있어서의 경제학과 정치학」을 1919년에 완성하고 1920년에는 「좌익공산주의 소아병」, 1922년에는 한 정치평론가의 수기」를 끝내고, 1923년 「조합주의에 관하여」, 「우리의 혁명」 등을 집필하는 등 수많은 저작을 남기고 1922년 뇌졸증으로 인하여 53세를 일기로 세상을 떠났다.

그의 가장 위대한 업적은 10월 혁명이었고, 사회주의혁명은 그의 생애에 있어서 중심적인 문제였다. 그의 모든 사상과 신중한 계획도 혁명과 함께 시작되고 끝났으며 그는 혁명적 노동자 계급의 운동사 속에서 러시아 현실에 맞는 전술가요 전략가였다.

제 2 절 레닌주의의 기본 명제

레닌의 사상과 철학은 근본적으로 마르크스사상의 유물론에 기반을 두었으며, 사실상 마르크스주의적 유물론 철학의 「혁명」과 「프롤레타리아 독재」라는 결정적인 목표를 러시아에서 달성하도록 실천하였다.

그러나 레닌은 마르크스주의에 충실하면서도 많은 부분에서 수정을 가했다. 레닌은 마르크스주의의 정수가 「공산당선언」에 있다고 여겼으나 이 선언에는 자본과 역사에 관한 이론은 있어도 사회혁명의 이론은 없음을 직시한 것이다.[7] 그래서 마르크스의 「역사적 필연성」을 러시아는 물론 유럽에도 적용시키기 위해서는 혁명을 위한 조직기반과 전략의 필요성에서 혁명적 실천이론을 창출하여 마르크스이론에 결합시켰다고 볼 수 있다.

1. 혁명의식과 前衛黨

레닌은 마르크스·엥겔스의 「프롤레타리아」의 의식과 계급투쟁을 강화·발전시켜 정당개념을 정립하여 프롤레타리아정당의 조직과 혁명적 투쟁에 대한 이론을 창출하였다. 실제적으로 레닌의 정당은 러시아혁명의 담당세력이었고 권력을 장악하는 데에 있어서의 선봉대였다.

〈러시아 사회민주당〉은 1898년 창립되었으나 그 조직과 훈련이 원시

---

7) 김제수, "소련의 역사론", 『마르크시즘과 볼세비즘 비교연구』 외대 소련 동구문제연구소편, 연구총서 제8집, 1982년, p. 31.

성을 벗지 못해 당시 러시아 상황이 요구하는 직업적 혁명가로 구성된 엄밀한 조직과 고도로 훈련된 정당이 되지는 못했다. 그래서 레닌은 1902년 『무엇을 할 것인가(What is to be done?)』를 발표하고 정당이론의 기본적 근간을 세우고 이론과 실천의 상호 관계를 정립시켰다.

그는 마르크스가 생각하는 대중정당이 아니라 고도의 규율로 통제되는 소수정예의 의식화된 혁명가의 당을 주장했다. 그리하여 레닌은 그의 당 조직개념을 제시하면서 혁명의식, 당과 대중과의 관계, 전위당 개념등 3 가지를 제시했다. [8]

1) 혁명과 혁명의식

마르크스는 하나의 사회계급으로서 프롤레타리아들이 그들의 자본주의적 착취자들에 항거하여 혁명을 일으킬 것으로 내다 보았다. 그러므로 마르크스에 따르면 프롤레타리아 계급은 정치활동을 위한 공동의식을 개발하고 동시에 자발적인 감정과 의식을 갖는 것이 혁명의 필수조건으로 생각되었지만 「공산당 선언」이 발표된지 반세기가 지나도록 그러한 혁명의식이 프롤레타리아 계급을 결속시킨다는 아무런 증후도 나타나지 않았다.

이러한 사실에 유의한 레닌은 ‘사회 민주적 의식은 외부의 작용으로 비로소 그들을 각성시킬 수 있으며 그러한 의식은 사회주의이론과 결부되어 있기 때문에 노동계급이 아니라 지식층에 의해 개발된다’[9]고 주장하고 혁명적 이론없이 혁명적 운동이 존재할 수 없고 전위내의 역할은 과학적 이론으로서 무장된 정당에 의해서만 성취할 수 있다고 강조했다.

이와같은 레닌의 주장은 마르크스가 말하고 있는 혁명이 하부구조(경제기초)가 변화함에 따라서 상부구조가 변화되므로 혁명은 불가피한 것

---

8) G. Niemyer, 앞의 책, p. 121.
9) 같은 책, pp. 121∼122.

혹은 필연적인 것으로 간주해서 혁명이 무르익기를 기다린다는 견해에
크게 수정을 가한 것이다. 마르크스가 주장한대로 과연 혁명이 경제발전
의 불가피하고 필연적인 결과라면 비밀적이고 잘 조직된 혁명가집단(정
당)이 필요 없기 때문이다. 마르크스의 역사 결정론, 경제 결정론적인
입장에 반해서 혁명은 스스로 오는 것이 아니고 招來시켜야 한다는 것이
다. 즉 그것은 적당한 시기, 조건, 지도자에 의해서 초래되어야 한다는
것이다. 그러므로 레닌은 準主意主義的 見解(a quasi-voluntaristic view)
를 표방한 것으로 볼 수 있는 것이다. [10]

나아가서 레닌은 마르크스의 「공산당선언」대로 '근대국가의 집행부는
전체 부르조아의 공동문제를 결정하는 집행부 이외에 아무것도 아니
다' [11]라고 하면서 '정치권력이란 한 계급이 다른 계급을 억압하는 조직
화된 힘' [12]을 의미한다는 것이다. 따라서 국가를 부르조아 지배의 억압기
구로 보는 견해를 받아들였다. 이런 논리에서, 레닌은 계급지배의 도구로
서의 국가관을 러시아에 적용·발전시킨『국가와 혁명』에서 '피지배계급
의 해방은 격렬한 혁명이 없이는 불가능할 뿐 아니라 국가기구 자체의
파괴없이는 또한 불가능한 것' [13]이라는 결론을 내리면서 혁명의 필요성
을 강조했다.

2) 前衛黨

레닌이 사용한 前衛(vanguard)의 개념은 다른 사람보다 발전된 과학
지식을 가진 자를 지칭했다. 그러므로 당은 전위이기 때문에 역사의 장
래에 대한 방향의식에서 가장 앞서고 있으며, 당원은 앞으로의 일에 대
한 통찰력을 가지고 있어야 한다. 즉 당원은 인민과 계급 및 국가의 진

---

10) 김계수, "소련의역사론", 앞의 책, p. 38.
11) Robert C. Tucker, (ed.), *The Marx-Engels Reader*, (N. Y. 1972), p. 337.
12) 같은 책, p. 352.
13) Robert C. Tucker, (ed.), *The Lenin, Anthology*(N. Y. 1975), p. 315.

정한 이익을 알 수 있고 인민들이 자신들의 것이라고 노래하고 있는 환
상적인 이해를 일깨워줄 의무를 가지고 있으며 당은 진리의 원천[14]이라
는 것이다.

또한 레닌의 前衛黨은 프롤레타리아 계급조직의 최고형태이며 프롤레
타리아 독재의 도구로서 사용할 수 있어야 한다. 어떠한 정치적 및 군사
적 투쟁에도 이용될 수 있어야 하며 이데올로기적인 통일과 군대와 같
은 규율로 당을 강제해야 된다는 것이다.

이러한 목적을 달성하기 위해서 당은 강력한 조직과 체계적인 활동및
확고한 원리를 가진 정당이 되어야 하며, 이러한 정당은 노동자계급이
전면적인 정치적 고찰을 하도록 교육시키고 '유물론적 분석을 실제에 응
용하고 모든 생활분야, 모든 계급, 계층, 인구집단들의 활동에 대한 유
물론적 평가를 학습'[15]시켜야 한다는 것이다.

그러므로 당원은 혁명이론으로 무장된 이론가가 되어야 하며 대중을
선동 · 조직할 수 있는 능력을 갖춘 선동가 혹은 조직가가 되어야 한다는
것이다.

"그러므로 나는 계급의 전위대로서의 당은 가능한 한 조직적이어야 하며 적
어도 최소한의 조직을 허용하는 그러한 요소를 수용해야 한다. … 이와는 반대
로 나의 반대자(멘세비키)들은 지도적인 사람과 그렇지 못한 사람, 즉 조직된
요소와 조직되지 않은 요소, 진보적인 사람과 구제불능의 퇴보된 사람…당에서
일괄적으로 취급하고 있다. "[16]

이와같이 레닌은 당은 노동자 계급의 전위대여야 하며 당에 소속된
사람과 일시적으로 당을 지지하는 사람과 구별해야 된다고 하면서 멘세

---

14) 같은 책, p. 129.
15) R. T. De George, *Patterns of Soviet Thought*(Ann Arbor : Michigan
   Univ. Press. 1970), p. 138, (김계수, 앞의 책, p. 35에서 재인용).
16) V. I. Lenin, "What is to be Done?," *Selected Works*(Foreign Publish-
   ing Office, 1952), Vol. V, p. 258 ; 노승우역, 『레닌주의의 이론구조』, p.
   38.

비키파에 도전하고 있다. 그럼으로써 기회주의자를 근절시키고 당에서
의 파벌을 금지시키고 당을 통일시킬 수 있다는 것이다.

> "우리의 운동에 있어서 노동자를 위한 유일한 조직원칙은 가장 철저한 비밀
> 과 가장 엄격한 선택, 그리고 직업 혁명가의 훈련을 그 주요내용으로 하지 않
> 으면 안된다. 일단 이러한 자질들을 갖추게 되면 민주주의 이상의 그 어떤 것
> 도 얻을 수 있다. 즉 혁명가들사이의 완전한 동지적 상호 신뢰를 회복할 수
> 있다."[17]

이와같이 레닌은 직업혁명가 조직으로서의 당을 주장하고 있다. 혁명
과업을 직업으로 하는 직업혁명가에 의해 당이 조직되어야 한다는 것이
다. 비합법적인 투쟁은 비밀과 음모에 의해서 수행되어야 하기 때문에
소수의 정예의 직업혁명가로 당이 조직되어야 하며, 그렇지 않으면
경찰에 체포되고 혁명가 양성에 장애가 된다는 것이다. 따라서 레닌은
민주적인 공개정당이 당시 러시아상황에서 불가능하다고 다음과 같이
말한다.

> "모든 사람들은 첫째, 공개적이어야 하고 둘째, 모든 기관은 선거에 의해
> 야 된다는 두가지 조건을 상정하는 것이 광의의 민주주의원칙이라는 데 동의
> 할 것이다. 공개적이 아니거나 조직의 구성원에게만 제한해서 공개(publicity)
> 를 하면서 민주주의를 얘기한다는 것은 불합리하다.
> 우리는 독일 사회당이 모든 것을 공개적으로 수행하기 때문에 민주정당이라
> 고 일컫는다. 더구나 당무회의도 공개적으로 열리고 있다. 그러나 모든 사람
> 으로부터 숨겨져 있는 조직, 더구나 그 조직원이 비밀에 싸여있는 그런 조직
> 을 민주적이라고 부를 사람은 아무도 없다. 민주적 원칙을 위한 근원적인 조
> 건이 비밀조직에 의해서 충족되지 못하고 있는 때에 「광의의 민주원칙」이라는
> 진전된 개념이 무슨 소용이 있는가?"[18]

래닌은 혁명가들이 대부분 그의 정체를 숨기는[19] 상황하에서 민주주의

---

17) 노승우역, 같은 책, p. 37.
18) V. I. Lenin, "What is to be done?" *Selected works*, vol. I, Part I,
　　p. 351.
19) 같은 책, p. 352.

는 「무용지물이며 해로운 장난감」[20]이라고 말했다. 정권을 잡은 후에도 당을 민주화하지 않았다. 이와같은 형태는 오늘날까지 공산주의 운동에서 불문율처럼 되어 있다.

이와같은 레닌의 잘 조직된 비밀정당의 개념은 마르크스의 공개된 당, 대중에 의해서 공개적이고 필연적으로 권력을 장악해야 한다는 취지와는 반대되나 레닌에 있어서는 러시아의 정치적 상황 하에서 비밀은 혁명을 달성하는 관건이 되었다.

또한 레닌은 「一步前進 二步後退(One Step Forward, Two Steps Back)」에서 멘세비키는 기회주의자들이고 볼세비키는 혁명파로 규정하고,[21] 볼세비키정당의 조직은 중앙집권주의여야 한다고 주장하였다. 프롤레타리아 계급은 조직의 통제 아래서 공작해야 되기 때문이며 당시 러시아에 만연한 무정부적 경향에 제동을 걸기 위함이기도했다.

레닌은 불법 비밀 당기관지인 「이스끄라」誌와 「전진」誌 등을 내면서 신문(언론)은 당중속적이어야 한다고 못을 박고 당기능의 결합, 즉 당원의 훈련, 정보, 통합기능을 수행하는 수단으로서 지하신문을 중시했다. 또한 신문의 발행과 배포에서 믿을 수 있는 사람들로 구성된 연락망, 즉 「믿을 만한 투사들로 구성된 정규군」이 필요하기 때문에 신문은 집단적 선전자와 선동가로서의 역할 뿐 아니라 집단적 조직자로서의 역할을 수행한다는 것이다.[22]

---

20) 같은 책, p. 392.
21) Ernst Fisher, *Essential Lenin*, 노승우역, 앞의 책, pp. 35~36.
22) 제 2 차 러시아사회민주노동당대회(1903 년 7 월, 브뤼셀)에서 레닌은 당규율에 복종하는 소수 정예분자로 구성된 폐쇄적인 당을 생각했고 마르토프는 당의 강령에 찬동하고 당을 지지하는 대중에게 문호를 개방할 것을 주장했다.
　　대회 투표결과 마르토프안이 28 대 22 표로 채택되었으나 당중앙 제기관 선출에서 레닌은 다수를 차지하고 당중앙위원회를 장악하게 되었다. 이때부터 다수의 투표를 받은 레닌파는 자파를 「볼세비키(러시아어로 다수파)」로, 소수의 투표를 받은 마르토프파를 「멘세비키(소수파)」라고 부르기 시작했다. 이들의 대립은 보통 과격파와 온건파의 대립으로 알려지고 있는 따라서 결론적으로 레닌은 혁명운동에서 대중을 각성시키고 혁명을 지도할 수 있는 지도력으로서의 당이 필요하다는 것이다. 왜냐하면 사회민주주의의 혁명의식은 대중 속에서 자발적으로 발생되지 않기 때문이라는 것이다. 즉 '대중은 혁명적 역사 의식이 결여되어 있으므로 의식적인 역사이론의 해석은 의식분자의 집단인 당이 수행해야 하며 당만이 혁명적 정치적 투쟁을 강행할 수 있다' 하여 혁명가의 조직과 노동자의 조직을 혼돈해서는 안된다는 것이다.

그러므로 '프롤레타리아계급들은 마르크스교리를 정확하게 이해하고 있는 자들에 의해 지도되지 않는 한 혁명에 도움이 되지 않는다'[23]고 주장한다. 이런 점에서 레닌의 정당개념은 정확한 사상을 가진 소수직업 혁명가들에 의해서 대중을 조직하고 敎條를 주입시켜 정해진 목표로 이끌고 가야 한다는 논리 위에 서 있다.

레닌의 主著인 『무엇을 할 것인가?』에서 그의 전반적인 사상을 표현했다고 볼 수 있는 구절에 '우리에게 혁명가들의 조직을 달라. 그러면 우리는 러시아를 전복할 것이다'[24]라는 정식화된 敎義는 레닌의 생애를

데, 그들의 견해의 차이점을 도표로 표시하면 다음과 같다.

볼세비키 (레닌파)	멘세비키 (마르토프파)
1) 개량주의, 의회주의 배격 (과격한 혁명구호 외침)	1) 민주주의 체제 내에서 사회주의를 실현 (독일사회민주당 주류 카우츠키 영향)
2) 노농동맹론 (나로드니키의 계승)	2) 노동자중심, 농민경시 (플레하노프계 계승)
3) 당은 폐쇄적 직업 혁명가의 전위조직이어야 함. 농민의 혁명 역할중시 (러시아적)	3) 당은 당의 강령에 찬성, 지지하는 대중에게 문호 개방. (서구적)

〈1912년 프라하 대표회의에서 멘세비키와 결별하고 러시아 사회민주노동당은 1917년 10월 혁명후 볼세비키파가 정권을 장악한 후 공산당이라 개칭〉.

23) 같은 책, pp. 122~123.
24) V. I. Lenin, *Collected Works*, Vol. I, p. 467 ; 노승우역, 앞의책, p. 31.

지배한 원칙이 되었다고 볼 수 있다.

3) 黨과 大衆과의 관계

당과 대중과의 관계를 이해 하기 위해서는 傳導帶(transmission belt)와 선전, 선동 및 대중에 대한 개념을 분석해야 한다.

傳導帶란 당이 많은 당원을 거느리지 않아도 소수의 당원으로 기존의 세력에 침투하여 공산주의이념을 고취한다는 것이다.

선전 및 선동개념은 사회내에 존재하고 있는 불만의 요소를 집약하여 이를 사회구조의 모순으로 인식시켜 사회주의사회의 건설이 불가피하다는 것을 인식시키는 것이다.

대중에 대한 개념은 소수의 직업혁명가인 당원이 침투하여 광범위한 대중위성단체를 구축하고 이를 당이 지도하는 방식을 말한다.

이와 같이 레닌은 당과 대중과의 관계를 정립하고 전략과 전술을 세워 사회주의혁명을 성취했다. 즉, 소수 정예의 직업혁명가로 조직된 당에서 전도대를 형성, 선전과 선동함으로써 그의 목적을 달성하였다고 볼 수 있다.

2. 勞農同盟論

금세기초 러시아 마르크스주의자들은 러시아의 政體가 무엇이든 러시아는 아직 부르조아국가는 아니라는 데에 의견을 같이하고 있었다. 마르크스이론에 의하면 프롤레타리아혁명은 오직 부르조아사회에서만 일어나서 사회주의사회가 건설될 수 있는 것으로 보았다. 그러나 프랑스의 경우 부르조아혁명은 1789년에 일어났는데 아직까지도 사회주의 혁명은 일어나지 않았다. 이리하여 러시아 마르크스주의자들은 부르조아

혁명과 사회주의혁명을 단일과정으로 압축할 가능성을 검토하기 시작하
였다.

레닌은 부르조아혁명과 부르조아정권이 사회주의혁명에 선행되어야
한다는 것은 사실이나 사회주의혁명을 확신할 수 있는 부르조아혁명의
바탕은 프롤레타리아에 의해 스스로 마련되고 발전해야 한다고 생각했
다. 더 구체적으로 말해 러시아의 후진성이 부르조아계급의 성장 및 역
사적인 혁명적 사명에 대한 각성을 저해하였기 때문에, 부르조아혁명의
실현을 위해서는 가장 혁명성이 강한 프롤레타리아가 주도권을 잡아야
한다는 것이다. 레닌은 부르조아혁명과 부르조아사회이념이 선행되어
야 한다는 마르크스의 원칙을 시인하면서도 이 부르조아 혁명을 부르
조아 계급의 성장에 기대해야 한다는 결론에는 반기를 들면서도 부르조
아사회의 성숙에 대한 방법은 제시하지 못했다.

그러나 당시의 러시아적 상황에서는 비록 당이 모든 노동자들의 지지
를 획득할 수 있다고 하더라도, 그들의 혁명역량은 미미한 실정이었다.

그렇기 때문에 그 당시 러시아의 후진적 사회상황 하에서 나로드니키
주의자들은 러시아에서는 서구의 자본주의 발달단계를 거치지 않고 직
접 사회주의사회로 도달할 수 있다면서 프롤레타리아혁명을 염두에 두
지 않았다. 따라서 이들은 농민세력을 혁명세력으로 중시하고 農村共同
體(Mir)를 미래사회의 이상적 원형으로 생각했다.

그러나 러시아 마르크스정치조직의 창시자인 플레하노프는 이와같은
나로드니키주의자들에게 反旗를 들고 러시아는 자본주의단계를 거쳐야
하고, 그 발전도상에 들어섰기 때문에 프롤레타리아의 주도하에 혁명
을 수행해야 된다고 주장했다. 따라서 그는 나로드니키주의자들은 농민
의 革命性을 盲信하고 농촌공동체를 사회주의의 토대로 간주한다면서
이미 사양길에 들어선 농촌공동체는 자본주의의 발전에 따라 몰락하는
과정에 있다고 보았다.

레닌은 이와같은 논쟁 속에서 1905년 집필한 「민주주의혁명에 있어

서의 사회민주주의의 2개전술(Two Tactics of Social Democracy in the Democratic)」에서 혁명의 극복은 인민혁명을 인도하는 노동자계급에 의존해야 된다고 강조함으로써 플레하노프계의 견해를 받아들인다. 그러나 당면한 혁명은 경제의 발전도와 프롤레타리아의 성숙도로 보아 부르조아 민주주의 성격의 혁명성을 띤 것으로 간주하면서도 러시아의 부르조아 세력은 미약하고 동요됨으로 혁명의 주도권을 잡기에는 미숙하기 때문에 혁명적인 프롤레타리아가 혁명의 주도권을 잡아야 된다고 했다.

그러나 프롤레타리아는 수적으로 너무 적고 주동세력으로는 미약하기 때문에 농민의 세력을 중시하는 프롤레타리아와 농민이 동맹함으로써 미약한 프롤레타리아에게 대중적 기반을 제공한다는 전략의 기반을 세웠다. 레닌은 농업국인 러시아에 있어서 농민을 제쳐놓고 혁명을 운운한다는 것은 비현실적 공론에 지나지 않는다고 주장하면서 농민 스스로는 산발적 폭동을 가져올 수 있으나 혁명을 수행할 능력이 없다고 했다.

  "노동자 계급은…무자비하게 반동세력을 분쇄하는데 싸워나가야 한다. 즉 프롤레타리아와 농민의 혁명적·민주적 독재체제를 수립하기 위하여 싸워야 한다. "25)"

이와같이 레닌은 지도자로서의 프롤레타리아와 더불어 프롤레타리아와 농민의 결합을 주장하고 있는데 이는 마르크스가 프롤레타리아에 의한 혁명을 주장한 데 대해서 노동동맹을 제창한 변화를 보이고 있다.

  "농민대중, 일반 노동농민과 연대하고, 우리가 예상했던 것보다 천천히 방대하고 무한하게 이동하기 시작한다. 그러나 이러한 경우 전체대중은 우리와 함께 실질적으로 행동할 것이다. "26)

25) R.T. De George, 앞의 책, p.136, (김계수, "소련의 역사론", 앞의 책, p.37에서 재인용).
26) V.I. Lenin, Collected Works, 앞의 책, pp.271~272; 노승우역, 앞의 책, p.164.

레닌은 이같이 프롤레타리아가 전농민(추종세력)과 동맹하여 전제를 타도하고 부르조아 민주주의 혁명을 수행하여 「프롤레타리아 농민의 혁명적 민주주의 독재정권」을 수립한다는 것이다. 이는 「프롤레타리아 독재」로 가는 일시적인 단계이며 농민과도 일시적 제휴인 것이다.

결론적으로 레닌의 전략은 농민대중을 이용, 프롤레타리아가 정권을 잡고 프롤레타리아 독재 정권을 거쳐 점차 사회주의 단계로 이행한다는 것이다.

3. 프롤레타리아 독재

레닌은 마르크스·엥겔스의 「국가 고사론(國家枯死論)」의 견해를 따라 국가는 계급대립을 억제하기 위한 필요에서 발생된 것이고 피압박계급을 착취하려는 사람들에 의해서 국가권력이 사용된다고 설명하면서 피압박계급이 더 이상 존재하지 않을 때 국가는 소멸된다는 입장을 취했다.

그러나 레닌은 프롤레타리아를 마르크스가 말하는 대중과 동의어로써 사용한 것이 아니라 착취를 당하고 있는 대중의 지도자로 간주한다. 그래서 부르조아가 전복될 때 새로운 경제질서를 위하여 대중을 조직·선동한 프롤레타리아계급이 지배계급이 된다. 레닌은 러시아가 농업국이고 대중은 대다수 농민이라는 데 기반을 두고 마르크스가 선진자본주의 공업국에서의 노동자에 의한 혁명이 발생한다는 주장은 불문에 부쳤다.[27]

레닌은 러시아에서의 혁명을 경험하면서 마르크스가 생각했던 산업사회에서의 혁명이든 농업사회에서의 혁명이든간에 자본주의에서 공산주의 사회로 전화되는 것은 각국의 사정에 따라 정치형태의 차이는 있을 수 있으나 본질적 성격은 「프롤레타리아 독재」의 성격을 띨 수 밖에 없

---

27) 김제수, "소련의 역사", 앞의 책, p. 40.

다는 것이다.

"사회주의가 사회주의혁명과 프롤레타리아독재없이 성취될 수 있을 것이라
고 예견하는 사람은 사회주의자가 아니다. 독재는 폭력에 직접적으로 근거를
두고 있는 국가권력이다. 일반적으로 문명의 시대인 20세기에 있어서 폭력은
주먹이나 곤봉이 아니라 군대를 의미한다. "[28]

레닌은 사회주의 혁명후에 존립하는 국가를 '패배한 착취계급을 엄격
하게 통제하면서 동시에 최대한으로 노동자를 위해 민주주의를 신장시
키는 프롤레타리아독재로서의 국가'로 정의 내리면서 승리한 노동계급
이 지배하는 국가로서 그들의 역할은 '패배한 착취계급에 대한 독재와
노동자를 위한 민주주의' 두가지이고 민주주의는국가가 枯死될때까지[29]
계속적으로 「하나의 새로운 방법의 민주주의(democratic in a new way)」를
신장시킨다는 것이다. [30]

레닌은 국가가 더 이상 어떤 계급을 압박할 필요가 없을 때 소멸되고
국가없는 사회가 도래한다고 했는데, 그 과정은 반드시 점진적으로 성
취해야 된다고 지적한다.

그러나 레닌은 국가소멸의 단계 및 시기에 대해서는 뚜렷한 제시가
없고 공산주의 초기인 사회주의사회에서는 프롤레타리아독재가 계속된
다는 것이다. 레닌은 다음과 같이 말한다.

"고도의 공산주의단계에 이르기까지 사회주의자는 사회와 국가에 의한 노
동수단, 소비수단에 대하여 엄격한 통제가 요구된다. 그러나 이 통제는 자본
가계급의 권력박탈, 자본가에 대한 노동자계급의 지배를 확립시키는 것부터
시작되어야 한다. 그리고 관료들의 국가에 의해서가 아니고 무장된 노동자의

---

28) 노승우역, 앞의 책, p. 89.
29) V. I. Lenin, "The State and Revolution, " Selected Works, Vol. Ⅱ, Part
   Ⅰ, p. 227.
30) V. I. Lenin, "What is to be Done?," Seleded Works, Vol. Ⅰ, Part Ⅰ,
   p. 234.

국가에 의해서 집행되어야 한다. "31)

레닌의 국가이론은 결국 무정부주의적인 국가관이 아니라 프롤레타리
아 독재(정당독재)에 의한 국가관이다. 레닌은 일국내에서 사회주의국
가의 가능성을 제시하고 성립시켰는데 이를 이어 받은 스탈린은 「일국사
회주의 강화론」을 주장하고 발전시켰다.

프롤레타리아독재는 '어떤 법에도 제한받지 않고 힘에 의해서 지배
(rule based upon force, and unrestricted by any laws)' 32)되어야 한다는 것
이다. 폭력이 없이도 사회혁명이 번질 수 있다는 마르크스의 견해는 제
국주의자들의 전쟁33)시기에는 더이상 유효할 수 없다고 레닌은 주장했
다. 따라서 레닌의 혁명은 폭력에 의한 정권탈환(violent rise to power)34)
을 의미했다.

4. 帝國主義論

레닌은 주로 두 권의 저서, 즉 흡슨(J. A. Hobson)의 『帝國主義論(Im-
perialism : 1902)』과 힐퍼딩(Rudolph Hilferding)의 『金融資本論(Finanzkapital :
1910)』에서 제시된 주요한 개념에 착안하고 마르크스의 『자본론』제 2 권의
해석으로 새로운 명제를 이끌어 냈는 데 이것이 1917년에 발간된 『帝
國主義論 : 資本主義의 最高形態』이다. 레닌은 제국주의를 자본주의의 現
象形態로 파악하고, 제국주의의 붕괴는 곧 자본주의 그 자체의 붕괴인
동시에 그것은 공산주의 혁명의 前夜라고 해석했다. 그러므로 제국주의

---

31) R. T. De George, p. 143, (김계수, 앞의 책, p. 41.에서 재인용)
32) V. I. Lenin, "The Proletarian Revolution and the Renegade Kautsky,"
    Selected Works, Vol. Ⅱ, Part Ⅱ, p. 41.
33) V. I. Lenin, "The State and Revolution," *Selected Works*, Vol. Ⅱ, Part
    Ⅰ, pp. 205~220.
34) 같은 책, p. 237.

를 양자택일적인 국내정책이라고 파악한 홉슨의 자유주의적 제국주의를
배격함은 물론 온건파 마르크스주의의 제국주의이론 즉 금융자본의 정
책이 제국주의라고 이해하는 힐퍼딩이나 지배·피지배간의 정책적 결과
로 해석하는 카우츠키의 제국주의이론도 배격했다. 레닌은 제국주의를
정책으로 파악하지 않고 자본주의의 최고의 단계 즉 독점자본주의의 단
계로 파악한다. [35]

레닌의 제국주의론은 독점자본주의단계에서의 다섯 가지의 기본적 경
제구조의 특징과 세 가지의 특수한 역사적 지위로 구성되어 있다.

즉 제국주의는 생산과 자본의 집중이 경제생활에 결정적인 역할을 함
으로써 독점체가 형성되고, 은행자본과 산업자본이 결합하여 금융과두제
의 지배가 성립된다는 것이다. 따라서 자본수출의 필요성이 가장 중요하
게 대두되며, 독점자본은 국내에서는 이윤이 남는 투자를 발견하기 어렵
고 원료, 지대, 임금이 모두 싸고 자본이 결핍되어 있는 외국의 후진지
역[36]으로 흘러들어가 수탈을 자행하게 된다는 것이다. 선진국은 과잉자
본의 생성으로 계속 자본 수출의 필요성을 절감, 식민지 혹은 반식민지
를 찾게 될 수 밖에 없다는 것이다. 따라서 세계시장은 분할되고 기생적
국가인 식민지 점령국과 식민지로 나눠지고 영토적 재분할 투쟁이 격화
됨으로서 국가적 트러스트에 의한 세계의 분할이 시작된다. 결국 자본
주의의 최강국에 의해 지구 영토분할이 완료되는 그러한 발전단계에 있
는 자본주의로 규정된다. 또한 역사적 지위의 세 가지 특질은 첫째, 독
점자본주의는 자본주의의 최후단계이며 둘째, 기생적(寄生的)이고 부패
한 자본주의이며 세째, 사멸하는 자본주의로 규정한다. [37]

그러나 무엇보다도 중요한 점은 레닌이 자신의 사상을 후진적 상황에

---

35) Thomas Sowell, *Marxism: philosophy and economics* (N. Y. : Quill
   William Morrow. 1985), p. 214.
36) V. I. Lenin, *Imperialism*(International Publishers, 1939), p. 63.
37) *Fundamentals of Marxism-Leninism*(Moscow: Foreign Languages Publ-
   ishing House, 1963), p. 239.

서 부활시킬 수 있는 혁명이데올로기로 전환시켰다는 점이다. 그에 따
르면 자본주의 체계의 붕괴를 촉진시키는 모순은 선진 자본주의 국가간
의 모순과 여기서 발생하는 식민지역간의 모순이다.

자본주의는 식민지가 해외에서 급속히 성장하기 때문에 제국주의 열
강간의 투쟁은 격화된다. 레닌은 마르크스의 계급투쟁을 국제적 영역으
로 확대하여 착취당하는 식민지국가와 착취하는 제국주의국가사이의 투
쟁이 격화되고 자본주의내의 모순은 식민지에 대한 제국주의세력간의 충
돌로 더욱 심화되어 자본주의가 존재하는 한 전쟁은 불가피하다는 것이
다. 레닌은 이와 같은 제국주의전쟁의 불가피성을 전제로 하여 그것을
內戰으로 전환시켜 제국주의 열강의 지배계급이 군사적 패배의 결과로
위기상태로 넘어가는 상황을 이용하여 공산주의혁명을 성취하려고 했다.
다시 말해 강대국사이의 식민지 이익과 소유문제를 둘러싸고 마침내 전
쟁이 발발하면 國際帝國主義戰線은 약화되고 국제공산주의와의 대립도
격화될 뿐 아니라, 이를 틈타서 자본주의가 성숙하지 못한 식민지도 植
民母國에 대해 치열한 民族解放鬪爭을 전개하게 되어 결국 國際帝國主義
의 連鎖는 그 약한 고리에서 끊어지게 된다는 이른 바 最弱連鎖論(theory
of the weakest link)을 폈다. 약한 고리는 대체로 자본주의가 미숙한 아
시아나 아프리카 국가들이 민족해방투쟁을 전개하여 내부적 동요가 심
해지면 국제제국주의의 연쇄의 약한 고리가 될 수 있다는 것이다.

5.　레닌주의의 평가

스탈린은 레닌을 일컬어 「프롤레타리아의 아버지」 혹은 「프롤레타리
아독재의 이론가 및 전술가」라고 극찬하였다. 사실상 오늘의 소련 및 공
산권국가는 대부분 「마르크스-레닌주의」를 정치 이데올로기로 채택하고
있다.

그러나 혁명가 레닌에 대한 영웅주의적 입장에 서거나 모든 분야에 있어서 레닌의 견해를 聖典인 양 추앙하면서 과학적 사회주의의 유일한 해석으로 간주하고 궁극적이며 결정적인 논증처럼 해석되는 것은 레닌 주의의 비판적 정신과는 모순되며 레닌주의를 위해서도 바람직스럽지 못한 것이다.

레닌주의의 가장 큰 특징은 랴자노프(Rjanov)가 지적한대로 마르크스 주의가 이론이라면 레닌주의는 실천으로 본다는 것이다. 레닌의 공적은 그 실천성에 있으며 보편적 혁명원칙으로서의 마르크스주의를 러시아 토 양에 적용하고 구체적 현실성을 띤 현실정치적 요소, 계획된 혁명으로 전개시키는 實踐戰略에 중점을 두어 러시아 혁명을 성공시킨 공적은 과 소평가할 수 없을 것이다.

그러나 그는 혁명을 위해 '혁명적인 이론 없이는 혁명적인 운동은 없 다'는 슬로우건을 내세우고 이론과 실천 우위의 전략과 전술을 구사했 지만 그의 핵심적인 문제에 대해서 비판의 소리를 피할 수 없을 것이다.

첫째, 레닌은 마르크스·엥겔스의 추종자로서 유물론적 역사관을 받 아들였으나 準주의주의적(a quasi-voluntaristic view)견해를 표명함으로써 혁명의식의 고취와 선동 선전으로 의식화시켜서 자발적으로 사회주의혁 명에 참가토록 해야 된다는 것이다. 이것은 인간의 의식을 강조하는 上 部構造重視論의 경향으로 해석됨으로써 마르크스가 주장한 유물론의 변 형으로 의혹을 받는다는 것이다. 유물론자이면서 상부구조를 중시하는 자기 모순에 빠졌다는 비판을 면하기 힘든 것이다.

둘째, 레닌의 黨은 前衛黨을 주장함으로써 민주사회에서의 정당개념 과는 거리가 있다는 것이다. 레닌은 사상적이고 정치적 성격을 띤 전투 조직으로서의 정당을 생각했다.

당시 러시아 상황하에서 비밀결사적인 당을 창건하여 혁명을 성공시 킨 공적은 인정될 수 있다할지라도 현대 민주사회의 정당으로서는 통용 될 수 없다. 당의 체제를 중앙집권적인 정당체제로 주장함으로써 공산주의하에서 관료주의를 잉태케 하고 여기서 오는 인간소외는 매우 심각하다고 볼 수 있다.

마르크스가 생각한 정당은 대중정당이었으며 공개적인 정당조직을 원칙으로 한 것이었다.

세째, 프롤레타리아 독재에 관한 레닌의 견해를 두 가지로 분류해서 비판하자면 레닌은 프롤레타리아가 농민과 동맹을 맺어 혁명을 완수해야 된다고 했으나, 마르크스는 프롤레타리아만을 생각했고 프롤레타리아가 곧 대중을 뜻한 것이었다. 그러므로 프롤레타리아독재는 대중에 의해서 소수 부르조아를 징치하는 짧은 과도기로 보았다. 레닌의 프롤레타리아는 소수정예의 당원을 지칭하였으며 그들에 의한 독재를 뜻하고 영구집권의 경향으로 나가고 있어 마르크스의 國家枯死論을 추종은 하면서도 마르크스가 理想으로 생각했던 공산주의 사회의 실현은 기약이 없다.

네째, 帝國主義滅亡論으로서 자본주의 최후단계로서의 특정자본주의를 제국주의라 칭하고 마르크스주의적인 분석을 가하여 선진자본주의국가가 서로 자본수출시장의 확보를 위한 전쟁이 불가피하여 제국주의의 사멸은 불가피하다는 것이다. 그러나 자본주의는 멸망하지 않고 있는데 이를 두고 레닌은 확대재생산과 피압박민족의 희생에서 그 기반을 설명하고 있지만 현대 자본주의는 스스로 모순을 제거하고 번영을 누리고 있으며 열강간의 전쟁이 아니라 공산주의에 대치하기 위해서 오늘의 서구열강들은 단결을 하고 있는 것으로 나타나고 있다.

제 5 장 네오마르크스主義(Neo-Marxism)

제 1 절 네오마르크스주의의 개념

지난 100여년에 걸쳐 논의·발전되어 온 마르크스주의의 조류는 종류의 다양성, 내용에 있어서의 難解性 등의 이유로 포괄적인 연구가 용이하지 않았다.

네오마르크스주의[1]라고 하는 개념은 마르크스주의에서 비롯된 것으로 소련에 있어서의 레닌 및 스탈린 등에 의해 변질·오염된 마르크스주의에서 탈피하려는 사상적 경향이다. 즉 이제까지의 마르크스주의와는 다른 방향에서 마르크스를 재평가하고, 이를 현실에 적용하려고 하는 마르크스주의의 한 지류이다.

그러나 마르크스 이래 마르크스주의의 分裂相과 마찬가지로 네오마르크스주의는 그 용어의 概念規定이 西歐마르크스주의(Western Marxism), 유토피아적 마르크스주의(Utopian Marxism), 사회주의 진영의 마르크스주의 등으로 다양하게 호칭되는 데서 알 수 있듯이, 各네오마르크스주의자들은 각기 서로 다른 시대, 국가, 정치적 상황 아래서 살았고, 수많은 문제를 다루는 전략을 저나름대로 형성해 왔기 때문에 그 개념 또

---

1) Neo-Marxism에 관한 국내 학자들 간의 호칭은 새 마르크스주의, 신 마르크스주의 등이 있으나 本書에서는 네오마르크스주의로 통일하여 사용하기로 한다.

한 다양하다.

우선 네오마르크스주의는 철학체계의 일종이다. 통시적으로 볼 때, 이 철학체계 안에는 해체되고, 합류되고, 다시 분열하는 상호관련된 사상적 체계의 흐름이 있다. 이런 관점에서 마르크스에 의해서 수립된 체계, 즉 마르크스주의—자기 생산능력을 지닌 私有전통을 세운—는 諸派의 收斂的 매듭점으로 간주 될 수 있겠다.

보통 고수되고 있는 마르크스주의의 정의는 다음과 같은 외형적인 정의이다. 즉, 마르크스주의란 '토대에 있어서 칼 마르크스에, 그리고 보다 협의적으로는 프리드리히 엥겔스에 기초한 개념과 이론의 철학적 체계'이다. 이 철학체계와 관련되어 있는 私有전통은 「續마르크스주의(Nachtolgemarximus)」로 규정되어야 하는데 네오마르크스주의도 이 속마르크스주의에 속한다. 즉 네오마르크스주의의 類개념은 속마르크스주의의 개념인 것이다. 2)

따라서 네오마르크스주의는 마르크스주의의 전통으로부터 정신적 영향을 받았을 뿐만 아니라, 정당 이외의 이념적 대표자들도 쉽게 동원할 수 있는 기성정당에서 양육된 사상적 전통이다. 특히 제 2 차 세계대전 이후에는 수많은 이념적 대표자들이 나타났다. 왜냐하면 기성정당에서 이탈하여 분파적 집단들이 셀 수 없을 만큼 결성되었기 때문이다.

또한 트로츠키주의, 毛澤東主義(Maoism), 티토주의(Titoism), 카스트로주의 등 마르크스에 대한 전통적 해석자로 자처하는 독자적 마르크스주의가 소련의 스탈린주의에 대항하여 발생하였다.

네오마르크스주의의 이론과 대변자들은 권력정치에 의해 제도화된 黨規에 강제되어 있지 않기 때문에 그들은 敎理를 위한 단합체로서의 조직체를 별로 존중하지 않고 개인적인 양심을 더 소중하게 여긴다. 이러한 사실은 제 2 차 세계대전 이후에 대다수의 네오마르크스주의자들에게

---

2) Andreas von Weiss, 까치 편집부 역, 『네오마르크스주의』 (서울 : 까치, 1983), p. 11.

있어 조직체로부터의 거리감을 느끼게 하는 「自由마르크스주의자(Free Marxist)」라는 명칭에서도 시사하는 바가 있다고 할 것이다.

저술활동 및 分派的 동류집단을 새로이 형성하고자 하는 충동이 따르는 조직의 기율, 즉 도그마와 實務政治로부터 동떨어진 이러한 隔離상태는 네오마르크스주의 현상을 본질적으로 마르크스주의적 사상전통의 담당자로서 등장한 레닌의 관점에서 관찰하도록 유도했다. [3]

오늘날 네오마르크스주의의 범주를 놓고 학자들간에는 견해의 불일치를 보이고 있으나 광의로 보면 본래의 마르크스 사상을 재해석 비판한 「선진자본주의 국가의 마르크스주의」와 「사회주의 진영의 마르크스주의」를 통틀어서 네오마르크스주의라고 칭하고 협의로는 「西方마르크스주의」 즉 「선진자본주의 진영의 마르크스주의」만을 칭하는 것이다.

그러므로 협의의 네오마르크스주의란 續마르크스주의가 정통마르크스주의를 무비판·무반성적으로 받아들인 것과는 달리 마르크스의 초기작품에 나타난 경제적 범주에 있어서의 人間疎外의 극복, 즉 인간해방과 그에 대한 희망이라는 중심개념을 1930년대와 1960년대의 변화된 인간의 사회생활의 환경조건과 실정에 맞추어 재해석·보완·비판·심화시킨 支配體制에 대한 비판이론이라고 정의할 수 있겠다. [4]

다이메르(W. Theimer)[5]는 新마르크스주의라는 개념을 「舊마르크스주의」라는 개념에 대립시켜 논술하기도 하였다. 이 新·舊마르크스주의는 공히 모든 현상을 사회적, 경제적 차원에서 이해하고 해결하고자 하는 데 일치한다. 그러나 신마르크스주의는 세계에 대한 인간의 인식능력을 전적으로 인정함으로써 현사회를 바꿀 수 있고 새 인간을 새 사회에서 합리적으로 창조할 수 있다는 주장까지 하고 나선다. 그러므로 이 신마르크스주의는 다시 말하면 無反省의 후속마르크스주의의 독단에

---

3) 같은 책, pp. 16～17.
4) 全得柱, 『過激急進主義와 自由民主主義』(서울 : 평민사, 1985), p. 52.
5) Walter Theimer, *Der Marxismus, Lehre-Wirkung-Kritik*(München, 1976), S. 220f.

서 해방하자는 것이고, 단순한 사회철학적 이론체계의 강제성에서 해방
하자는 인간이념의 사회철학인 것이다.

사실상 네오마르크스주의는 원칙적으로 마르크스이론의 정당성을 인
정하고자 하였으나 그럼에도 불구하고 네오마르크스주의로 불리우게 된
것은 마르크스이론이 왜곡되고, 곡해되었기 때문에 거기에서 벗어난 순
수한 마르크스주의를 새 차원의 인간과 사회에서 다시금 구현하자는 데
목적이 있었기 때문이다. [6]

결국 전통마르크스주의에 대한 네오마르크스주의의 명확한 특징은 방
법과 이론에 있어서 인간학적 해석을 특별히 부각시킨다는 점에 있다고
할 것이다.

제 2 절   네오마르크스주의의 전개과정

네오마르크스주의가 발생한 역사적 배경으로는 마르크스의 예언과
는 달리 자본주의가 발전을 거듭하는 와중에서 첫째 『經濟・哲學手稿
(Economic and Philosophical Manuscripts)』등 마르크스의 초기 저작의 발
견, 둘째, 소련의 공산주의운동의 변질, 세째, 서구에 있어서 파시즘의
대두를 들 수 있다.

1. 마르크스의 初期 著作의 발견

1848년의 「공산당 선언」이전에 쓰여진 『經濟哲學手稿』, 『독일 이데

---

6) 白承均, "新마르크스主義," 國民倫理學會編, 『現代急進思想과 韓國』(서
　울 : 형설출판사, 1985), pp. 42~43.

올로기』등 마르크스의 초기 저작이 발견되어 네오마르크스주의의 형
성에 이론적인 근거를 제공해 주었다. 1932년 독일의 사회민주당 도
서관에서 발견된 이들 저작은 마르크스에 대한 새로운 이해의 관점을
제공하여 소련식 마르크스주의의 정통성에 이론적으로 도전하는 동기가
되었다.

네오마르크스주의자들에 있어서 특히 『경제·철학수고』가 갖는 중요
한 의미는 그간에 가려지고 왜곡된 마르크스주의의 참된 면모를 부각시
켰다는 점이다. '인간이 마르크스 철학의 핵심이라는 점의 사실적 발
견'이라고 하는 찬사를 자아냈던 부분은 '공산주의는 사유재산의 지양
을 통하여 자기 자신과 화해된 휴머니즘이다'라는 명제이다.

즉 공산주의＝휴머니즘이라는 등식 하에서 네오마르크스주의자들은
그들이 바라는 마르크스주의의 재해석을 발견하였고, 그러한 의미에서
마르크스주의의 르네상스를 구가하고 있었다고 자위할 수 있었던 것
이다.[7]

이러한 흐름의 대표적인 인물로는 루카치(G. Lukács)와 코르쉬(K.
Korsch)가 있다.

루카치는 1923년 『역사와 계급의식』[8]을 저술하여 전세계마르크스주
의 사회사상에 커다란 영향력을 행사하였다. 그는 이 책에서 마르크스
의 존재론적 근거를 전적으로 신봉하는 자세를 벗어났고, 나아가서는
엥겔스의 「자연변증법」에 의한 자연주의 내지는 과학주의적 요소를 완
전히 배제하였다. 또한 그는 역사의 法則性이라든지 경제의 自動性에의
의손을 탈피하여 인간 스스로가 결단할 수 있다는 자유를 인정하여 역
사 속에서 발현되는 인간의지의 주체성을 강조하고 土臺(Infrastructure)
로서의 객관적이고 사회적인 존재보다는 프롤레타리아의 主體意識이 역
사의 원동력이 된다고 주장했다. 말하자면 자연 대신 인간을 설정하였

---

7) 육군사관학교, 『현대좌경급진사상』(서울 : 박영사, 1985), pp. 15～16.
8) G. Lukács, *History and Class Consciousness*(Cambridge, Mass: MIT
   Press, 1971)와, 1967년版 「Preface」 참조.

다. 그러나 인간의 본성문제를 주관심으로 하지 않고 인간의 소외에
촛점을 맞추었다.

코르쉬는 1923년에 출간된 『마르크스주의와 철학』에서 마르크스적
세계관에 있어서 철학의 역할에 의문을 제기하고 엥겔스에 대해 루카치
보다 더 심한 비판을 가했다. [9]

2. 소련共産主義의 변질

제2차대전 이후 네오마르크스주의의 발전은 각국의 사정에 따라 그
시기가 일정하지 않았지만 소련에 있어서 1956년의 후르시쵸프에 의한
스탈린의 비판이 결정적인 모티브를 제공하고 있다.

마르크스의 충실한 추종자였던 레닌도 1917년 후진적인 러시아사회
에서 처음으로 공산주의혁명이 성공을 거두게 되자 이를 정당화시키기
위해 i) 마르크스의 同時革命論을 一國社會主義革命論으로, ii) 마르크
스의 프롤레타리아독재론을 공산당일당독재론으로 수정했다. 그후 스탈
린의 공포적 통치기간 동안에 있어서는 마르크스-레닌주의는 오직 스
탈린주의에 의해서만 유일하게 해석되었고 그밖의 해석은 금기 또는 이
단시되었다. 그것은 언어학에서부터 철학과 경제학, 그리고 생물학에
이르기까지 예외가 없었다. [10]

제20차 당대회에서 후르시쵸프(Khruschchev)는 '스탈린은 공산당중앙위
원회(Bolshevik)의 이름으로 사회주의적 합법성을 침해하고 고문과 압제
를 자행했다.' [11]고 스탈린을 비난하면서 소비에트 사회주의적 민주주의

---

9) K. Korsch, *Marxism and Philosophy*(New York: Monthly Review
   Press, 1970).
10) 申一澈, "唯物辨證法, 唯物史觀과 批判," 『原典共產主義大系』(서울 : 極
   東問題研究所, 1985), p. 3.
11) C. Crankshaw(ed.), *Khruschchev Remembers*(New York, 1971), p.
   530.

에 관한 레닌의 원칙을 복구해야 한다고 주장했다.

스탈린체제는 발전단계가 저급한 러시아가 세계로부터 고립된 상태에서 사회주의를 건설하려고 택한 사회주의적 관료제였으며, 이는 레닌집권시부터 문제가 싹트고 있었던 것으로 서방세계의 능률을 러시아에서 달성하려 할 때 소수의 정예 당관료에게 의존하지 않을 수 없는 상황 속에서 스탈린과 그 권력장치가 러시아 인민 뿐만 아니라 전세계의 노동자를 대표한다고 자처했던 허구가 그대로 노정된 것이라고 할 수 있다.

스탈린이 집권한 후, 무자비한 「인민의 적」에 대한 제거작업이 시작되기 직전인 1929년 코민테른 제10차 집행위원회에서는 계급투쟁강화노선으로의 선회가 있었으며, 이것이 제 2 인터내셔날에서 탈피한 西歐마르크스주의자에 대한 階級鬪爭 강화로 나타나 사회민주당에 대한 공격이 감행되었다. 그 결과 유럽 각지에서는 공산당이 그 힘의 약화를 감수하지 않을 수 없었으며, 스탈린이 그렇게도 두려워했던 파시즘의 정권장악, 즉 독일의 히틀러, 스페인의 프랑코의 집권을 간접적으로 돕는 결과를 가져 왔다. [12]

3. 파시즘의 대두

18세기말부터 누적되어온 사회적 불안과 제 1 차세계대전 이후에 세계자본주의 국가들이 당면한 만성적 공황 및 사회적 불안에서 유래하는 여러 가지 혁명적 기운에 대하여 극도에 달한 세계의 반감으로부터 反개인주의적인 파시즘이 대두하게 되었다. 이러한 파시즘이 소련의 스탈린체제와 유사성을 갖는 것은 양자 모두가 권력의 人格化를 통하여 정치가 사회에 대해 어느 정도 독자성을 가지기 때문이다.

12) 육군사관학교, 앞의 책, pp. 12~13.

특히 독일에 있어 나치즘의 대두는 유대인 학자 집단이었던 프랑크푸르트학파를 知的으로 탄압하는 계기가 되었는데, 호르크하이머(Horkheimer) 등이 나치의 탄압을 벗어나기 위해 1930년에 미국 망명을 통해 1945년 미국에서 돌아오기까지, 새로운 전체주의에 직면하여 개인의 자율성을 구축하기 위한 지적 고뇌의 소산으로서 비판이론이 나왔다.

또한 이탈리아에서는 그람시(Gramsci)[13]가 1921년 이탈리아공산당 (PCI)에 참여하여 지도세력의 일원으로서 정책을 입안하고 코민테른과의 협상에 참여하였다. 1929년～1936년 사이에 쓰여진 『獄中手稿(The Prison Notebooks)』는 지식인의 역할문제, 헤게모니(hegemony) 개념에 대한 강조, 동서진영의 혁명전략의 상이성에 관한 문제를 제기함으로써 네오마르크스주의자들에게 많은 영향을 끼쳤다.

제 3 절 네오마르크스주의의 주요 내용

철학·정치학·경제학·사회학·예술 및 문화에 이르기까지 다양한 네오마르크스주의자들의 思考에서 공통점을 찾아낸다거나 또한 여러 학자들이 주장하는 내용을 개별적으로 정리하는 것은 지극히 힘든 일이다.

그러나 보편적으로 네오마르크스주의자들은 마르크스를 휴머니스트로 부각시켜 그의 소외론을 현대산업사회 비판의 기본적인 분석의 틀로 사용하면서 인간소외의 해소, 즉 인간해방을 위한 혁명의 주도 세력은 지식

---

13) 그람시는 '파시즘의 특징적 측면은 파시즘이 쁘띠부르조아로 이루어진 대중조직을 건설하는데 성공했다는 것이다. 이러한 현상은 역사상 처음있는 일이다'라고 주장했다 ; J. Joll, Gramsci(London, 1977), p. 57.

인과 학생이어야 한다는 논리를 편다.[14]

1. 휴머니즘

제 2 차세계대전 이후에 나타난 새로운 마르크스의 경향인 프랑크푸르트학파(Frankfurt School)는 초기의 마르크스 저작물에 초점을 맞춰 인도주의(humanism)와 소외(alienation) 등 현대산업사회의 문제를 부각시키고 있으며, 휴머니즘의 발견은 앞에서 말한 『經濟·哲學手稿』의 발견과 맥을 같이하고 있다.

네오마르크스주의는 전술한 바와 같이, 마르크스주의적 인간학의 근본주제에 대하여 「공산주의=휴머니즘」이라는 명제로부터 시작한다. 이러한 명제하에서 인간의 실존적 근본주제로 두개의 개념적 부분 즉 「인간의 자기 소외」와 「인간적 본질의 회복」의 문제를 제기한다. 그리하여 넓은 의미의 後繼마르크스주의에서는 이 과제를 이론적으로 논하려는 시도가 줄곧 이어져 온 것이다. 다시 말하여 「인간조건」과 「인간본질」의 문제는 소외이론의 이론적 대상이며, 그렇기 때문에 소외문제의 이론적 정식화는 네오마르크스주의적 체계와 시도 속에서 통합적 계기로 더 큰 중요성을 얻고 있다.

그러나 네오마르크스주의에 있어 결정적인 문제는 인간의 본질에 관한 어떤 實在를 인정할 수 있는가 하는 물음이며, 특히 인간본질에 관한 특정유형의 정의에서 주론되는 인간적 행동방식에 관심이 집중된다.[15]

따라서 루카치의 소련·동구의 官學的 유물사관에 대한 비판정신의 기저에는 인간의 주체의식의 회복이라는 철학적 명제가 깔려 있다.

---

14) 宋大晟, 『左傾이데올로기』(서울 : 明成出版社, 1987), p. 12.
15) 權寧達, "네오마르크스주의," 성신여대현대사상연구소편, 『현대사조와 이데올로기』, 제 1 집, 1985, p. 57.

2. 현대산업사회와 疎外

1) 資本主義 批判

네오마르크스주의자들의 소외에 대한 논의는 소련사회와 자본주의사회 모두에 대한 동시적 극복으로 연결 되는데, 특히 자본주의 사회에 있어서의 논의는 후기산업사회에 대한 비판으로 집약된다.

코민테른을 중심으로 한 소비에트 공산전략에 대하여 비판을 가해온 전통은 20년대말 유럽사회의 자유경제체제의 자멸과 자유민주주의의 문제점 노정, 사회민주주의의 허약성, 그리고 특히 30년대 파시즘의 대두로 말미암아 後期자본주의사회를 동일한 전체주의적 체제로 보며 이를 비판하는 네오마르크스주의의 흐름과 접합되었다. 이러한 경향을 대표하는 네오마르크스주의의 지류는 비판이론으로 대표되는 프랑크푸르트학파이다. [16)]

이들은 정치경제에 대한 그들의 비판적 이론작업을 혁명적 투쟁의 한 요소로서, 즉 그 투쟁의 자기의식으로서 이해하였다.

이러한 프랑크푸르트학파의 후기자본주의에 대한 비판은 호르크하이머(M. Horkheimer)의 저서 『傳統理論과 批判理論(Traditional and Critical Theory)』에서 잘 나타나고 있다. 자본주의사회에 대한 호르크하의머의 비판은 그 본질적인 특징에 있어서 「도구적 이성의 비판」으로 나타났다. 즉 전통이론은 합리성의 강조를 통하여 이성의 도구화를 초래함으로써 점차 전체주의화되어가는 지배관계에 대하여 무력해지는데, 예컨대 시민사회의 交換原則(Tauschprinzip)은 이 도구화된 이성의 완성된 표현이라는 것이다. 이같은 현상은 이른바 市場支配的 理性에서 잘 나타난다.

시장지배적 이성은 본래 기업이나 산업을 확대시켜 시장의 旋回的 지

---

16) 육군사관학교, 앞의 책, p. 22.

配를 주안점으로 하는 이성이므로 기업어나 산업의 요구·명령에 충실한 이성이다. 따라서 기업이나 산업의 내부적인 합리화나 기계화에 理性思考가 도움이 되면 그 만큼 이 합리화와 기계화가 理性思考 그 자체에까지 확대될 것은 확실하다. 이렇게 하여 思考作用 전체의 기계화와 분업화가 가속되며, 결국 노동의 분업이 정신의 분업에까지 영향을 미칠 때 普遍理性은 일종의 물질성, 맹목성, 말하자면 呪物的 성격(fetis-^cher charakter)을 떠지 않을 수 없게 된다.[17] 말하자면 프로테스탄티즘의 합리성의 에토스(Ethos)는 이윤을 위한 物象性에로 전화되고 말았다는 것이다. 이 도구적 이성비판은 자본주의 사회의 이데올로기적 허구성을 비판하며 대중으로 하여금 그들이 처해 있는 상황에 대해 의식을 계발·계몽하려는데 의의를 찾는다고도 볼 수 있다.

또한 마르쿠제(H. Marcuse)는 그의 저서 『일차원적인간(One Dimensional Man)』에서 선진공업국가에 있어서의 인간소외(일차원화)를 폭로하고 제 3 세계에 있어서의 해방투쟁의 정당성과 자본주의 국가에 있어서의 전체적인 모순에서 오는 반란을 이론적으로 근거지웠다고 볼 수 있다.

그에 의하면 고도로 발달한 산업사회는 대중 특히 노동자계급에 물질적 욕구를 충족시켜줌으로서 反抗心을 잠재우고 있으며 따라서 기존질서와의 일체성을 조성하게 유도함으로써 비판이 마비되고 반대없는 사회가 된다는 것이다.

그러므로 그는 선진산업사회는 사회를 변화시킬 주체가 발견되기 힘들다고 하며 인간해방운동의 종말과 사회의 진보 자체에 대한 중단을 경고하였다. 따라서 후기산업사회의 경제적인 풍요와 테크놀로지(technology)에 규제된 사회에서 인간이 무비판적으로 안일한 생활을 영위하는 것은 인간이 지배의 主體에서 客體로 전락되는 것이라고 비판하는 것이다.

---

17) 沈允宗, "프랑크푸르트學派와 批判理論," 申一澈편, 『프랑크푸르트學派』 (서울 : 청람, 1985), pp. 22～23.

프롬(Erich Fromm)도 자본주의 사회는 「욕심 많은 사회」라고 규정하고 「경제적 정글의 법칙」이 최고의 법으로 지배하는 사회이므로 소외현상은 심화된다고 보았다.

자본주의가 발달한 현대사회는 노동계급의 정치적·경제적 지위가 향상되고 착취 대신 富의 분배가 확산됨으로써 물질적인 번영은 물론 정치적인 자유가 신장되었다고는 하지만 19세기보다 더 병든 사회라고 규정된다. 프롬은 '우리는 이제 노예가 될 위험에 처해 있지는 않지만 로보트가 될 위험에 처해 있다'고 하면서. 인간의 품위가 상품으로 탈바꿈하고 인간은 시장에서 어떻게 하면 더 비싼 값으로 팔릴 것인가에 신경을 곤두세우고 있다고 주장한다.

오늘의 인간의 성격은 市場志向型性格으로 人格市場에서의 평가가 인간의 능력과 업적에 의해서 이루어 지지 않기 때문에 인기에 영합하기 위하여 「퍼스낼리티 포장」을 한다는 것이다. 즉 내면보다는 포장이 더욱 중요하다고 생각하는데 그것이 일종의 자산인 것으로 느끼기 때문이다. 따라서 오늘의 인간은 초조와 불안속에서 인생의 목표도 환경에 따라 변하며 타인의 신호에 따라서 산다는 것이다. 따라서 인간소외와 자기 상실의 비극이 극에 달했다고 프롬은 주장한다.

2) 官僚主義의 비판

특히 루카치를 중심으로 한 부다페스트학파는 비판적 마르크스주의를 단지 공산주의관이나 인간소외론에서 찾는 것은 아니다. 현대 관료제도 속에서 인간소외의 근원을 찾고 이 관료제도의 극복이야말로 공산주의 확립의 방법임을 주장했다. 현대 자본주의 사회의 관료제는 분업발전의 특정한 시점에서 나타났는데, 소유자가 관리기능에서 분리하여 관리기능만을 수행하는 관료는 계층적 직업적 세력으로 등장하여 권력을 나누어 가짐으로써 인간소외가 심화되었다는 것이다.

한편 프랑크푸르트학파 역시 모든 권위주의, 전체주의, 관료주의 등을 거부한다. 이들은 인간의 자유를 억압하고 인간을 로보트화, 소외화하는 일체의 제도를 거부했다. 또한 사회적, 이데올로기적 획일화를 강요하는 일체의 사상체계와 제도 등을 비판 거부했다. 이들은 특히 소비에트의 스탈린체제가 인간소외론적 입장에서 본다면 자연의 지배에서 인간의 지배로까지 악화된 당관료제임을 신랄하게 비판하고 이를 「관료주의적 사회주의」라 칭했다.

3. 知識人과 革命

네오마르크스주의자들은 자본주의의 변화된 상황을 강조하면서 현대산업사회에서 프롤레타리아계급은 자본주의사회에 이미 동화되었기 때문에 더 이상 혁명의 주체가 아님을 주장하면서 지식인과 학생이 이들의 역할을 대신해야 한다고 한다.

이러한 지식인의 역할을 특별히 강조했던 것은 그람시였으며, 마르쿠제는 현존하는 어떠한 정치, 경제, 사회제도가 이상사회 실현에의 가능성에 용감히 응답하지 않는다면 현존하는 체제를 변혁시키지 않을 수 없다고 주장하고 있다.

대부분의 네오마르크스주의자들은 20세기 초까지 주로 「수정주의자」[18]에 의해 주장되던 평화적, 즉 비폭력적 혁명관을 계승하는 것을 꺼려한다. 폭력 사용에 대한 동조를 나타낸 밀러(H. Mahler)에 의하면 '우리는 폭력을 배격하지 않는다. … 나는 전체적 공포를 분쇄하고 인간적인

---

18) 수정주의라고 하는 것은 네오마르크스주의 이전의 마르크스주의의 변형의 한 형태로서, 독일의 베른슈타인(Edward Bernstein 1850~1932)이 대표적인데 베른슈타인의 수정주의적 태도는 마르크스의 빈곤화 이론 및 계급이론, 그리고 프로레타리아 독재론을 부정함과 동시에 역사적 유물론과 상부・하부 구조론을 비판수정하는 것이었다. 이는 사회변화에 있어 혁명 대신 개혁을, 급진주의 대신 접진주의를 선택하는 것이었다.

사회를 창설하기 위해 폭력이 사용되어야 하는 곳에서 폭력을 적용하는데 찬성한다'고 말하고 있다. 물론 이러한 말이 노골적으로 자주 언급되는 것은 아니지만 條件附 暴力, 對應暴力은 네오마르크스주의적 혁명전술에서 전면에 부각되는 개념이다. 변혁을 가해야 할 상황아래 있는 자는 누구든지 '도끼를 들고 정당방위의 행동을 취하는 법이다'는 논지와 같이 폭력혁명에 관한 모든 이론은 「正當防衛」로서의 혁명이라는 입장이다. [19]

그러나 전후의 비판이론가로 등장한 하버마스(Jürgen Habermas)는 이러한 비판이론이 1930, 40년대에는 역사적, 사회적 역할을 충실히 수행해 왔지만 1960년대에서는 그러한 역할을 수행할 수 없다고 비판하였다.

즉 批判理論을 집대성한 그는 지식인과 학생들이 과격주의자가 되는 것을 거부하고 혁명보다는 지식인의 대화와 민주적 합의를 통한 자유의 극대화를 주장했다. 물론 그도 新左派(New Left) 학생운동이 대학의 개혁을 지원했을 때 지원하는 입장을 취했으나 학생들이 대학문제를 넘어서 사회혁명적 자세를 지니고 전투태세를 취하게 되자 사이비 혁명을 주도하려는 대학생들을 신랄하게 비판했다. [20]

또한 그는 노동자 계급으로부터의 혁명을 기대하지도 않았는데 고도로 발달된 산업사회에서 노동자계급은 생활수준이 향상되어 경제적인 소외개념은 더이상 현실성이 없다고 했다. 그는, '이런 조건하에서는 어떤 혁명이론도 수취인이 없는 편지와 같다'[21]면서 현실개혁의 실천을 특권화되지 않는 일부지식인과 학생세력의 출현에서 기대하였으나 그들에 의한 과격한 혁명은 부정적인 시각이었다고 볼 수 있다.

---

19) 까치 편집부 역, 앞의 책, pp. 145~147.
20) 全得柱, 앞의 책, p. 65.
21) Habermas, *Theory and Practice*, trans. by John Vicited, (An H. E. B. Paperbeck), p. 195.

제 4 절   네오마르크스주의의 類型

1. 東歐의 네오마르크스주의

동구의 네오마르크스주의는 각국 학자의 주장에 따라 다소의 차이는 있지만 보편적으로 국가기관의 전체주의적 지배를 비판하고 사회주의제도 내에서 민주주의를 발전시키는 것이었다.

1) 폴란드

폴란드의 네오마르크스주의는 콜라코프스키(L. Kolakwski)와 샤프(A. Schaff)로 대변된다.

폴란드의 문예부흥은 콜라코프스키에 의해 주도되었는데 그는 마르크스주의는 폐쇄적 체제(Closed System)가 아니며, 이데올로기에 대한 전통적 마르크스주의의 개념을 반대하여 사유의 물질적 반영론(theory of reflection)대신에 실천(praxis)이라는 개념을 강조한 인식론을 주장했다.[22]

콜라코프스키의 망명으로 국내에서 큰 영향력을 갖게된 사람은 당중앙위원회위원이며 언어학 전문가였던 샤프였다. 샤프의 철학적 관심은 마르크스주의적 인식이론의 문제와 폴란드의 전통논리학 그리고 언어철학에 있었다. 특히 그의 저서 『언어와 인식』[23]에서 인식과 이해의 과정

---

22) Leszck Kolakowski, *Toward a Marxist Humanism*(New York: Grove Press, 1968).
23) Adam Schaff, *Sprache und Erkemtnis*, (Wien, 1964.)

속에서 사유와 언어란 분리될 수 없는 하나의 전체임을 주장하고 콜라 코프스키의 청년마르크스주의(Young Marxism)에 강력히 반대하는 한편 수정된 형태의 반영론을 옹호했다.

사르트르(J.D. Sartre)의 실존주의의 영향으로 그는 疎外라는 개념에 매력을 느끼고 '사회주의국가에서 소외가 계속되는 현상은 이해될 수 있는 일이다. 그러나 불행히도 과학적이라고 자처하는 책에서까지도 소외의 존재를 부정하는 것은 설득력이 없을 뿐만 아니라 잘못된 것이기도 하다'고 지적하면서 '생산수단의 사적 소유를 폐기했다고 해서 인간의 의식이나 태도, 그리고 사회제도가 하루 아침에 바뀌리라고 생각하는 것은 잘못이다'고 함으로써 가족 및 국가폐기와 상품생산의 사회주의적 진전에 대해서는 매우 회의적임을 보였다.

사회주의사회에서 나타난 人間像을 문제로 삼은 그의 주요한 논점을 살펴보면 다음과 같다. i) 反個人主義는 사회적 발전의 요소가 아니고 오히려 사회주의 사회발전을 저해하는 요인이다. ii) 어떠한 형태의 사회주의도 소외현상을 종식시키지 못했고 사유재산을 철폐한다고 해서 소외문제가 자동적으로 해소되지 않을 것이다. iii) 사회주의가 시민사회적 가정을 맹목적으로 반대할 것이 아니라 불가피한 사회적 현상으로 보고, 제도로서 수용해야 한다. iv) 사회주의사회에서 더욱 적극적으로 현대사회의 본질적인 소외현상을 극복하기 위해 인간이 투쟁할 수 있도록 보다 좋은 조건을 마련해 주어야 한다. v) 사회주의사회는 만인을 위한 행복한 삶의 통일적 모델을 마련하기 보다는 인간의 개성을 행복한 삶이라는 영역에서 다루어야 한다는 것 등이 그것이다. [24]

2) 체코

1968년 「프라하의 봄」으로 절정에 이른 체코의 민주화 노력은 그들

---

24) 白承均, 앞의 책, pp. 58~59.

의 오랜 민주적, 문화적 전통을 되찾자는 것이었으며, 독자적인 마르크
스주의의 회복에 그 초점을 맞추었다.

체코의 마르크스주의 회복에의 노력은 크게 경제학과 철학으로 나눌
수 있다.

경제학 분야에 있어서는 경제학자이며 부수상인 오토 시크(Otto Sik)
가 대표적 인물이었다. 그는 '경영의 행정체계는 기업의 독자성을 제약
하고, 기업의 창의력이 적절히 발전할 수 있는 여지를 막는다.'[25]며 체
코의 경제 실적이 저조한 이유를 계획체제의 과도한 중앙집중화에서 찾
았다. 따라서 시크는 사회주의 아래서도 시장관계는 중요한 것이며, 노
동자단체에 상당한 정도의 자율성을 허용하는 것 역시 중요하다고 주장
하였다. 그러나 그의 이러한 주장은 계획의 필요성을 주장한 것이 아니
라 하부로부터의 還流(feed back)의 필요성을 강조한 것이었다.

철학자 코식(K. Kosik)은 루카치, 마루쿠제 그리고 사르트르의 저작
에 기초하여 마르크스 철학의 기반이었다고 생각했던 것을 재조명하고
있다.

그에 의하면 인간은 서로 다른 두 개의 영역에서 사는 것도, 또한 역
사와 자연 속에 각기 뿌리를 내리고 사는 것도 아니며, 역사와 자연 속
에서 동시에 사는 것이다.[26] 따라서 인간의 핵심적인 활동은 인간적인
실천(Praxis)이고, 그것은 또한 객관이 주관으로, 주관이 객관으로 변형
되는 하나의 場이다. 인간의 실천은 또한 인간의 의도가 실현되고 거기
서 自然法이 발견되는 '적극적인 중심(active center)이다. 인간의 실천
은 인과성과 목적성을 결합시키는 것이다'[27]라고 했다.

---

25) O. Sik, *Clan and Market under Socialism*(White Plains and Pragne,
    1967), p. 98.
26) Kosik, *Dialectics of the Concrete*(Dordrecht, Netherlands: Reidel, 19
    76), p. 51.
27) 같은 책, p. 71.

3) 유고슬라비아

모스크바 정통주의로부터 가장 널리 이탈되어 나온 것이 유고슬라비아의 네오마르크스주의로 창조적 네오마르크스주의라고 불리운다.

유고슬라비아는 1948년 모스크바와 정치적 관계를 단절하고, 소련을 자국의 모델로 삼는 것을 거절하면서 소련에 대해 강력한 비판을 전개했다. 그들 가운데 몇몇은 볼세비즘 자체는 진보적이지만, 소련은 견고하게 뿌리를 내린 관료적 통치계급이 소련사회를 통치함으로써 공산주의로 나아가는 것을 중단시켰다고 주장했다.

소련에 대한 비판은 벨그라드대학을 중심으로 부활된 마르크스주의적 인간주의 철학과 1967년에 창간된 『프락시스(Praxis)』에 의해 뒷받침되었다. 이를 중심으로 활약한 인물은 페트로비치(Gaio Petrovic), 크라치(V. Krac), 그리치(D. Gric) 등이 있으며, 이들은 인간의 발견등 사회주의사회에서 소외와 자유의 문제에 관해 관심을 모아 청년마르크스사상으로 복귀하려 했으나 1975년의 탄압으로 많은 핵심 인물들이 추방되었다.

유고슬라비아 모델에서 가장 두드러진 측면은 상당한 정도로 분권화된 경제와 시장지향적인 사회주의라는 맥락에서 노동자들의 자율경영을 강조했다는 사실이다. [28]

이 외에도 동독, 헝가리 등 여러 가지 東歐의 네오마르크스주의가 존재하는데 이들을 종합해서 정리한 사람은 가로디(Roger Garaudy) [29] 이다.

---

28) D. McMillan, 安澤源 譯, 『마르크스주의 論爭史』(서울 : 인간사랑, 1986), pp. 209~211.

29) 프랑스공산당의 정치국원이었던 가로디는 1960년대초까지는 마르크스주의를 실증주의적, 과학적 유물론으로 보았던 스탈린주의에 동조했지만 1962년 프랑스공산당이 스탈린주의를 공개적으로 비난하고 난 이후 부터는 스탈린을 비판하기 시작했다. 이 새로운 입장을 제시한 것이 『20C의 마르크스주의(Marxism in the Twentith Century)』이다.

그의 사회주의 사상은 多黨主義, 다양한 사회주의 모델의 존재 등이다.
그는 社會主義像으로서 i) 당과 국가기관의 특권이 유지되어서는 안되
며, ii) 사회주의는 프롤레타리아에 의해서만 이룩될 수는 없는 것이며,
iii) 급진적 혁명 또는 流血革命의 성과로 이룩되어서도 안되며, iv) 사
회조직은-黨獨裁의 성격을 띠어서는 안되고, v) 사회단체와 조직의 자
치 및 정당의 다양성이 보장되어야 한다고 주장했다. [30]

2. 西歐의 네오마르크스주의

1) 프랑크푸르트학파

1923년 프랑크푸르트대학의 부설기관으로 성립된 사회연구소(The In-
stitute for a Social Research)를 중심으로 설립된 이 학파는 호르크하이
머(M. Horkheimer), 아도르노(Th. W. Adorno), 마르쿠제(H. Marcuse) 등
이 중심인물이며, 후에 아도르노의 제자였던 하버마스(J. Habermas)가
가담함으로써 성립되었다. 西歐네오마르크스주의에 있어서 커다란 비중
을 차지하는 이들의 사상은 앞서 필요한 부분에서 언급한 바 있으므로
여기서는 생략하고 전체적인 성격만을 개괄하기로 한다.

이들 학파의 견해의 일단을 「批判理論(Critical Theory)」이라고 하는데,
이 비판이론은 현상학의 과도한 관념주의에 반대하면서 실증주의(Posi-
tivism)를 목표로 하고 있으며, 공산주의의 전체주의적 성격과 자본주의
사회를 신랄하게 비판하면서 청년마르크스주의의 인간소외의 극복을 주
장하였다.

또한 인간역사는 억압적인 사회관계로부터 해방되기 위한 끈질긴 인

---

30) 강성위, 『이데올로기와 새마르크스주의』(서울 : 大學출판사, 1985), pp.
223~236.

간투쟁의 연속이라는 마르크스의 역사관을 수용하면서 오늘날 공산주의 사회나 자본주의사회나 다같이 거대한 국가권력을 가지고 인간의 자유의 지를 억압하고 있고, 따라서 인간소외는 더욱 더 격증되고 있는데 이러한 疎外들은 인간의 내적, 의적 억압의 여러 가지 유형들을 낳았다고 지적했다. 특히 高度산업사회에서는 불합리한 사회제도와 과학적, 기술적 합리성에 의해 인간의 理性 자체가 道具的 理性으로 전락되어 전체주의화가 불가피해 진다고 주장했다.[31]

이 학파의 특색은 첫째로 사회연구의 방법에 있어서 沒價値性이나 實證主義를 비판하여 이론과 실천의 변증법적 통합을 통해서 가치를 다시 도입하며, 둘째로 사회비판과 이성비판을 통합하여 「사회의 비판적 이론」을 내걸고 다시 이데올로기와 유토피아의 복권을 꾀하며, 세째로 그들 특유의 유다야적 유토피아의식과 헤겔적 변증법의 否定性을 계승하여 변증법을 다시 살리며, 네째로 프로이드의 정신 분석을 사회연구에 도입했으며, 다섯째로 근대적 기술운영과 대중사회에 대한 철저한 비판적 무기를 마련했다는 데 있다.[32]

2) 실존주의적 네오마르크스주의

戰後 프랑스에서 마르크스주의에 대한 실존주의적 해석이 나타나게 된 것은 헤겔철학에 대한 관심이 높아지고, 초기 마르크스의 저작들이 출판됨에 따른 것이었다.

꼬제브(Alexandre Kojeve)와 이뽈리또(Jean Hyppolite)에 의한 헤겔철학은 급진적인 해석으로 戰後 몇년 동안 마르크스의 초기 저작들이 프랑스 마르크스주의 전통에 쉽게 흡수되어 갔지만 이러한 현상은 1950년대 중반 까지도 정치적·철학적으로 소련의 스탈린주의에 빠져 있었던

---

31) 韓鎔源, 『共産主義와 急進主議』(서울 : 博英社, 1987), p. 235.
32) 申一澈편, 앞의 책, p. 3.

프랑스 공산당과는 대립적인 것이었다. 또한 『經濟·哲學手稿』가 번역 출판됨에 따라 대중화되어가는 現象學, 個人主義, 실존주의 등의 철학과 교류할 수 있는 마르크스주의가 가능하리라는 발상이 나타났다.

실존주의는 인간을 事物(things)로 취급하는 현대기술의 발달 경향에 반대했는데 이러한 실존주의를 마르크스주의와 결합시켜려는 시도는 사르트르(Jean-Paul Sartre)에게서 전형적으로 나타나고 있다.

실존주의적 네오마르크스주의는 사르트르의 一回的 실존사상과 결단하는 자유에 근거하는 社會哲學思想이다. 사람은 일정한 장소, 일정한 시기, 그리고 일정한 환경 속에서 他者와 더불어 세계 안에서 實存하고 있는 것인데 사람이 자유로이 자기의 存在를 선택한다 함은 그러한 「상황」 안에서 결단함을 의미하는 것이며, 그 결단의 자유는 개인적인 나 한 사람의 결단하는 자유가 아니고 전인류를 선택하고 결단하는 자유를 행사한다는 것이다.[33]

사르트르는 제 2 차세계대전 직후 마르크스주의에 접근하여 스탈린의 「변증법적 유물론과 사적 유물론」을 형이상학적이며, 실증주의적인 유물론이라 공격하고 '상황에 대한 觀點(perspective)을 얻기 위해 상황을 초월할 수 있는 가능성이… 정확하게 우리가 자유라고 부르는 것이다. 어떤 종류의 유물론도 이것을 설명할 수는 없다'[34]고 강조하면서 청년 마르크스를 칭찬했다. 또한 1960 년에 출간된 마르크스주의에 관한 자신의 力作 『辨證法的 理性批判(Critique de raison dialectique)』에서 인간 실존의 근거를 사회적 포괄성에서 찾았고, 변증법적 역할을 전위시키는 데 두었다. 인간과 사회 간의 긴장, 억압당한 자의 자유 문제와 관련하여 그는 전체적 역사변증법이 개개인의 실천에 근거하고 있고, 변증법과 실천이 떨어질 수 없는 하나로서 억압에 대한 피억압계층의 반발이

---

33) 韓鎔源, 앞의 책, pp. 231~232.
34) J. P. Sartre, "Materialism and Revolution," *Literary and Philosophical Essays*(New York, 1967), p. 235ff.

라고 주장했다. [35]

3) 構造的 마르크스주의

쏘쉬르(Saussure)와 제이콥슨(Jecobson)의 언어연구를 출발점으로 하는 構造主義(Structuralism)는 프랑스의 知的 遺産이다.

구조주의적 관점은 1960년대 후반에 그 절정에 달했으며 주로 마르크스주의적 지식인들에게 널리 공감을 불러 일으켰는데, 그들은 이것이 마르크스 해석에 있어서 새로운 지평을 열어 주는 것이라고 확신하였다. 또한 학생운동을 경험한 서구의 학생운동 세대들은 부르조아 이데올로기 비판의 근거를 마련하고 그들 자신의 정치적 행동의 기반을 닦기 위해 이론의 필요성을 느끼게 되었고, 마침 이 구조주의에서 그 가능성을 찾고자 하였던 것이다. [36]

마르크스주의에 대한 구조주의적 해석으로 불리는 구조적 마르크스주의(Structural Marxism)는 노동계급과 부르조아가 스스로의 사명감에 대한 자신을 상실하고 만 선진산업사회의 조직적이며 수동적인 속성을 마르크스주의적 사상과 조화시키려는 시도이다.

구조주의적 마르크스주의의 대표적 인물로는 1960년경 출현한 프랑스 철학자 알튀세(Louis Althusser)이다. 알튀세는 역사의 주체로서 인간을 강조한 루카치(Lucács), 싸르트르(Sartre), 그람시(Gramsci), 골드만(Goldman) 등의 인간주의적·역사주의적 관념론, 마르크스주의의 관점뿐만 아니라 전통적인 변증법적 유물론에 내재해 있다고 본 단순한 經濟主義(economism)에도 반대했다. 왜냐하면 마르크스주의에 대한 분석단위는 인간생활의 주체적 경험이 아니라 관계와 구조이기 때문이라는

---

35) 韓鎔源, 앞의 책, pp. 232~233.
36) M. 글룩스만, 정수복역, 『構造主義와 현대마르크시즘』(서울 : 한울, 1983), p. 7.

것이다.

알튀세의 기본적 문제의식은 '마르크스주의 철학이란 무엇인가? 그
것은 존재할 만한 이론적 타당성을 갖고 있는가? 만약 그것이 원칙적으
로 존재하고 있다면 그것의 특성은 어떻게 규정될 수 있는가?'[37] 하는
것이었다.

이러한 질문에 답하기 위해 그는 프랑스의 과학철학자 바슐라르(Gaston
Bachelard)에게서 빌어온 「인식론적 단절(epistemological break)」이라는 개
념을 사용하여 청년마르크스와 완숙기의 마르크스 사이를 규명하고 있
다.

그는 또한 현실적 대상으로부터 사유의 대상을 엄격히 분리할 뿐만
아니라 전체의 요소들은 단지 內的 本質(inner essence)의 現象的 表象
(phenominal expression)일 뿐이라는 헤겔의 總體性(totality)개념을 부인
했다. 통일성(unity)은 어떤 특정형태의 複合物(complexity)로 구성되며,
경제·정치·이데올로기의 세 가지로 요약할 수가 있다.[38] 이들 요소의
각각은 제구조의 구조(a structure of structures) 속에 통합된 하나의 구
조이며 因果性(causality) 역시 그 자체로서 구조적인 것이다.

이 構造的 因果性(stractural casuality)이라는 개념으로부터 「主體없는
과정(a process of without subject)」으로서의 역사라는 개념이 나온다. 알
튀세는 이와같은 자신의 역사해석을 인간을 역사의 능동적 주체로 보는
자신의 歷史主義(historicism)와 마르크스 초기 저작의 인간주의와 비교
하고 그는 이론적 反인간주의(theoretical anti-humanism)를 제창했다.

---

37) L. Althusser, *For Marx*(New York: Pantheon, 1969), p. 31.
38) 같은 책, p. 232.

제 5 절   批判的 結論

네오마르크스주의는 마르크스-레닌주의의 소련에의 敎條的 적용 확대에 反旗를 들어 새로운 시각에서 마르크스주의를 해석하려는 노력을 함에 따라 학문적 연구의 狹小性이 철폐, 논의의 場이 확대되었으며, 현대자본주의사회가 안고 있는 人間疎外로부터의 해방, 휴머니즘의 추구, 관료제의 극복, 자본주의사회에 있어서의 인간가치의 轉倒현상, 사회변동세력으로 지식인과 학생에의 기대 등의 연구에 몰두하였다는 점에서는 그 가치를 인정받고 있다.

그럼에도 불구하고 네오마르크스주의는 다음과 같은 몇가지의 자기모순을 갖고 있다고 하겠다.

첫째, 네오마르크스주의의 현실비판은 명확한 代案(alternatives)을 제시하지 못하는 점에 문제가 있다. 즉 그들의 현실비판은 대부분 학문으로서의 마르크스 해석에 몰두했기 때문에 이론과 실천이라는 兩者의 벽을 극복하지는 못하였으며, 보다 관념론에 치우친 경향을 보인다. 대안이 없는 비판은 비판을 위한 비판으로 현실 파괴적인 성향을 띨 가능성이 많다. 따라서 그들이 제시하고 있는 유토피아도 세계 혁명적 책임에 대한 이론적 차원을 벗어나지 못하고 있다.

둘째, 변화에 있어 暴力革命을 시도하려는 점이다. 개혁지향적인 사회에 있어서 개혁은 빠를수록 좋을지 모르나 개혁은 목표가 아니라 과정인 것이며, 우리 또한 그러한 과정에 익숙해져 살아왔다고 할 것이다. 만약 유토피아를 건설하기 위해 폭력혁명을 수행한다면 이로 인해 인류는 파멸하게 될 것이다. 인간의 생명의 손실을 감수하게 된다면, 목적과 主體가 전도되는 모순을 낳게 되며 인류의 손실과 함께 혁명의 이념도 소멸되는 것이다.

세째, 네오마르크스주의는 공산권사회와 자본주의 사회를 동시에 비판하는 中道指向的인 성격을 표방하고 있으나 실제로는 자본주의 비판에 치중하고 있다. 비록 네오마르크스주의가 양체제를 모두 부정하면서 양 날이 달린 칼을 휘두르고 있지만, 언론의 자유와 사상 표현의 자유가 통하는 開放社會인 자본주의 사회에서만 그 비판의 예봉을 세울 수 있을 뿐 비판의 자유조차 허락되지 않는 폐쇄사회인 공산권에 대해서는 속수무책인 것이다.

뿐만 아니라 네오마르크스주의는 그 주된 논리를 마르크스의 이론체계에서 끌어내고 있기 때문에 자본주의 현대산업사회의 부정적인 측면에만 그 관심이 모아질 뿐, 공산권사회가 안고 있는 문제점에 대해서는 체계적이고 치밀한 비판을 가할 수 없다는 이론적 한계를 가지고 있다.[39]

네째, 한국에 있어서의 적용문제로 지식인과 학생들의 현실참여 논리가 네오마르크스주의, 뉴레프트운동의 성격과 脈을 같이 하고 있는 일이다. 한국에 있어 이들의 현실참여에 대한 요구는 민주화와 富의 公平한 分配 등으로 나타난다. 물론 이러한 지식인과 학생의 현실참여는 집권층의 끊임없는 개선과 개혁의 노력이 이루어지지 않고 있다는 데서 직접적인 원인을 찾을 수 있을 것이다. 그러나 이들의 현실참여 운동도 정권에 대한 신선한 자극이라는 범주를 넘어 폭력을 사용해서는 안되며 남북 대치 상황에서 유래하는 이데올로기적 민감성도 깊이 숙지해야 할 것이다.

---

39) 宋大晟, 앞의 책, p. 18.

제 6 장 유로코뮤니즘

제 1 절 유로코뮤니즘의 개념

유로코뮤니즘은 서구의 지배적 공산당인 이태리·프랑스 및 스페인 공산당에 의하여 대표되는 공산주의의 새로운 조류를 일컫는 개념이다. 이들 공산당은 소련으로 부터 독립적인 자주노선을 표방하며 대표제적 민주주의 제도와 절차 속에서 사회주의로의 길을 걸을 것을 다짐하고, 현존 공산주의 체제와 구별되는 민주주의적·다원주의적·사회주의 모형을 발전시키겠다는 뜻을 밝히고 있다 그들 자신의 표현에 의하면 '유로코뮤니즘은 정치 및 사회적 세력의 多元性의 기초 위에서 모든 종류의 집단적·개인적 자유는 존중·보장·발전 시키면서 새로운 사회를 건설하겠다'[1]는 의지의 표현이라는 것이다.

정통 마르크스를 이어 받았다는 레닌주의도 마르크스사상의 수정 적용이 불가피 했다. 더구나 민주적인 전통을 가진 산업화된 서구의 국가들이 러시아와 동구제국의 상황과 전통은 다를 수밖에 없는 까닭에 그들은 폭력혁명이론과 민주주의와 사회주의간의 새로운 관계를 설정하려고 했다.

西에서 東으로(From West to East)를 외치고 있는 유로코뮤니즘은 탈

---

1) 1977년 3월 마드리드에서 발표된 이태리·프랑스·스페인 공산당 정상회담의 공동선언.

모스크바 노선에서 저마다 독자노선의 표방을 추구하고 있다. [2]

그들은 '국민다수의 의지와 그들 각자의 의회 내에서의 다수인에 기초한 사회주의에로의 민주적인 길'은 존중하여야 한다고 천명함으로써 프롤레타리아가 지도적 위치에 있어야 한다는 마르크스-레닌주의 개념을 수정하고, 사회민주주의자들은 물론 기독교 민주주의자들 혹은 자유주의자들까지 폭넓게 연대를 가져야 하며 나아가서 종교적인 세력까지도 광범위하고 장기적인 협동(broad-minded and long-term cooperation with religious forces)을 해야 한다고 주장하고 있다. [3]

따라서 이들은 소련을 중심한 동구권의 공산주의의 독재체제나 프롤레타리아에 의한 폭력혁명을 반대하고 민주적인 자유와 권리를 옹호하는 복합적 사회주의(pluralistic socialism with all democratic rights and freedom)[4]을 추구한다고 볼 수 있다.

유로코뮤니즘이라는 용어는 이탈리아의 일간지 〈일 지오르날레 누오보(Il Giornale Nuovo)〉의 논설위원인 바비에리(Frane Barbieri)에 의하여 처음 사용되었으며, 당시 이탈리아 공산당 서기장 베르링게르(Enrico Berlinguer)에 의하면 이탈리아 공산당이 서구 민주주의 전통과 함께 의회민주정치 및 시민의 민주적 자유를 존중한다는 것을 유권자들에게 설득하기 위하여 사용한 정치선전을 표현하는 용어였다. [5] 그후 이 용어가 공식적으로 사용된 것은 이탈리아 공산당 서기장 베르링게르(Enrico Berlinguer)와 프랑스 공산당서기장 마르셰(Georges Marchais)가 발표한 공동선언에서 였다.

유로코뮤니즘은 유럽공산주의라는 用語이지만 지리적으로는 전유럽

---

2) Charles Gati, "The Europeanization of Communism?, " *Foreign Affairs*, April 1977, p. 579.
3) Wolfgang Leonhard, *Eurocommunism*(New York: Holt, 1980), p. viii 참조.
4) 같은 책 참조.
5) Michael Leden, "The News about Eurocommunism, " *Commentary*, Oct. 1977, p. 53.

이 아니라 남유럽에 속하고 있는 이탈리아·프랑스·스페인공산당을 지칭하며 그 문화적 배경이 라틴 문화권에 속하고 있어 일명「라틴유럽의 공산주의」라고도 부른다. 그러나 지역적인 한계를 그을 수는 없다. 일본의 공산당은 1961년부터 유로코뮤니즘을 표방해 왔으며 이밖에 오스트레일리아 공산당, 베네주엘라 공산당, 인도 공산당의 일부도 유로코뮤니즘의 노선을 걷고 있다.

제 2 절 유로코뮤니즘의 起源

1. 이론적 기원

유로코뮤니즘의 기원은 가장 먼저 탈모스크바 독자노선을 추구해 온 이탈리아 공산당에서 찾을 수 있다. 이탈리아 공산당 운동에서 대표자로서는 공산주의에 대한 비판적 이론을 제시한 당수 안토니오 그람시 (Antonio Gramsci)와 톨리아티(Palmiro Togliatti)를 들 수 있다. 이들의 사상에서 유로코뮤니즘의 지적인 기원을 찾아본다.

1) 그람시(Antonio Gramsci)

그람시(1891~1937)는 루카치(George Lukacs)와 코쉬((Karl Korsch)와 함께 서구 마르크스주의자이고 이탈리아 공산당의 창당 이후부터 중앙위원이였으며 1922년부터 2년간 모스크바에 있으면서 레닌과 잦은 대화를 나눴다. 그는 1926년 11월 체포되어 20년형을 받을 때까지 1년 가까이 톨리아티와 이탈리아 공산당을 이끌었다.

그의 『옥중수기(Quaderni)』는 1947년에 출간되었는데, 이 수기는 그가 옥중에서 4천페이지에 달하는 글을 쓴 것으로 철학적 논설, 국가에 대한 마키아벨리 이론의 감상, 이탈리아 문학에 대한 분석 및 교회의 역할에 관한 글로 구성되어 있다.

그는 마르크스 사상을 이해하는 데 있어서 인간적인 주체성(human subjective)을 설정하고 認識에 역사적 유물론의 틀안에서의 독립적이고 창조적 역할(independent and creative role within the framework of historical materialism)'을 부여했다. 즉, 마르크스의 유물론에 인간의지의 動的 效力(powerful effect on human will)을 대입시켜 인간의 의지(will)를 중시하였다.

따라서 그람시는 마르크스 사상이 사회의 역사적 발전을 단지 물질생산으로 해석하려는 전통적 경향 즉, 기계적인 경제결정론을 거부하고 수정함으로써 문화적 대상과 정신적 대상의 역할을 강조하였다. [6]

이와 같은 그람시의 실천적인 정치적 결론들은 이탈리아 공산당의 지표에 중대한 영향을 끼쳤는데 그의 수정사상의 논점을 요약하면 다음과· 같다.

첫째, 동서 유럽국가에 있어서는 1917년 10월 혁명기간 중의 러시아에서 우세했던 것과는 다른 전략이 필수적이다. 이것은 유럽의 정치 구조가 레닌시대의 제정러시아의 그것과는 완전히 상이하기 때문이다. 즉, 서유럽의 경우 자본주의 체제의 결과로 정치경제체제가 1917년의 러시아 국가의 그것보다 훨씬 더 복잡해졌다고 그람시는 주장한다. 따라서 1917년 러시아에서 발발했던 정면공격 대신 참호전쟁(tranch war)이 서유럽국가에 더 필요하다는 것이다.

둘째, 마르크스, 엥겔스 및 특히 레닌은 국가를 단지 착취의 도구로써만 간주하였고 모든 권력을 독점하였다고 주장했다. 그러나 국가는 권력일 뿐 아니라 국가는 행정부의 힘의 기구및 관료 이상을 의미한다는 것이다. 특히 서유럽국가에 있어서 국가는 다수의 제도, 이념, 판단 및 적어도 인민 대다수의 수동적인 동의를 확보해야 한다는 선입관에 의존하고 있다.

세째, 사회구조의 변형 이외에도 知的 및 도덕적 변형이 필요하다. 주어진 조건 하에서 지식인들의 역할은 무엇보다 중요하다. 노동계급의 역할과 프롤레타리아 독재를 선언하기 보다는 서유럽 국가의 경우는 「역

---

6) *Gramsci's Political Thought*, pp. 1~2.

사적 진영(historical block)」에 입각한 노동운동의 「헤게모니(패권)」를 쟁취해야 한다는 것이다.

네째, 역사적 연합에 있어서의 노동자들의 헤게모니는 정당에 대한 새로운 태도를 필요로 하며 정당은 지식인들의 집합체 형식으로 운영되어야 하기 때문에 단일 정당제는 거부한다.

다섯째, 노동조합의 자치권을 대단히 중시하며, 이런 점에서 노동자 평의회와 사회주의 사회에서의 자치관리(self-management in socialist society)를 강조한다.

여섯째, 이탈리아 국민 대다수가 종교적이라는 사실을 강조, 사회주의 이탈리아에서도 바티칸과 어떤 종류의 협정을 체결해야 한다고 주장했다. 또한 당이 무신론만을 주장한다면 항상 소수당에 머물 것이라고 지적하고 엄격한 반교권주의를 거부했다.[7]

그람시는 마르크스-레닌주의가 국가를 부르조아 지배를 위한 억압기구[8]로 보는 견해와는 달리 국가는 전체사회에 대한 한 계급의 헤게모니를 뜻한다고 하였다. 계급과 당은 역사와 사회에 대한 어떤 觀을 형성·조직하게 되는데 그 觀(世界觀)은 유일한 것일 수도 복수일 수도 있다. 한 사회에서 하나의 계급이 헤게모니 세력을 형성할 수도 있고 여러 계급이 연합해서 형성할 수도 있다. 하나의 헤게모니를 확립함에 있어서 '역사적 블럭(historic block)[9]의 형성이 중요하며 이를 형성함에 있어서 정통성을만들어내는 전문가'[10]로서 지식인의 사명은 매우 중요하다는 것이다. 지식인은 사회를 대변하고 주도하며, 동질적인 역사적 블럭을

7) Wolfgang Leonhard, *Eurokommunismus, Herausforderung für Ost und West*, München, 1978, pp. 170~171 참조.
전득주 역, 『유로코뮤니즘의 정체』(서울 : 대왕사, 1984), pp. 203~4 참조.
8) Robert C. Tucker, (ed.), *The Lenin, Anthology* (N.Y. 1975), p. 315.
9) Antonio Gramsci, *Selections from the Prison Notebooks*, tr. Quintin Hoare and Geoffrey Nowell Smith, (N.Y. 1971), pp. 137~377.
10) Terome Karabel, "Revolutionary Contradictions: Antonio Gramsci and the Problem of Intellectuals," *Politics and Society*, Vol. 6, No. 2(1976), p. 148.

융합시킨다는 것이다. 따라서 지식인의 노동자계급 내에서의 역할이
대단히 중요하며, 나아가 노동자 계급이 역사적 연합의 과정을 통해서
그들간의 동맹을 견고히 함으로써 부르조아 헤게모니 내에서의 투쟁을
전개해야 된다는 것이다. 그 방법은 부르조아 헤게모니 속에서 이념적·
정치적으로 부르조아 체제에 침투하여 궁극적으로 국가의 헤게모니를
쟁취한다는 것이다. 이와 같은 그람시의 이론은 점차적으로 이탈리아
공산당의 이론적인 뿌리가 되고 마르크스-레닌주의에서 탈피, 독자적
인 이념으로 발전시켜 자주적인 지식인들에게 계승발전되었다. 공산당
제 9 차 대회(1960. 1)에서는 무신론의 공산주의자들이 가톨릭과의 대화를
제기하기 까지에 이른다.

2) 팔미로 톨리아티(Palmiro Togliatti)

톨리아티는 그람시이론의 영향을 받아 이탈리아의 공산당을 레닌식의
직업혁명가의 조직에서 대중정당으로 발전시킨 이탈리아 공산당의 지도
자이다.

그는 1947 년 1 월 10 일 프로렌스에서 행한 연설에서 각국에 맞는 공
산주의 노선을 주장했다.

> "국제적 경험은 사회주의에 도달하기 위해서, 즉 민주주의의 최고단계에 도
> 달하기 위해서, 우리가 노동자 계급 또는 소련의 노동 인민에 의해 취해진 것
> 과는 상이한 새로운 길을 발견해야만 한다고 가르치고 있다. … 민주주의를 발
> 전시킴으로써 좀 더 진보된 민주주의적 개혁 및 사회주의를 위하여 투쟁함으
> 로써 우리 나라의 특수성, 전통 그리고 상황에 알맞는 우리 고유의 노선을 발
> 견하는 것이 우리의 임무이다. "[11]

이와 같은 그의 연설은 당시 스탈린주의적 당노선에 무조건 복종하는
공산주의자들에게 독자노선을 선언하는 도전으로 해석된다. 소련공산당

---

11) Wolfgang Leonhard, 앞의 책, p. 61.

제20차 전당대회(1956. 2)에서 후르시초프는 비밀연설을 통해 스탈린의 독재를 비판하였는데, 탈스탈린화 조치가 공표된 뒤인 동년6월 유고의 티토를 제외하곤 제일 먼저 톨리아티가 多元主義宣言을 했다.

그는 세계공산주의 운동에서 모스크바의 단일노선 및 단일지도체제에 도전함으로써 공산당의 독자적인 노선을 향한 개혁의지를 표명한 것이다. 이로써 소련과 서구공산당과의 분열의 조짐이 시작되었다. 톨리아티는 스탈린 비판에서 '스탈린은 관료주의적인 타락과 보편적인 민주주의적 생활에 대한 통제' 12)를 하였다고 주장하면서 국제노동운동에 있어서 다원중심주의적 체제가 형성되기 시작함으로써 세계공산주의 운동에서도 단일지도력에 대한 비판은 불가피하다고 했다.

톨리아티는 이와 같이 탈모스크바 노선으로 「사회주의에로의 이태리적인 길」을 선언함으로써 유로코뮤니즘의 선구자가 되었다. 특히 그의 1964년 8월 『국제노동운동의 문제점과 그 통일론에 관하여』라는 제목의 備忘錄(The Togliatti's Memorandum)은 톨리아티의 수정주의적인 공산주의 내용을 담은 것으로써 그가 죽기 전일에 남겨놓은 유서적인 논지이다. 그의 주된 논지를 열거하면 다음과 같다. 13)

첫째, 세계 공산주의 운동의 단결은 하나의 중앙집권적인 기구를 설립하여 추진해서는 안되고 각국의 다양한 공산당의 경험에서 얻은 것을 교환하고 공개적인 토론을 통해서 결속해야 된다. 각국의 공산주의운동은 그 형태와 조건들이 상이하기 때문에 세계공산주의운동을 위하여 세계적으로 보편적인 공식(universally valid formulas)을 선언하는 것은 배척해야 된다. 따라서 모든 공산당들은 자주적으로 행동해야 한다.

둘째, 자본주의국가의 공산당들은 선전에만 집착하지 말고 그들 국가의 정치활동에 실질적인 영향을 미쳐야 한다. 그렇게 함으로써 공산주의자들은 정치적 용기를 기르고 독단주의적인 모든 형태를 극복하며 새

---

12) 같은 책, p. 102.
13) Wolfang Leonhard, 앞의 책, pp. 97~98; 전득주역, 앞의 책, p. 122.

로운 창조적인 방법으로 새로운 문제들을 해결해 나갈 수 있어야 한다.
공산주의자들은 공동시장을 연구하고 경제구조를 변혁하며 자본주의계
획의 대안을 제공할 수 있어야 한다. 또한 근로대중들을 경제·정치적
활동에 참여케 하는 수단을 연구해야 된다.

세째, 공산주의자들은 추상적인 방식으로 그들의 이념을 대치시키고
다른 세계관을 가진 사람들과 충돌해서는 안된다. 오히려 그들과 대화
를 해야 한다. 무신론적인 선전은 무용지물이며 카톨릭과의 화해를 적
극적으로 추진해야 한다. 종교에 대한 새로운 이해는 물론 문화에 대한
새로운 견해를 바탕으로 공산주의자들은 자유로운 예술창조의 선구자가
되어야 한다.

네번째, 사회주의 국가중 소련이 비판의 여지가 없는 것처럼 보이는 것
은 그릇된 생각이다. 사회주의 국가의 난관과 모순은 드러내야 한다. 사
회주의 국가에서의 정치적 논쟁은 필연적인 것이다. 스탈린주의식, 즉 민
주적·개인적 자유의 제약과 억압을 일삼는 정권은 극복되어야 한다. 脫스
탈린주의 운동은 점진적이고 투쟁적으로 전개될 것이며 사회주의진영에서
는 강요된 외적 통일을 지양하고 각국의 자율성에 따라 통일되어야 한다.

톨리아티는 사회주의를 하나의 질서로서 이해하고 그 질서는 노동대
중에게 최대한의 자유를 보장하고 이 속에서 조직적인 방법으로 전 사
회활동에 참여해야 한다는 것이다.

이와 같은 내용의 톨리아티의 비망록은 그의 후계자인 이탈리아 공산
당의 원로 루이기 롱고(Luigi Longo)에 의해서 공표되었고, 소련의 〈프라
우다〉지와 동독의 〈신독일〉지에 게재될 정도의 큰 뜻을 지닌 것이었으
며, 유로코뮤니즘의 발전에 공헌하였다.

그의 사상은 레닌주의와 스탈린주의를 재해석한 것이며, 획일적인 외
부로부터의 唯一體制에서의 종속적이 아닌 독자적인 自治로써, 각국의
다양하고 고유한 형식의 공산주의 속에서 세계공산주의자들은 다양성 속
의 단결을 추구해야 한다는 것이다. 그는 사회주의를 노동자에게 최대

한의 자유를 보장해 주는 질서로 이해하고 모든 노동자들이 전체사회활동에 조직적인 방법으로 참여하는 다양성 속의 단결(unity in diversity)된 사회주의를 추구했다. [14]

2. 歷史的 形成過程

유로코뮤니즘의 생성과정을 역사적으로 개관하면서 그 動的 變化에서 빼놓을 수 없는 사례들을 차례로 열거해 봄으로써 탈소련 과정에서 부터 다원중심주의의 독자적인 유로코뮤니즘의 형성과정을 살펴볼 수가 있을 것이다.

첫째, 티토 대통령에 의한 유고의 독자노선을 들 수 있다. 유고는 1937년부터 티토의 영도아래 독자적인 사회주의 혁명노선을 걸었다. 유고에서의 스탈린식 행정관리적 사회주의와 농업의 집단화가 유고의 입지적 조건과 다민족·다언어로 구성된 국가구성의 특수성에 맞지 않는다고 판단한 티토에 의해서 스탈린의 위성국에서 탈피한 유고는 스탈린과의 대립이 격화되어 1948년 6월 28일 코민포름에서 제명된다. 티토는 세계공산주의 운동에 있어서 제공산당간의 독립과 평등 및 사회주의 국가간의 정치적·경제적 평등을 주장하고 단일적 지도체제를 부정하였다. 그는 「생산자평의회」 제도와 「자주관리제도」를 실시하여 노동자 자치에 바탕을 둔 「자치운영 사회주의(self-management socialism)」를 실시했다. [15]

---

14) Palmiro Togliatti's Memorandum, p. 373 참조.
15) Paul E. Zinner(ed.), *National Communism and Popular Revolt in Eastern Europe*(N. Y. : Columbia Univ. Press, 1957), p. 226. 생산자 평의회란 경제계획기구를 지방분권화 시킨 것으로 각 공장 및 기업체에서 노동자 자신들이 선출한 대표로 구성된 기구가 권력을 장악하는 것이며 노동자들이 그들의 운명을 스스로 결정한다는 의미에서 「자주관리 제도」 라 한다.

나아가 유로코뮤니즘이 등장하는 결정적인 계기는 1956 년 2 월 소련 공산당 제20차 당대회에서 후르시초프의 스탈린 비판에서 출발한다. 후르시초프는 스탈린의 1 인독재와 개인숭배 사상을 비판하고 「사회주의에로의 다양한 길」을 공식적으로 인정했다. 이 때부터 중공이 소련을 마르크스-레닌주의의 수정주의자라고 비난하면서 세계공산주의는 분열의 조짐이 조성되고 단일중심주의(monolithism)에서 다중심주의(polycentrism)로 전환되었다.

한편 이태리 공산당의 지도자 톨리아티도 1956 년 12 월 이태리 공산당 제 8 차 대회에서 「사회주의에로의 이태리의 길」을 선언하여 소련의 단일체제에 복종의무를 거부하고 저항의식을 갖게 됨으로써 유로코뮤니즘의 선구자가 되었다. [16]

둘째, 1968 년 1 월 체코는 친소파 노보트니(Novotny)에서 개혁파의 두부체크(Alexander Dubcek)로 바뀌자, 민주화 개혁작업을 시작하여 소위 「프라하의 봄」이라 부르는 개혁을 추진했다. 이 개혁은 중앙집권적 국가관료독재를 폐지하고 「인간의 얼굴을 가진 사회주의(socialism with human face)」를 주장하고 의회제적 민주주의와 간접 민주주의 경험에 의하여 정치체제가 재편성되어야 한다며 공개적인 토론을 주장했다. 그러나 소련군이 주축이 된 바르샤바 조약군에 의해서 무참히도 분쇄되고 말았다. [17]

이러한 「프라하의 봄」은 1956 년 폴란드의 폭동과 헝가리의 민주개혁운동[18]과 함께 유로코뮤니스트들에게 마르크스-레닌주의에 대한 수정·

---

16) Robert V. Daniels (ed.), *A Documentary of Communism*, Vol. 2, 1960, pp. 232~244.
17) William Ebenstein, *Today's Isms*(New Jersey: Prentice-Hall, Inc.), 6th Editions, pp. 82~88; 허만, 『유로코뮤니즘』, pp. 74~75 참조.
18) 폴란드 폭동은 경제침체, 관료독재사회주의체제, 스탈린식 사회주의에 염증을 느낀 국민들의 폭동이었으며, 헝가리는 사회주의의 민주화, 자유선거, 자유노조 결성권 및 파업권 등을 주장하였으나, 모두 사회주의 결속에 저해된다고 보고 후르시초프는 무력으로 진압했다.

비판의 동기가 되고 서구공산당의 정치적 발전에 영향을 주어 독자적 노선 및 민주개혁의 의지를 심어주었다고 볼 수 있다.

세째, 1973 년 칠레군부에 의한 아옌데(S. Allende) 정권의 붕괴를 들수 있다. 아옌데 대통령은 좌파세력을 결속시키지 않고 사회주의체제로 성급히 전환시킨 점과 뿌리 깊은 가톨릭 및 보수세력과의 불화 그리고 근소한 투표차이로 민심의 소재를 파악하지 못해 피노체트 장군의 군부에 의해 퇴진되었다.

이와 같은 사례들은 사회주의로의 길은 대중의 광범위한 동맹과 연대 속에서 이룩될 수 있고, 근소한 차이의 지지만으로는 평화적 정권교체가 어렵다는 교훈을 남겼는데, 이 교훈은 이탈리아의 공산당이 기민당과의 「역사적 화해」를 하게 하였다.

따라서 서구공산당 특히 이탈리아·프랑스·스페인 공산당의 눈에는 「프라하의 봄」이 유로코뮤니즘에 적합한 이른바 「민주주의적 사회주의」로 비쳤던 것이다. [19]

네째, 1960 년 모스크바에서 개최된 제 2 차 세계 공산당 대회에서 80 여개국이 참석한 가운데 中·蘇의 이념분쟁이 노골화됨으로써 군소국가들은 소련을 무시할 수 있다는 자신감을 갖게 되었다. 특히 이탈리아·스페인 그리고 프랑스 등의 아직 집권을 못했던 공산당들은 中·蘇분쟁에 중립을 지키면서 교조주의를 비판하고 독립노선을 추진했다. 그외에도 루마니아가 1964 년 4 월 공산당 중앙위원회에서의 「독립선언」 및 「루마니아독립장전」 등을 선언함으로써 독립노선을 추구하고 덴마크·스웨덴·노르웨이·일본 및 호주 공산당들이 자주노선을 모색하거나 민족적 성향을 각국 나름대로 현실에 반영하게 되었다.

---

19) Vernor V. Aspaturian, J. Valenta, D. P. Burke, *Eurocommunism be-tween East and West* (Bloomington: Indiana Univ. Press, 1980), p. 168.

제 3 절 유로코뮤니즘의 特性

1. 理論的 특징

1) 獨自的 社會主義 路線

유로코뮤니즘의 눈에 비친 소련과 동구의 사회주의 체제는 정치 및 경제권력의 과도한 집권화와 관료화로 특징지워진 사회주의 모형이었다. 따라서 이는 사회주의의 보편타당한 모형이 될 수 없으며 비판의 대상이 되었다. 이탈리아 공산당은 1956년 12월에 열린 제 8 차 당대회에서 이른바「사회주의에로의 이탈리아의 길」을 포괄적으로 밝혔다.

그 내용은 첫째, 사회주의 운동에 있어서 민주주의의 수용으로 의회제 민주주의 옹호 및 복수정당제의 허용이다. 둘째, 사회주의에로의 다양성의 추구이며, 세째, 구조개혁 노선을 추구했다. 이는 사회민주주의적 개량주의가 정치권력의 변혁을 전망하지 않은데 대해서 구조개혁 노선은 부분적 개량을 정치권력의 변혁에까지 연결시키는 특징이 있다.

베르링게르 이탈리아 공산당서기장은 그람시와 톨리아티의 사상을 이어받아 1973년 기독교민주당과「역사적 타협」[20]을 내세워 구조개혁 노선을 보다 온건한 노선으로 추진했다. 이는 공산당이 여당인 기독교민주당과 협력하고 가톨릭 세력과 화해하겠다는 정책제안으로 1971년 총

---

20) 이홍구, "유로코뮤니즘과 남구정치 : 이탈리아 공산당의 역사적 타협의 의의"『사회과학과 정책연구』, 제 3 권 2 호, pp. 1~12 참조.

선에서 34.4%의 득표율을 얻었다. 프랑스에 있어서도 사회당과 공산당
간의 「공동정부강령」이 조인되었는데 이런 연합전선 형성도 타민주주의
세력과의 결속으로 다수파를 형성하려는 유로코뮤니즘의 정치노선이다.
이와 같은 독자적인 길은 민주적·다원주의적 사회주의 모형을 추구한다
고 볼 수 있으므로 그것은 세계공산주의 운동의 통일되고 단일적인 이념
적 공동노선을 부인하는 것이다. 이는 각국의 역사적 상황이나 정치·경
제·문화적 상황 속에서 각 의 고유한 사회주의 노선의 추구로 정의
되며 자율성과 평등성의 提高로 소련의 패권주의에 반기를 든 것이다.

2) 프롤레타리아 獨裁의 폐기

유로코뮤니즘은 프롤레타리아 독재(proletariat dictatorship)를 배격하고
폭력적인 혁명방법을 포기함으로써 평화적인 정권이양의 가능성을 추구
한다. 그러므로 유로코뮤니즘은 국민대중의 지지를 바탕으로 하는 대
의제적 민주주의과정을 통한 사회주의 건설을 목표로 하고 있다. 이는
1917년의 소련의 볼세비키 혁명이 서구에 있어서 정치문화의 핵심인
민주주의적 전통에 근거한 산업사회의 국가들에 맞지 않는다는 것이다.
따라서 민주적 체계 안에서 소위 반제국주의 반독점 세력을 통일전선으
로 구축하여 합법적인 방법을 통해 좌익연합정부를 건설한다는 것이다.
이는 반교조주의(anti-dogmatism)로 해석된다.

가장 먼저 공개적으로 프롤레타리아 독재의 폐기를 선언한 공산당은
이탈리아의 제 8 차(1956년 12월) 당대회이고, 스페인 공산당은 1968년,
프랑스 공산당은 1976년 2월 제22차 당대회에서 정식으로 프롤레타리
아 독재의 개념을 폐기했다.

그러나 「프롤레타리아독재」의 개념을 삭제한 것은 유로코뮤니즘에만
있는 특이한 사실이 아니다. 예를 들면, 영국 공산당(1951년대), 벨기에
공산당(1954년), 핀란드 공산당(1969년), 포르투갈 공산당(1974년), 덴마

크공산당(1976 년) 등이 「프롤레타리아 독재」 개념을 폐기했다.

유로코뮤니스트들은 민주적 이념으로 정당의 복수제 인정, 다수파에 의한 평화적 정권교체 인정, 야당의 존재와 활동을 인정한다.

그러나 문제의 핵심으로써 유로 코뮤니즘의 민주적 개념이 잠정적 성격의 집권용 무기인가 아니면 본질적 내용의 이념적 가치인식인가는 의문으로 남는다.

3) 民主主義的 社會主義

유로코뮤니즘은 소련식의 폭력혁명과 프롤레타리아 독재를 거부하고 자본주의 아래에서 민주주의를 옹호하고 발전시키며, 국민다수의 의사에 따라 결정되는 대의적 제도, 민주적 방법으로 사회주의를 실현할 것을 주장한다.

마르크스-레닌주의를 유일한 합법적 철학으로 인정하지 않으며 정권교체를 인정하고 부르조아적 자유, 반대당의 존재, 나아가 사상과 표현의 자유(언론, 집회, 결사, 시위)를 인정하는 多元主義 및 민주주의를 강력히 주장한다. [21]

유로코뮤니스트들의 이와 같은 추세는 제도적 마르크스주의(Institutional Marxism)대신에 지적 마르크스주의(Intellectual Marxism)를 채택하여 보다 신축성 있는 지적 해석을 통하여 마르크스주의를 개방하고 다른 사상을 가진 세력과의 대화와 타협을 추진하고 있는 것이다.

유로코뮤니즘이 주장하는 사회주의 이행전략을 전체적으로 다룬 것은 1975년 11월 이태리 공산당서기장 베르링게르(Enrico Berlinguer)와 프랑스 공산당 서기장 마르셰(Georges Marchais) 간에 발표된 공동선언(Manifesto of Eurocommunism)이다. 그 요지는 다음과 같다.

---

21) Jean Kanapa, "A New Policy of the French Communists," *Foreign Affairs*(Jan. 1977), pp. 280~94.

"첫째, 사회주의는 민주주의와 자유의 보다 높은 단계를 이루는 것으로 철저한 민주주의이다.

둘째, 사회주의 건설은 현존의 부르조아적 자유를 인정하고, 경제·사회·정치 생활의 끊임없는 민주화 가운데서 실현되어야 한다.

세째, 사회의 사회주의적 변혁은 주요한 생산수단 및 유통수단을 공적 관리 아래 두고 점진적 사회화, 전국적 규모의 민주개혁 실시를 전제로 하고 있다.

네째, 반대당의 존재와 활동을 포함하여 복수정당 및 다수파와 소수파의 형성의 자유와 민주적 정권교체의 가능성이 있어야 한다.

다섯째, 사상과 표현·언론·집회·결사·시위의 자유, 국내여행의 자유, 개인생활의 불가침성, 종교의 자유, 노동조합 활동의 자주성 등이 보장되어야 한다."[22]

이처럼 프랑스·이태리·스페인 공산당은 사회주의와 민주주의의 상관관계를 공동강령으로 하고, 베르링게르는 「역사적 타협」을 제의했고, 프랑스 공산당은 좌익연합의 「공동강령」을 채택했다. 스페인 공산당은 1975년 9월에 「강령적 선언」을 黨全國會議에 발표함으로써 그들 나름대로의 기본전략을 세우게 되었다.

한편 로마선언(Manifesto of Eurocommunism) 후 스페인 공산당은 이탈리아·프랑스 공산당과의 접근을 강화하여 1977년 3월 마드리드에서 세 나라 공산당의 수뇌회담을 가지고 3국 공동선언을 발표하였다. 그 발표 요지는 다음과 같다.

"스페인·프랑스·이태리 공산당은 정치 사회세력의 복수제와 모든 개인적·집단적 자유의 존중·보장·발전을 토대로 하여 새로운 사회의 건설을 위해 활동한다. 이 자유는 사상·표현·출판·결사·집회·시위의 자유, 국내에서 사람들의 자유로운 왕래, 노동조합의 자유와 자주권, 파업의 권리, 사생활 불가침성, 보통선거의 존중, 다수파의 민주적 교체의 가능성, 종교의 가능성, 종교의 자유, 문화의 자유, 여러 가지 철학적·예술적·문학적 조류와 견해표현의 자유이다. 3당은 各黨의 동일한 권리와 불간섭에 토대를 두고 또한 각국의

---

22) Ferdinando Claudin, 石堂淸倫 譯, 『ユーロコミユニズムの功罪』(東京：三一書房, 1979), pp. 91~92.

조건에 적합한 사회주의 사회건설에의 독자적 길과 해결책의 자유로운 선택의 존중에 따라 국제주의적 연대와 우호를 발전시킨다. "23)

이상과 같은 유로코뮤니즘의 이념은 다양한 분석이 가능하지만 탈스탈린, 탈위성화로 프롤레타리아 국제주의를 거부하고 프롤레타리아 독재 무용성, 복수정당제, 평화적 정권교체와 의사표시의 자유 등을 내용으로 하는 민주주의적 사회주의의 길을 모색한다고 볼 수 있다.

2. 戰略 戰術

유로코뮤니즘의 전략 전술은 서구공산주의자들이 창시한 전략원칙에서 그 근원을 찾을 수 있겠는데, 1910년에 카우츠키(Karl J. Kautsky)가 룩셈부르크(Rosa Ruxemburg)와의 논쟁에서 독일 노동자운동이 추구해야할 전략으로서 공격전략(strategy of assault)과 마멸전략(strategy of attrition)을 제시했다.

카우츠키는 프롤레타리아 운동은 적의 요새를 일시에 공격하여 위기에 직면할 수 있는 공격전략을 피하고, 요새를 포위하고 침투하여 적세력을 꺾어 패배시켜야 하며, 적세력을 분열시키고 적의 승리의식과 전투의지를 서서히 침식시켜야 한다고 했다. 그리하여 적의 요새는 약화되어 큰 희생을 치루지 않고서도 함락시킬 수 있다는 마멸전략을 적용했다. 24)

그러나 카우츠키의 마멸전략은 적중히지 못하고 거듭 패배에 직면하였다. 독일에서의 1918년 혁명, 1923년의 혁명의 좌절, 1933년 나찌에 의한 권력장악 등은 자본주의 요새를 붕괴하지 못하고 실패한 것이다. 스페인이나 프랑스도 그리고 여타 군소 국가들에게 이 전략은 실패

---

23) 安原和雄, 『ユーロコミュニズム』(東京 : 敎育社, 1979), pp. 64～65.
24) Ernst Mandel, *From Stalinism to Eurocommunism*(NLB, London, 1978), pp. 190～191.

를 거듭하였다. [25]

이와 같은 실패를 거울삼아 장기적인 전략전술을 세우기 위해 유로코뮤니스트들은 중지를 모으고 있는 것으로 나타나고 있다.

그래서 이탈리아의 공산당은 폭력혁명을 포기하고 점진적 개혁을 통한 단계전략을 추구하며 「역사적인 타협」을 통한 연합정책을 모색하여 그 당시의 陣地戰略[26]을 이어받아 1973년 기독교 민주당과의 「역사적 타협」을 하였으며, 카톨릭 세력과도 화해를 시도했던 것이다. 프랑스 공산당과 사회당에서도 「공동정부강령」을 조인하고 사회주의 건설에 있어서 폭력적 파괴, 가두혁명운동 또는 체제의 전복으로는 불가능하므로 국가 경제활동의 통제, 정부행동의 계획화, 지방분권화등을 통해 점진적으로 수행해 나간다는 것이다.

이와 같은 현실적응적 정치노선은 서유럽에서 뿐 아니라 일본과 오스트레일리아의 공산당에까지 영향을 미쳤다.

일반적으로 유로코뮤니즘의 전략 전술을 요약하면 다음과 같다.

"① 산업이 발전한 국가들에 있어서 압도적 다수의 동의없이는 사회주의에 도달할 수 없다.

② 그러기 위해서는 압도적 다수의 명백한 지지를 얻고 있는 부르조아 의회제도들을 유지하지 않으면 안된다.

③ 이러한 제도들은 성질상 특정한 계급에 유리한 것이므로 이러한 제도적 장애를 점차적으로 탈락시킨다. 다시 말하면 궁극적으로 부르조아의 계급지배의 핵심적인 기본틀을 없애야 한다.

④ 부르조아 체제와 고립하고 있는 프롤레타리아는 패배로 끝나게 될 뿐만 아니라, 그것은 결과적으로 사회주의에로의 장기적 목표에서 볼 때 결코 바람직한 것이 아니다.

⑤ 대중의 압력과 동원을 통하여 의회에서 유효과반수의 획득을 이룩하고, 노

---

25) 같은 책, p. 191.
26) 이탈리아 공산당은 현재 헤게모니를 잡고 있는 지배계급의 역사적 블럭과 계급동맹 체제를 형성한 후 그 속에서 자본주의를 고립화시킴으로써 결국은 노동자 계급이 헤게모니를 잡아야 한다는 진지전략이다.

동자운동을 통하여 자본주의체제의 성격을 점차적으로 개량해서 궁극적으로
그 성격 자체를 변화시킴으로서 구조개량을 수행한다는 것이다.

③ 유로코뮤니즘이 직면하고 있는 본질적인 단계는 반독점연합 또는 선진민주
주의 단계라고 하겠다. 그것은 독점세력의 권력을 강화시켜 얼마 후에는 철
폐시킴으로써 자본주의에 결정적 타격을 주게 된다. 경제 생활의 민주화 및
국가관리에의 대중적 참여의 다양한 기능과정을 통해서 사회에 있어서 근로
대중의 비중과 권력을 질적으로 제고시킬 수 있다. 이 단계는 자본주의의
폐지와 사회주의의 도래에의 과도적 단계이다. 그러나 이 단계는 그 자체로
서 자본주의의 폐지와 사회주의의 도래를 창출하는 것이 아니다.

⑦ 반독점연합은 노동자 계급이나 근로대중에 한정되지 않고, 대독점 세력을
고립시키기 위해서 농민대중이나 많은 중소부르조아도 포함시켜야 한다는
것이다."[27]

따라서 유로코뮤니즘은 1970년대에 들어서서 뚜렷하게 나타난 새로운
형태의 공산주의라고 하겠으며 그들의 전략은 聯合戰線戰略으로 압도적
인 다수민중의 지지를 받아 궁극적으로 사회주의적 민주주의를 건설하
는 데 있다. 유로코뮤니즘의 **이념 및 전략**은 크리겔(Annie Kriegel)이
지적한 대로 「언어상의 급진주의, 실천상의 실용주의, 전략상의 민족
주의」로 규정지을 수 있겠다.[28]

---

27) 이용필, 『공산주의 이데올로기』(서울 : 화학사, 1983), pp. 308~309.
28) Annie Kriegel, *Un Autre Communisme?* (Librarie Nachette, 1977), p.
10 ; 최상용, "유로코뮤니즘," 『마르크스-레닌주의』(서울 : 고려대 출판부,
1982), p. 283 참조.

제 4 절 평가와 전망

유로코뮤니즘은 아직도 형성 단계에 있으므로 유로코뮤니즘의 방향과 그 정치이념 및 정치세력이 어떻게 변모할 것인가를 예측하기는 어렵다. 다만 이 단계에서 예측할 수 있는 것은 지금까지의 소련 중심의 단일적 공산주의 운동이 점차 다원화 내지 분극화되어 소련패권주의에 제동을 가하고 이념적 교조주의에 반기를 든 것이다.

이들은 프롤레타리아 국가주의에 대한 재해석을 통해 사회주의에로의 민주적인 길을 지향하며 각국의 현실과 정치문화에 맞는 서구적 민주주의 제도의 필요성을 강조하고 폭력혁명 및 프롤레타리아 독재를 폐기하고 복수정당제의 인정, 평화적 정권교체, 다수파에 의한 정권 인수 및 언론·집회·결사·집회의 자유 등을 추구하는 「국제·국내에서의 독자적인 길」을 모색하는 것이다.

유로코뮤니즘을 소련공산주의의 이념과 투쟁방법이 패권주의적이고 교조주의적인 데 반기를 든 현대공산주의의 한 모형이라고 볼 때 그 원천은 마르크스 사상에 뿌리를 두고 있으나, 시대적인 변화에 따른 각국의 상황과 문화적·정치적·경제적 배경이 다르기 때문에 유로코뮤니즘은 다양한 형태를 띠게 된다고 볼 수 있다. 그러므로 소련 공산주의가 마르크스주의의 러시아적 변형이라면 유로코뮤니즘은 마르크스주의의 서구적 변형이라고 할 수 있으며, 러시아의 볼세비키혁명이래 모든 공산화가 후진농업국에서 수행된 반면 유로코뮤니즘은 「선진국 혁명」이라는 새로운 형태의 혁명을 시도하고 있다고 볼 수 있다.

또한 이념 및 전략상의 특징으로는 「언어상의 급진주의, 실천상의 실

용주의, 전략상의 민족주의」라고 크리겔은 비판하고 있다. 따라서 이데
올로기의 일시적인 수정이나 퇴색이 근원적인 마르크스-레닌주의를 폐
기한 것이 아니라 상황변화에 따라 그들에게 유리하게 적용하여 사회주
의 실현을 위한 전략적 수정일 수 있다는 인식이 요청된다.

미국을 위시한 많은 서방지도자들은 유로코뮤니즘을 자유세계를 타파
하기 위한「가면을 쓴 폭군」혹은「트로이의 목마」로 부르고 있다. [29]

만약 동구개혁주의나 유로코뮤니즘의 공산주의적 본질을 망각하고 그
주장에 있어서 반스탈린주의적, 반관료주의적 면만을 감안해서「인간의
얼굴을 한 사회주의」,「민주주의적 사회주의」로 확대 해석만 하는 경우
에는 많은 문제가 야기될 가능성이 상존하고 있다 하겠다.

---

29) 전득주, 앞의 책, pp. 265~266.

제 7 장 毛澤東思想

제 1 절 毛澤東思想의 생성배경

1. 毛澤東의 생애

모택동은 1893 년 12 월 26 일 호남성의 상담현(湘潭縣) 소산향(韶山鄕)
이라는 마을에서 가난한 빈농의 아들로 태어났다. 그의 성장과정은 봉
건적인 시대배경에 따라 매우 어려운 시절이었으며, 중국 전래의 고전
교육인 서당에서 漢學을 전수받았다. 그 시기에 모택동은 옛부터 口傳
되어 내려오던 대중소설에 심취되었다고 하는데 三國誌나 水滸傳 같은
소설에 대해서 모택동은 뒷날까지 많은 영향을 받았다고 술회하고 있
다. 1911 년의 辛亥革命을 장사(長沙)에서 맞이한 모택동은 혁명군의 장
엄한 흐름 속에서 정치에 대한 정향(orientation)을 갖게 되었으며, 6 개
월간이지만 혁명군에도 참여하였다.

1913 년 봄에 모택동은 호남성의 수도 장사에 있는 호남성립 제일사범
학교(湖南省立 第一師範學校)에 입학하여 5 년간의 정규교육을 받게 된다.
모택동의 생애에 있어서 이 기간은 결코 간과해서는 안될 중요한 시간
이다. 무엇보다, 그는 이 기간 동안 고전과 근대, 중국과 서구 등에 대
한 그의 교육에 있어 많은 부분을 습득하였으며, 또한 그가 보다 폭넓

은 역할을 수행하는 데 디딤돌이 되는 짧은 기간의 敎師 경력을 갖게
되었다.

장사에서 교육을 받은 모택동은 그의 은사인 양창제의 소개 덕분으로
북경대학의 도서관장이던 이대조밑에서 도서관 사서라는 직업을 얻게된
다. 여기에서 그는 이대조의 논문들을 주의깊게 읽었으며, 그에게서 마
르크스주의를 접했다고 하였다. 그리하여 1918년 12월에 이대조에 의
해 만들어진 「마르크스주의 연구회」에 참가하였고, 그의 사상적인 기반
은 이 시기에 萌芽를 내렸다고 하였다. 그후 많은 중국의 지식인들이
'부지런히 일하고 검소하게 생활하며 공부한다'(勤工儉學會)는 계획아래
프랑스로 유학을 떠났지만 모택동은 여기에 참여하지 않고 상해를 거쳐
고향인 장사에서 5·4운동을 맞이하였다. 이때 프랑스로 유학을 간 학
생들 중에는 주은래와 등소평 등 뒷날 중국공산주의운동의 중심인물들
이 있었다.

장사에서 모택동은 「호남성학생연합회」를 조직하였으며, 이 단체의
기관지인 「상강평론(湘江評論)」의 편집장으로 활동하였다. 이 시기 모택
동의 가장 대표적인 논문인 「민중의 대연합」도 바로 이 「상강평론」1호
에 실린 것이다. 이 잡지는 당시 매우 폭넓은 영향력을 끼쳐 제1호
는 하루사이에 2천부가 팔리게 되었고 그 후부터 매호 5천부씩 발행되
었다고 한다. 그 결과 호남성의 성정부에서는 5호까지 발행된 「상강평
론」을 폐간시켰고, 모택동은 이어 다른 학생연맹이 발간하는 「신호남지
(新湖南誌)」의 편집장을 맡았으며 이어 장사의 유력한 일간지인 「대공보
(大公報)」에 논설을 쓰게 되었다. 또한 모택동은 호남성정부에 반항하는
스트라이크를 지도하면서, 호남성 뿐 아니라 전국적인 인물이 되었다.
그리하여 그의 글이 당시 가장 중요한 간행물이던 「신청년(新青年)」등
을 통해 호의적인 주의를 끌었던 것이다.

이처럼 사상적 정치적인 경험을 통해서 1920년 여름에는 그 자신도
이미 마르크스주의자였음을 자처했다고 한다. 이러한 활동 결과 1921년

7 월에 중국공산당 창당대회의 대표로 참석하게 된 것이다.

중국공산당은 창당이후 자신들의 상황판단과 코민테른의 지도애 따라 국민당과의 合作이라는 통일전선전술을 채택하였으며 이에 따라 모택동도 국민당의 조직에 가담하였다. 그 후 공산당의 전략이 변화를 가져와 무장투쟁의 노선을 추구하면서 모택동은 1927 년 유명한 정강산(井岡山)에 혁명근거지를 건설하고 여기에서의 경험에 따른 논문 「호남에서의 농민운동 조사보고서」를 작성하게 된다. 1928 년 주덕(朱德)의 군대와 통합하여 조직한 정식의 공산당부대인 노농홍군을 창설하였다. 이어 1931 년 11 월 江西省의 瑞金에서는 모택동을 비롯한 홍군위주의 '중화소비에트 임시공화국'이 수립되었으며, 모택동이 주석으로 추대되었는데, 이것이 바로 강서소비에트이다.

이 소비에트전략은 국민당의 토벌로 1934 년에 2 만 5천리의 大長征을 통해 陝西省의 延安에 도착하게 되었다. 이 기간동안인 1935 년 1 월, 貴州省의 준의(遵義)에서는 정치국회의를 통해 모택동이 중국공산당의 실권을 장악하였다. 그후 연안에서 일단 抗日聯合戰線이라는 2 차 국공합작을 성사시키면서, 모택동은 자신의 사상 내용을 더욱 깊이하였다. 1937 년 연안의 항일군정대학에서 강의한 「矛盾論」과 「實踐論」이 그러한 결과이다. 1938 년에는 「持久戰論」을 1940 년에는 「新民主主義論」을 발표하면서 그는 자신의 사상적 완숙성을 나타내었다. 모택동은 이어 1942 년에는 整風運動을 통해 당내의 이데올로기적인 통일과 외부의 압박을 슬기롭게 극복하였으며, 1945 년(七全大會)에서 처음으로 중공당규약에 「모택동사상」이라는 용어가 사용되었다.

그후, 국공내전의 승리와 함께 1949 년 10 월 중화인민공화국이 수립되면서 모택동은 주석으로 추대되었다. 그후 1951 년 三反・五反運動과 1958 년의 「대약진」과 「인민공사운동」 등을 통해 모택동사상은 중국인민에게 대중적인 모범으로 전파되었으며 1963 년의 「三面紅旗」운동을 통해 싹트기 시작한 「사회주의교육운동」은 1966 년 8 월 「프롤레타리아 문화대

혁명」으로 발전하였고, 모택동사상은 중국공산주의의 기본 이데올로기
로서 자리잡게 되었다. 「문화혁명」은 중국의 혁명 이후 공산주의체제를
모택동사상의 체제 아래로 특징짓는 총체적인 존재방식을 반영한 점에
서 그 의미를 지닌다고 할 수 있으며, 소비에트 사회주의에 대한 최초
의 좌익으로부터의 비판이었다는 의의를 지닌다고 할 것이다.

文革 이후 1974 년 「3 개의 세계론」을 통해 새로운 방향을 모색하던
모택동사상은 그의 현실정치일선에서의 은퇴와 함께 1976 년 사망에 이
르는 순간까지도 중국의 전반적인 사상적 지주로서 작용하였다고 할 수
있다.

2. 毛思想의 사회적 배경

思潮의 흐름과 국내와 국외적 환경의 변화라는 관점에서 볼 때 중국
현대사의 起點은 5·4 운동이다. 봉건전제체제를 거부하면서 시작된 辛亥
革命이 좌절되고, 혁명의 성과가 모두 封建軍閥에게 탈취당했던 당시의
상황에서 모든 중국인은 깊은 절망감과 함께 새로운 방향으로의 발전을
모색하였다.

마르크스주의가 중국으로 들어온 시기는 제 1 차 세계대전후의 戰後思
潮의 물결 속에 편입되어 중국으로 들어온 것이었으나 처음에는 중국의
지식인들에게 큰 반응을 얻지 못하였다. 당시 마르크스주의는 프롤레타
리아 계급이 발달한 선진산업국가에 있어서의 혁명이론이며 중국적인 상
황에서는 적용가능성이 없는 이론이라고 생각되었기 때문이었다.[1] 그러
나 1917 년 이웃나라 러시아에서 들려온 볼셰비키혁명의 소식은 중국의
지식인들에게 메시아적인 복음이었다.[2] 이어 중국각지에서 「마르크스

---

1) 宋榮培, 『中國社會思想史』(서울 : 한길사, 1986), p. 408.
2) Ho, Kan-chih, *A History of the Modern Chinese Revolution* (Peking: Foreign Languages Press, 1977), p. 10.

주의 연구회」 같은 것이 생겨났다. 중국의 마르크스주의를 논함에 있어
서 그 시조를 살핀다면 앞서 지적한 바와 같이 당연히 이대조이다. 19
18 년 북경대학의 마르크스주의 연구회는 그가 재직중에 구성한 것으
로, 여기에는 모택동이라는 도서관 사서가 가입되어 있었다. 이 사실은
모택동으로 하여금 뒷날 중국의 운명을 변화시키는 튼튼한 맹아로 싹트
게 하는 계기가 된다.

　이대조는 당시 새로운 시대의 흐름을 인도주의의 발전시대로 파악하
고 있었다. 즉 인도주의는 강한 反權思想과 인류의 인도주의적 연대감
과 상호원조의 사상이 흐르고 있었기 때문이었다. 이대조는 인간의 행
동은 깊은 자각과 그 연속으로 자기를 혁신하고 그 혁신을 확산함으로
써 새로운 사조에 적응할 수 있다고 생각하였다. 이러한 사고방식에
레닌의 혁명에서 발견되는 인도주의의 승리, 프롤레타리아의 승리, 평
화사상의 승리라는 볼셰비키의 권력장악은 이대조에게 크나큰 의미를
부여하였다. 그리하여 1918 년 10 월에 쓰여진 「볼셰비즘의 승리」라는
논문에서 그는 '10 월혁명'을 그 자신이 기다려온 우주적 해방의 행위
로 파악하였다.[3] 이런 점에서 이대조는 당시의 중국지식인 가운데서도
매우 선진적이었다. 그런데 거기에는 이대조 특유의 무정부주의적인 인
도주의의 그림자 속에서 10 월혁명을 극히 자기류로 해석하는 오류를
범하였다. 그는 마르크스의 정연한 이론구성에 대해서는 계속 미진한
상태이었고 史的唯物論의 세계관과 계급투쟁에 있어서 인간의 主體的
노력괴의 관계를 마르크스의 입장에서 이해하지 못하였다. 따라서 1918
년을 전후한 시기의 이대조는 결코 완벽한 마르크스주의자도 아니였으
며, 여러가지 사조의 물결 속에서 방황하고 있었다. 이대조의 이런 모
습은 어떤 의미에서 당시 중국지식인의 일반적인 모습이기도 하였다.

---

　3) Ho, Kan-chih, 같은 책, p. 14.

1) 반봉건 반제국주의 운동

제 1 차 세계대전은 제국주의간의 영토분할이 종식된 것을 의미한다.
그러나 중국에 대한 제국주의 상호간의 이해는 서로 빗나간 상태였다.
따라서 戰後처리에 있어서 중국은 또다른 분쟁의 대상으로 남았다. 제
국주의국가에 대한 중국민중의 저항은 국내적인 혼란과 함께 1919 년 5
월 4 일 분출되었다. 이는 본래 反日 反日貨라는 민족주의운동이었으나
학생・지식인 시민 노동자 등 광범위한 대중이 참여함으로써 새로운 결
과를 맞이하게 되었다. 그것은 역사속에서 하나의 「여론의 승리」로 남
게 되었다. 중국의 민중이 처음으로 정부의 정책을 변경하는 일에 성공
한 운동이었다. 즉 민중의 힘이 현실의 정치를 움직이는 큰 요인으로서
역사의 무대에 등장했던 것이다. 여기서 말하는 「민중의 힘」이란 물론
무력이나 군사력을 의미하는 것은 아니었다. 오히려 그것은 민중의 강
열한 저항의지의 표시이었으며, 민중의 단결된 힘이었다. 그 선두에 섰
던 것은 누구보다도 새로운 지식으로 성장한 청년 학생층이며, 또한 그
에 호응해서 일어난 것은 조국의 위기를 확실하게 몸으로 느끼고 있던
상인・노동자 등 광범위한 일반 민중이었다. '민중이 단결하면 정치를
움직일 수 있다' '군벌이라고 해도 힘으로 타도할 수 있다' 등이 5・4
운동에서 얻은 커다란 교훈이었다.

5・4운동의 확산 과정에서 잉태한 또하나의 씨앗은 이 운동의 성격이
점차 반봉건・반제국주의민주혁명으로 발전해 갔다는 것이다.[4] 즉 지금
까지와는 다른 새로운 체제로의 방향설정이 제시된 운동이었다. 이 시
기에 생긴 노동자의 자각과 대중조직의 경험은 바로 중국공산당의 설립
이론에서 전제로 작용했다고 보아야 한다. 그러나 이런 민중의 자발적
인 조직이 하나의 이데올로기로 통합된다는 것은 쉽게 이루어지지 않는

---

4) 같은 책, pp. 13~14.

다. 민중의 자발적 투쟁과 전국적 민족혁명운동 사이에는 당시에 너무
도 큰 간격이 있었다. 이것을 좁혀준 것은 역시 코민테른의 노력이라고
보아야 한다.

1920년에 들어서자 여러 가지 마르크스주의 연구단체들이 창설되고
조직화되어 중국의 각 도시에서는 新文化運動·愛國運動·勞動運動 등
을 하나로 묶은 사회주의 서클을 발전시켰다.[5] 이보다 앞서 1919년 3월
모스크바에서 창설된 제3차 국제공산주의운동 지도기관인 이른바 코민
테른은 신생소비에트에 대한 제국주의의 간섭전쟁을 배척하고 가난과
착취에 시달리는 勞農정부를 원조하며, 볼셰비키혁명을 옹호하기 위해
서 세계 각국은 혁명투쟁의 강화를 목표로 삼았다. 이로 인하여 많은
지도원들이 선발되어 코민테른의 대표로 각지에 파견되었다.

중국내의 反帝運動을 주목하던 코민테른이 1920년 봄 극동지역 담
당자인 보이틴스키를 중국에 파견한 것이 바로 이런 목적이었고 또한
시기적으로도 매우 적절하였다. 당시 북경대학 교수였던 이대조에게서
보이틴스키는 상해에 있던 또다른 마르크스주의자 진독수를 소개받았
다. 이어 5월 상해의 프랑스 租界에서 진독수와 10여명이 공산주의청
년단의 前身인 社會主義靑年團을 조직하였다. 이러한 움직임이 일어나
던 시기는 손문이 광동에서 中華民國 수립을 위한 제헌국회를 소집하여
중화민국정부 組織大綱을 결정하고, 5월에는 자신이 總統에 취임하여
제2차 廣東政府가 수립되었던 때였으며, 북방에는 아직도 軍閥의 지배
가 계속되고 있었다.

한편 중국공산주의자들은 1921년 7월 당원 50여명을 대표한 12명[6]

---

5) 이 당시 北京에는 「新潮」「每週評論」 등이, 上海에는 「星期評論」「浙江評
   論」 등이, 湖南에는 「湖江評論」 등이 있었다.
6) 參席者에 대한 數와 명단에 대해서는 이견이 많다. 胡華, 『中國革命史講
   義』(北京, 1955)에 따르면, 毛澤東, 何權衡, 董必武, 陳譚秋, 王盡美, 鄧
   恩銘, 李遠, 李漢浚, 張國燾, 劉仁靜, 陳公博, 周佛海 등이며 코민테른대
   표 마링(Maring)도 참석했다고 한다.

이 상해에서 제 1 차 전국대표자대회 겸 창당대회를 개최하여 당강령을
심의하고 중앙집행위원회를 조직, 정식으로 「中國共產黨」을 출범시켰다.
이 대회는 당조직의 원칙에 관한 정치철학과 당의 정치활동에 대해 토
의하였으며, 그 결과 당의 기본적 임무는 프롤레타리아 독재를 위해서
싸우는 것에 있었지만, 당면투쟁에 있어서는 프롤레타리아가 부르조아
민주주의 운동에 참가하는 것이라고 논의하였다.

이런 출발에서 30 년이 지난 후 中國에 노동자와 농민의 정권이 수
립되었다는 사실은 역사에서 그리 찾기 쉬운 일은 아니다.

3. 毛澤東과 中國革命

1) 統一前線 전술

중국공산당은 1921 년에 코민테른의 지원아래 창당되었다. 그러나 아
직 세력이 열세였던 공산당은 國·共合作이라는 統一戰線전술을 채택하
였다. 1922 년 7 월에 있은 중국공산당 제 2 차 전국대표대회의 선언문에
나타난 중국공산당의 목표는 다음과 같다.

"프롤레타리아가 민주혁명을 지원하는 것은 부르조아에게 항복하는 것이 아
니다. 봉건제의 수명을 단축시키는 것은 프롤레타리아의 힘을 키우기 위해 절
대적으로 필요한 일이다. 이것은 프롤레타리아 자신의 계급적 이익이다. 민주
혁명의 성공으로 단지 약간의 사소한 자유와 권리만이 획득된다면 그것은 프
롤레타리아에게 있어 해방이 아닐 것이다. 민주혁명의 성공은 현재 유아기 상
태에 있는 부르조아계급을 성숙시킬 것이며 부르조아가 프롤레타리아에게 적
대하는 것은 미래의 일이다. 그러한 단계에 도달하게 되면 프롤레타리아는 제
2 단계 투쟁, 즉 빈농과 동맹하여 부르조아에 대한 프롤레타리아독재를 위한
투쟁을 전개해야 한다. 프롤레타리아의 조직 및 투쟁력이 충분히 강화되어 있
다면 이 제 2 단계 투쟁은 민주혁명의 승리를 완성시키게 될 것이다.

중국공산당은 프롤레타리아의 당이다. 그 목표는 프롤레타리아를 조직하는
것, '노동자·농민의 독재의 수립'과 사유재산의 폐지와 공산주의사회의 점진
적인 획득을 위해 투쟁하는 것이다.

　현재 중국공산당은 노동자와 빈농의 이해에 입각해서 노동자들이 민주혁명
을 지원하고 노동자 빈농 쁘띠부르조아의 민주주의 통일전선을 만들어 내도록
지도해야 한다. "7)

　이와 같은 전술에서 중국공산당은 1923년에서 1927년까지 제 1 차 국
공합작에 들어간 것이다. '국민당에 개인자격으로 입당하여 공산주의를
설교하는 것은 분명히 위대한 이상이다. 만약 우리가 실제로 이 당에
가맹한다면 우리는 주위의 대중을 결합하고 또 국민당을 분열시킬 수
있다'8)고 그들은 보았기 때문이다. 중국공산당은 이를 위해 도시보다는
농촌을 근거지로 하여 지방의 노동계층의 포섭에 열중하였다.

　이러한 가운데 國民黨左派와 共産黨이 國民黨內의 주도권을 장악하여
주요한 직책을 차지하게 되자 국민당 내에서 당권을 회복하고자 하는
우파와 군부의 요구가 팽배하게 되었다. 1926년 3월 20일 장개석을
비롯한 군부세력들은 反左派쿠데타를 일으키고, 공산당에 대한 탄압과
노동운동의 억압, 국민당에서 공산당원의 추방을 감행하였다.

　이에 대해서 1926년 11월 광주에서 국민당좌파와 공산당이 주동이
되어 중앙정치회의 임시회의를 소집하고 무한에서 새로운 정부를 수립
하였다. 이것이 바로 武漢政府이다. 이에 당황한 장개석은 1927년 4월
12일에 다시 쿠데타를 단행하고 남경에 정식으로 國民政府를 수립했
다. 이 사건을 계기로 국민당은 좌우파로 결정적인 분열을 하게되니
武漢政府와 南京政府의 二元的 대립이 격화되었다. 이어 7월에는 국
민당 좌파와 공산당의 결렬이 이루어지면서 1차 國共合作은 붕괴되

---

7) Ho, Kan-chih, 앞의 책, pp. 23~24.
8) A.S. Whiting, *Soviet Politics in China* (California: Stanford Univ.
Press, 1953), p. 95.

었다.

2) 勞農紅軍組織

1927년은 중국공산주의자들에겐 획기적 전환의 해이다. 이때부터 그
들은 사실상 도시에서 추방되었다. 즉 프롤레타리아의 가장 중요한 생
활기반인 도시로부터 추방된 것이다. 도시와 부두에서의 노조활동은 철
저한 파시즘에 의해 쇠퇴할 수 밖에 없었다. 이와 같이 어려운 상황은
공산당 스스로 헤쳐나갈 최초의 시련이었다. 1927년 8월 7일에 한구
에 모여 중앙긴급회의를 열고 도시프롤레타리아가 지도하는 농민대중이
부르조아 민주주의혁명의 중심이라는 결론을 내렸다. 그리고 코민테른
역시 중국공산당에 대하여 새로운 전략노선을 제시하였는데 그것은 바
로 지금까지 중국공산주의자들이 끈질기게 요구해오던 「武裝蜂起」노선
이었다. '우리는 노동자의 무장화를 준비해야만 하고 街頭鬪爭과 봉기
에 대비해 그들을 훈련시켜야 한다. 그리하여 이 봉기를 농촌의 농민
봉기와 결합시킴으로써 반혁명적인 정부를 직접적으로 전복할 수 있는
계기로 만들어야 한다'[9]는 논리였다.

이런 새로운 노선은 1927년 상해(上海)・남창(南昌)・장사(長沙)・광
주(廣州) 등지의 도시에서 무장스트라이크로 나타났으나 공산주의자들은
연달아 치명적 패배를 맛보게 된다. 또한 이해 가을 秋收期를 이용하여
농촌에서의 계급투쟁을 강화하고 정치권력을 농민협회의 수중에 옮기기
위해 폭동을 일으켰으나 군사적 경험의 부족과 대중의 지지가 없었으므
로 실패하였다.

모택동은 이 폭동에서 실패하고 강서성(江西省) 정강산(井岡山)으로 탈
주하여 완전한 몰수와 철저한 재분배정책을 실시하고 근거지를 구축했
다. 이후 1931년 서금(瑞金)에서 제 1 회 중화소비에트대회가 개최되었

---

9) Ho, Kan-chih, 앞의 책, pp. 93~94.

고, 「헌법대강」을 갖춘 「임시소비에트공화국」이 성립되었다. 여기에서 모택동이 주석으로 선출되었다. 이것이 중국공산당의 기틀을 마련한 江西소비에트시대의 시작이었다. 중국에서의 「소비에트」란 중국공산당의 지도아래 勞農民主獨裁權力으로 봉건적 요소를 일소하고 제국주의의 침략을 몰아내어 중국의 해방을 추구하고자하는 노력의 표현이었다. [10] 결국 그것은 프롤레타리아트독재로의 사회주의혁명을 직접적으로 지향하는 것이 아니라, 지금까지의 과정에서 노출된 여러 가지 과오와 문제를 해결하면서 동시에 소비에트체제 안에서 장래의 중국혁명을 프롤레타리아혁명으로 발전시키는 것으로 되어 있다. 이와같은 이론적 규정에 따라 수행된 혁명의 활동은 勞農紅軍을 조직하여 지방의 지주세력을 타도하고 토지를 몰수하여 그것을 농민에게 재분배 하는 것을 중심으로 하였다. [11]

이 시기에 있어 중국공산주의운동의 의미를 찾는다면 중국의 혁명을 세계혁명의 일환으로 규정하였으며, 이에 따라 부분적인 권력일지라도 중국공산당을 중심으로 혁명세력이 당시의 지배권력이던 국민당세력에 대항하여 중국의 정치상황에 어느 정도 영향을 발휘하는 혁명적 권력으로 수립되었다는 점과, 이후 새로운 중국에 있어서 國家指導·國家權力의 이론적 실천적 예행연습을 경험했다는 데 의의가 있다. [12]

한편 1931년 제국주의적 침략을 일으킨 일본의 滿州事變으로 인하여 공산주의자와의 兩面戰爭을 추진하던 장개석은 일본과의 東北戰爭을 일단 수습하고 국민당내의 부르조아세력의 옹호와 지원을 얻어 이른바 공산주의자 토벌이란 「위초(圍剿)」를 개시하였으며, 1932년 제 1 차 「위초(圍剿)」에서는 호북성의 공산당근거지를 제압하였다. 이 과정에서 초기

10) Victor A. Yakhontoff, *The Chinese Soviet* (Westport: Green Wood Press, 1974), pp. 130~133.
11) Samuel B. Griffith Ⅱ, *The Chinese People's Liberation Army* (New York: McGraw-Hill Book Co., 1967), pp. 24~26.
12) Harold R. Isaacs, *The Tragedy of the Chinese Revolution* (California: Stanford Univ. Press, 1961), pp. 345~349.

에는 모택동의 군사전략에 따라 승리할 수 있었다. 그러나 중국공산당의 당시 주도권을 지배했던 세력들은 모택동의 전술, 즉 적을 근거지 안으로 끌어들여 대중과 더불어 적을 격퇴시키는 「遊擊戰」 대신에 근거지 밖에서 적을 저지한다는 「正規戰」을 채택하였다. 그 결과, 5차 「위초」에서는 대패하여 지금까지의 근거지를 포기하고 1935년까지 섬서성(陝西省) 연안(延安)으로 향하는 2만 5천리의 大長征을 하게 된다. [13] 특히 長征 도중인 1935년 1월 귀주성(貴州省)의 준의(遵義)에서 당시 가장 긴박한 군사문제와 中央委員會 書記局과 혁명군사위원회의 조직문제로 회의가 개최되었다. 여기에서 모택동은 당시 가장 큰 힘을 발휘하던 革命軍事委의 主席으로 軍權을 장악하였다. 이 사실은 그의 개인적인 승리인 동시에 도시에 있던 당중앙에 대하여 농촌소비에트의 승리를 뜻하였으며, 동서양의 이데올로기에 정통한 教條主義者들보다 농촌이나 하층계급 사이에서 일생을 보낸 실제경험자의 승리를 상징적으로 시사해 주는 것이었다.

1936년 12월 12일은 중국현대사의 또다른 분수령을 이룬다. 국내의 민족주의지식인, 학생들의 끈질긴 요구를 뒤로 한 채 계속해서 공산주의자들만을 공격하던 장개석이 서안(西安)에 주둔하고 있던 東北軍을 독려하기 위해 서안에 도착했다. 이때 동북군사령관이던 장학량이 內戰의 종식을 요구하였으나 장개석이 이를 받아들이지 않자 그를 감금하였던 것이다. 결국 장개석은 이러한 흐름에 굴복할 수 밖에 없었고 이는 절대절명의 위기에 놓여 있던 중국공산주의자들에게는 回生의 발판이 되었다.

日本은 西安事變으로 중국 내부의 혼란이 있자 1937년 7월 7일 북경 근교에 있는 노구교(盧溝橋)를 공격하면서 中日戰爭을 일으켰다. 이에 따라, 지금까지 요구되어 오던 抗日民族統一戰線은 결실을 맺게 되었으며 제 2차 國共合作이 성립된 것이다. 모택동은 이때의 통일전선에

---

13) 李安葆, 『長征史話』(北京 : 中國靑年出版社, 1978), pp. 5~6.

대해 '모든 것은 통일전선을 통해서라는 슬로건을 내세워서는 안된다. 통일전선은 獨立自主이다. 統一하고 있으나 獨立도 하고 있는 것이다'[14] 라고 지적한 바 있다. 즉 1차국공합작때와 같이 처음에는 국민당내에 들어가서 조직부·노동부·농민부를 장악하여 국민당의 조직기반을 파괴함과 동시에 독자적인 군사활동의 유지로써 노농홍군과 공산당의 역량을 강화하는 데 주력하였다고 하였다. 그 결과 중국공산당은 항일전쟁을 치르는 과정을 중심으로 1945년말에 이르기까지 黨·軍·大衆組織 그리고 게릴라근거지 (邊區)에 있어서 현저한 증가를 보였고, 약 1억이라는 인구가 살고 있는 방대한 지역에서 사실상의 통치권을 행사하게 되었다. 특히 大衆組織化는 중국공산당의 승리에 결정적인 역할을 하였으며, 또 그것은 중국공산당의 군사작전과도 밀접히 관련되어 이루어졌다.

1946년부터 1949년까지는 國共內戰의 기간이었다. 1947년 3월 장개석의 우세한 군사력은 미국의 무제한 원조로 인해 공산세력의 수도인 연안(延安)을 함락시켰다. 그러나 부패한 국민당군대는 수적인 우세와 현대적 무기를 소유하였지만, 대중의 지지를 받고 있던 공산군의 팽창된 숫자와 우세한 전술은 국민당군을 압도하게 되었다. 1948년 가을부터 4회에 걸친 대공세에서 264만명의 국민당군을 괴멸시키고 6만여정의 소총, 1만여정의 대포를 포획하였다.[15] 1949년 1월에 천진 그리고 북경이 함락되었다. 1949년 말까지 국민당은 억압정치와 부패가 극심하여 국민의 지지를 싱실히였으며[16] 중국대륙은 공산당의 지배아래 들어갔다. 이러한 과정에서 이미 1949년 9월에 中國人民政治協商會議가 개최되었고 공산당의 계획대로 임시헌법과 정부조직법이 통과되고 1949년 10월 1일 中華人民共和國이 수립된 것이다.

---

14)『毛澤東選集』II (北京 : 外文出版社, 1960), p. 527.

15)『毛澤東選集』IV (北京 : 外文出版社, 1960), p. 529.

16) U.S. Department of State, *The United States Relation with China* (Washington, D.C. : Government Printing Office, 1949), p. 769.

제 2 절 毛澤東思想의 내용

중국혁명의 과정에서 생성되고 정립된 毛澤東思想의 철학적인 기초는 기본적으로 마르크스-레닌주의교의에 그 근거를 두고 있다. 그러나 이 사상의 특징은 그 교의를 중국적인 시대상황과 역사적 유산, 그리고 혁명의 과정에서 경험한 실천적인 내용이 결합된 독자적인 영역을 확립하고 있다. 여기에서는 모택동사상의 이론적인 기반이 되는 矛盾論과 實踐論을 비롯하여, 軍事理論, 그리고 人民民主專政論을 고찰하기로 한다.

1. 實踐論

實踐論은 그 副題에서 밝히고 있듯이 認識과 實踐과의 관계 즉, 지식과 행동과의 관계에 대해 서술하고 있다.

그에 따르면 마르크스이전의 철학은 인간행동의 문제를 고려하지 않고, 단지 지식의 문제만을 논해왔으나 辨證法的唯物論은 자연과 정신, 존재와 의식간의 관계를 唯物論的으로 이해하고, 인간의식의 자각적 행동(實踐)에 의해 존재를 변화시키는 것이 가능하다고 생각한다. [17]

이러한 관점에서 모택동은 인식과 실천의 관계를 고찰하였으며, 「실천

---

17) John B. Starr, *Ideology and Culture: An Introduction to the Dialectic of Contemporary Chinese Politics* (New York: Harper & Row, 1973), p. 29.

론」의 전개도 이런 맥락으로 일관하고 있다.

첫째, 인간의 인식은 사회적 계급적 실천의 발전에 따라 발전하고 인간은 실천을 통하여 적극적으로 이론과 인식을 한층 깊게하여 간다는 것이다. 즉, 자연·사회에 대한 인간의 인식은 사회적 실천[18]이 발전함에 따라 진보한다는 것이다. 따라서 실천은 인식의 기초이고 진리의 기준이며, 실천을 떠나 인식의 문제를 논하는 것은 觀念的이므로 무의미하다고 보고 있다. 辨證法的唯物論의 한 가지 특징인 實踐性, 즉 이론이 실천에 의존하는 관계, 이론의 기초가 실천이며 이론이 실천에 봉사한다는 것을 강조하고 있다. 모택동은 이론 혹은 인식이 진리인가 아닌가의 판단은 사람이 주관적으로 느끼는 것에 의해서 정해지는 것이 아니라 사회적 실천의 결과에 의하여 객관적으로 정해진다고 하였다. 진리의 기준이 사회적 실천이며 실천의 견지는 바로 모택동의 認識論의 시작이라고 할 수 있다. 모택동은 이러한 인식과 실천의 변증법적 관계를 강조하여 全黨的, 全階級的, 全民族的 규모에서 이론과 실천의 相互檢證·相互促進을 항상 실행하도록 하였으며, 인식에서 실천으로의 과정을 하나의 혁명적 도약으로 간주하였다. [19]

둘째, 認識의 순서(과정), 즉 인식의 흐름이라는 측면을 다루고 있는데, 인식에는 感性的 인식의 단계와 理論的, 論理的 인식의 단계가 있다고 한다. 모택동에 의하면 인식은 실천에 의거해서 얕은 것에서부터 깊은 것으로 진전된다고 하였다. 이런 지적은 바로 인식이 심화되는 운동 즉 사회적 인간이 그 생산과 계급투쟁의 연속 가운데 실천을 통하여 감성적 인식에서 논리적 인식으로 옮겨가는 운동성을 의미하는 것이다.

이러한 인식의 두단계의 특성에 대해 모택동은 다음과 같이 보고 있다.

---

18) 사회적 실천이란, 物質的生産·階級鬪爭·科學的 實驗을 의미한다.
19) *Selected Readings from the Works of Mao Tsetung* (Peking: Foreign Languages Press, 1971), pp. 67~68. 以下, SRW로 略함.

"인식의 감성적 단계와 이성적 단계, 즉 인식의 낮은 단계와 높은 단계는 모두 통일적인 인식과정중의 단계이다. 이 둘은 성질이 서로 다르지만 서로 분리될 수 없으며 실천의 기초위에 통일된다. 이들 인식의 단계가 분리되어 오류에 빠지게 되면, 하나는 이성만을 중시한 敎條主義이고, 感性만을 치우친 것은 經驗主義이다. 따라서 이 두 가지의 인식의 통일이 바로 사물을 全面的・總體的으로 상호연관 속에서 인식하고 이해하는 唯物辨證法의 인식론인 것이다."[20]

세째, 유물변증법적 인식운동이 이성적 인식에 도달한 것만으로 끝나는 것이 아니라는데 「실천론」의 다음 論點이 모아진다. 즉, 마르크스의 철학이 중요하다고 간주하는 문제는 객관적 세계의 법칙성을 이해함으로써 세계를 해석할 수 있다는 것이 아니라 객관적 법칙의 인식을 이용하여 능동적으로 세계를 개조하는 데 있다는 것이다.

마르크스주의입장에서 보면 이론이란 매우 중요한 것이다. 레닌도 '혁명적 이론없이 혁명적 운동없다'라고 한 것처럼 이론이 행동을 지도하는 기본이 되기 때문이다. 즉 인식의 중요한 점은 감성적 인식에서 이성적 인식으로의 능동적 비약에만 있는 것이 아니라 그것이 계속해서 이성적 인식으로부터 革命的 實踐으로의 비약으로 나타나야 한다는 것이다. 세계에 대한 법칙성을 인식하고, 그것을 다시 세계를 개조하는 실천으로 되돌려서 生産的 實踐, 革命的 階級鬪爭과 民族鬪爭의실천 및 科學실험의 실천을 하지 않으면 안된다는 사실, 그리고 이것이 이론을 점검하고 이론을 발전시키는 과정이며 모든 인식과정의 계속이라는 것이 모택동의 이론이다.[21]

네째, 마지막으로 認識運動과 實踐鬪爭이 社會變革의 과정에 적응하기 위해서는 급속하게 진행되는 속도에 따라 인식과 실천의 과정도 급속히 발전되어야 한다는 것이다. 인식과 실천의 적응과정이 사회변혁이

---

20) 같은 책, pp. 69~70.
21) 같은 책, p. 76.

나 혁명의 궤도와 같은 線 위에 있을 경우를 예로 들면서 모택동은 이
렇게 말하고 있다.

　"**혁명의 지도자**는 혁명에 대한 책임이 있으므로 자신의 **사상·이론·계획·
방**식에 잘못이 있으면 그것을 수정하고 情況이 급변하여 새로운 단계에 도달
하면 자신이나 운동에 참여하고 있는 사람들의 인식을 수정하여 새로운 임무,
계획등을 제시하여야 하며, 그렇지 않을 경우 혁명은 승리로 이끌 수 없다"[22]

　이 경우에 있어서 혁명적 지도자의 인식이 객관적 정세변화에 뒤지거
나, 이를 벗어나 환상적이고 미래지향적 오류를 범하는 것을 배격해야
한다고 하면서 「실천론」의 논리를 펴고 있다.

　　　2. 矛盾論

　사물의 矛盾法則, 즉 대립과 통일의 법칙은 唯物辨證法의 가장 기본
적인 법칙이라고 서문에서 밝히고 있으며, 모택동은 矛盾論을 마르크
스-레닌주의 철학의 기본으로 파악하고 있다. 앞의 「實踐論」이 주로
마르크스의 변증법적유물론의 인식논리에 편승하여 이론을 전개하였는
데 비하여 「矛盾論」은 레닌의 논리를 많이 인용하면서도, 모택동 자신
의 이론을 많이 피력하고 있다는 점에서 모택동사상의 哲學的 結晶으로
이해된다.[23]

1) 두 가지 世界觀

　인류 역사의 발전법칙(世界觀)은 두 가지가 있는데 하나는 形而上學

------

　22) 같은 책, p. 79.
　23) John B. Starr, 앞의 책, p. 24.

的 견해와 다른 하나는 辨證法的 견해이다. 이 두가지의 세계관에서, 지금까지의 역사를 지배해온 형이상학적 唯心論은 변증법의 관점에서 비판될 수 있다.

형이상학적 세계관은 고립되고 정지된 일면적이고 외형적인 부분만을 보기 때문에 사물의 형태와 종류의 변화를 인식하지 못하고, 內部矛盾에 의한 사물의 발전을 부정하기 때문에 어느 질이 다른 질로 변하는 현상을 인식하지 못한다. 그러나 유물변증법의 세계관은, 어느 사물의 다른 사물에 대한 관계로부터 사물의 발전을 연구한다. 즉, 사물의 발전은 사물의 내부에 있는 필연적인 자기운동으로 정의되고, 개개의 사물의 운동은 모두 그 주위의 다른 사물과 상호 연관관계를 맺으며 상호 영향을 주고 있는 것으로 간주한다. 사물의 발전의 근본원인은 그 외부가 아닌 내부, 즉 사물의 내부에 있는 모순성에 있다. 모든 사물의 내부에는 이 矛盾性이 있기 때문에 그 사물이 운동하고 발전하는 것이다. 그리하여 각종 사물의 矛盾運動을 관찰·분석하며, 이러한 분석에 근거하여 모순을 해결하는 방법을 찾아낼 수 있는 辨證法的 世界觀의 관점을 중시하고 있다. 24)

2) 矛盾의 보편성

모순의 보편성에 대해, 세계의 모든 사물은 그 내부적 모순의 자기운동의 법칙, 즉 통일물이 분열하고 대립하고 투쟁하여 다시 재통일되는 변증법에 의해서 발전하는 것이라고 하였다. 그리고 운동의 전과정에 걸쳐 모순이 존재하므로 운동없는 사물은 존재하지 않고 모순의 자기운동이 아닌 운동은 존재할 수 없다는 것이다. 따라서 전쟁의 攻守, 進退, 勝敗도 모두 모순하고 있는 현상이며, 한편을 없애면 다른 한편도 없어진다. 쌍방은 투쟁하면서 결합하고 전쟁전체를 형성하며 전쟁의 발

---

24) 같은 책, pp. 87~88.

전을 추진시키고 전쟁의 문제를 해결 할 수 있다는 논리이다. [25]

3) 矛盾의 特殊性

우선 각각의 物質運動形式 안에서 모순은 모두 특수성을 갖고 있으며, 이것이 사물을 다른 것과 구별짓는 판단의 기준이 되는 것이다.

어떠한 운동형식도 그 내부에 그자체의 특수한 모순을 포함하고 있다는 것이다. 사물은 우선 實在性에 의해 그 모순의 존재가 인정되고 운동형태의 차이에 의해 모순의 성질이 달라진다. 또 발전과정과 발전단계에 의해서도 성질이 변하게 되며 성질이 다른 모순은 성질이 다른 운동방법에 의해서만 해결될 수 밖에 없다고 하는 것이 모순의 특수성이라고 한다. [26]

4) 主要矛盾과 矛盾의 주요측면

복잡한 사물의 발전과정에 존재하는 모순의 특징을 나타내는 측면이 바로 主要모순과 모순의 주요측면이라는 것이다. 따라서 어떠한 과정이라도 많은 모순이 존재한다면 그 중 하나가 주요한 것으로 지도적 작용, 결정적 작용을 하게 되고 나머지는 반드시 부차적 종속적 위치에 있게 된다. 그러므로 어떠한 과정을 연구하는 데에서도 두 가지 이상의 모순이 있는 복잡한 과정이라면 반드시 주요모순을 찾아내지 않으면 안된다. 이 주요모순을 파악할 수 있다면 모든 문제는 쉽게 해결된다. 사물의 질적 발전 및 낡은 과정과 새로운 과정의 교체는 이런 주요모순과 모순의 주요한 측면이 극복되는 것이라고 한다. [27]

---

25) 같은 책, pp. 93~94.
26) 같은 책, p. 106.
27) 같은 책, pp. 111~112.

모택동은 이런 주요모순과 모순의 주요측면과의 관계를 중국의 역사 안에서 찾고, 이런 모순의 투쟁과 해결의 방법으로 중국의 문제가 해결 될 것이라고 보았다. 예를들자면, 자본주의 사회에서는 프롤레타리아계 급과 부르조아계급의 주요 2대모순이 있고, 부차적 모순은 부르조아와 잔존봉건세력간, 부르조아와 농민소시민간, 자본주의 제국상호간의 모 순으로 규정했으며 모택동이 모순론을 발표할 당시의 중국의 주요모순 은 중국인민과 일본제국주의간의 모순이고 국내 계급간의 모순은 부차 적이었다.

5) 矛盾하는 諸側面의 同一性과 鬪爭性

모든 과정의 모순하고 있는 각 측면은 원래 서로 배척하고 투쟁·대 립하고 있다. 세계의 모든 사물의 과정과 사람들의 사고과정이 이처럼 모순성을 포함하고 있다는 점에 있어서 예외는 없다고 본다.

우선 두가지 상반하는 것에는 동일성이 있기 때문에 양자는 하나의 통일체 속에 공존할 수 있고, 다른한편 서로 전화할 수 있다는 것으로 보 아 조건성이 존재한다는 것이다. 즉, 어떤 일정한 조건 하에서 모순하는 것은 통일될 수 있으며 또한 상호전화 될 수 있는 것이다. 어떤 일정한 조건이 없으면 모순이 될 수 없고 공존할 수 없고 또한 서로 전화될 수 없다. 어떤 일정한 조건에서만 모순의 동일성이 구성되기 때문에 동일 성은 조건적이고 상대적이다.

또한 모순의 투쟁은 과정을 처음부터 끝까지 일관하고 어떤 과정을 다른 과정으로 전화시키는 것이고 모순의 투쟁은 어디에나 있다는 것이 다. 그러므로 모순의 투쟁성은 무조건적, 절대적이다. 조건적, 상대적 동일성과 무조건적, 절대적 투쟁성이 결합하여 모든 사물의 모순운동을 구성한다. 따라서 동일성 속에 투쟁성이 있고, 특수성 속에 보편성이 있으며, 개별성 속에 공통성이 있는 것처럼 상대적인 것 속에 절대적인

것이 있다는 논리이다. [28]

6) 矛盾에 있어서의 敵對的 위치

인류역사 속에는 계급간의 敵對가 존재하고 이것은 모순의 특수한 현상이라고 모택동은 생각했다. 즉, 착취계급과 피착취계급은 고대의 노예사회이든 현대 자본주의사회이든 서로 모순하면서 한 사회에서 오랜 역사동안 투쟁해 왔으나 이들의 투쟁이 외적으로 敵對의 형식이 되고, 혁명으로 발전하려면 어느 단계로의 발전이 있어야 한다는 것이다. 모순투쟁의 일체가 적대적인 것이 아니라 적대가 비적대로 발전할 수도 있고 그 반대도 있을 수 있다는 것이다. [29]

7) 결론

결론에서는 앞서의 여섯가지 내용을 정리하면서 위의 내용을 연구·파악하여 혁명사업에 불리하고 해가 되는 敎條主義를 타파하고, 경험주의에 규칙을 부여하여야만 발생할 수 있는 오류를 근절할 수 있다고 하였다.

3. 軍事思想

1) 遊擊戰理論

1938년 5월 「抗日遊擊戰爭의 戰略問題」라는 제목으로 제출된 모택동

---

28) 같은 책, pp. 124~125.
29) 같은 책, p. 127.

의 대표적인 군사전술인 유격전이론은 그의 혁명과정에서 축적된 경험과 사상이 결합된 군사이론이라고 할 수 있다. 유격전이라고 하면 일반적으로 전략이라기 보다는 전술적인 문제이지만 중국공산주의혁명이라는 특수한 상황과 중국이라는 넓은 영토에서의 혁명운동에서 적용되는 경우를 모택동 특유의 사상적 기반 위에서 다음과 같이 정리하였다.

　"중국의 상황에서 정규전으로 적과 대치하기에는 적절하지 못하다. 즉 중국이 小國이 아니라 넓은 영토를 가지고 있지만 강대국은 아니므로 유격전은 戰略으로서 제기될 수 있다….

　중국의 혁명운동과 같은 전쟁에 있어서 기본원칙은 가능한 한 자기의 역량을 보존하고 적의 역량을 소멸시키는 것이며, 이 원칙은 혁명전쟁에 있어서는 직접적으로 기본적인 정치원칙과 연결되어 있다. "[30]

이러한 기본관점에서 모택동은 유격전에 대하여 다음과 같은 구체적인 전략을 제시하였다. 즉, 방어전 가운데의 공격전, 지구전중의 속결전, 내선작전중의 외선작전에 있어서의 主動性, 유연성, 계획성이라는 전술과, 유격전에서 正規戰과의 배합, 근거지의 건립, 운동전으로의 발전, 전략적 방어와 전략적 공격, 정확한 지휘체계라는 전술적인 내용이 바로 모택동의 「유격전」의 내용이다. 여기에서는 위의 전술에 대해 모택동의 어록을 중심으로 살펴보기로 한다.

(1) 主動性·유연성·계획성

내선작전중의 외선작전에 있어서 주동성(主動性)·유연성·계획성에 대해서 중국의 공산주의 혁명이라는 특수한 상황은 戰場의 非一定性과 非正劃性이라는 특징이 있었다. 이러한 경우에 있어서의 유격전이 적용될 때 주동성이 문제가 되는 것이다. 모택동은 이 문제에 있어 다음과 같이 서술하고 있다.

---

30) *Selected Works of Mao Tsetung*, Vol. Ⅱ. (Peking: Foreign Languages Press, 1967), pp. 79~80.

"모든 전쟁에 있어서 敵我雙方은 戰場 전투지역 전쟁구역 전쟁 전반에 걸쳐 主導權을 장악하기 위해 싸운다. 왜냐하면 주도권은 바로 군대의 행동의 자유를 의미하기 때문이다. 군대가 주도권을 잃어버리면 피동적인 지위로 떨어져 행동의 자유를 잃게 되어 패배 또는 섬멸당하는 위험에 직면하게 된다. 특히 유격전에 있어서 주도권의 문제는 보다 엄중한 문제이다. 왜냐하면 대부분의 유격부대는 대단히 곤란한 환경, 즉 후방이 없는 상태거나 적은 강하고 우리편은 약한 상태에서 작전을 수행하기 때문이다. 따라서 유격전에 있어서의 주동성은 능동적인 전략수행의 기본원칙이다."[31]

또한 유격전의 실제 수행에 있어서 전술의 실제 적용이라는 측면을 강조할 때 대두되는 문제는 유격대의 활동의 유연성이 될 것이다. 유격전이라는 특수 전술의 상황에서 유연성은 더욱 중요한 요건으로 작용한다고 보아야 한다. 이에 대해 모택동은,

"유연성은 주동성의 구체적 표현이다. 병력의 유연성있는 사용은 정규전보다 유격전에 있어서 더욱 중요하다. 유격전의 지도자는 유연성있는 병력의 사용이야말로 敵我의 형세변경과 주도권 쟁취에 있어서 가장 중요한 수단이라는 사실을 반드시 이해하여야 한다. 유격전의 특성에 근거하여 반드시 임무·적정·지형·주민 등의 조건에 따라 병력의 사용은 유연하게 변동되어야 한다."[32]

모든 군사적인 전술과 전략의 운용에 있어서와 마찬가지로 계획적인 운영과 적용은 필수적인 것이다. 특히 불리한 조건에서 싸우는 경우 우세한 적을 이기기 위해서는 반드시 계획성 있는 군사진술의 운영이 필요한 것이다. 이러한 요구는 모택동의 유격전에 있어서도 마찬가지였다.

"계획성 없이 유격전의 승리는 불가능하다. 아무렇게나 하면 된다는 생각은

---

31) SRW. Vol. Ⅱ, 앞의 책, pp. 85～87.
32) 같은 책, pp. 88～89.

유격전을 우롱하거나 무시하는 태도이다. 전체적인 유격구의 행동 뿐만 아니라 개개의 유격부대 또는 유격군단의 행동은 가능한 한 엄밀한 계획이 선행되어야 하며 이것은 모든 행동의 사전 준비활동을 의미한다. 상황의 이해, 정확한 임무, 병력의 배치, 군사 및 정치교육의 실시, 장비의 정리, 민중조건의 배합, 등은 지도자들이 고려할 사항이다."[33]

(2) 근거지의 건립

유격전이라는 특수한 전술의 중국적인 적용이 혁명운동의 수행과 항일민족통일전선이라는 민족간의 투쟁전선에 나타날 때 요구되는 중국적인 전술상황이 바로「근거지의 건립」이라는 내용으로 요약된다. 근거지란 유격전을 수행하는 유격대의 충원과 보급, 피신의 원천적 지역이지만 외선적으로는 적의 지배아래 놓여 있으면서 내선적인 유격대의 후방지역을 의미한다. 근거지의 건립이라는 조건에 대해 모택동은 다음과 같이 말하고 있다.

"전략적 근거지 없이는 모든 전략임무를 집행하거나 전쟁목적을 실현하는데 의지할 것이 없다. 후방없이 작전하는 것이 본래 적후방에서 유격전의 특징이다. 그러나 유격전은 근거지 없이는 장기적으로 생존 발전할 수 없다. 이런 근거지의 건립조건으로는 첫째, 무장부대가 있어서 적을 쳐부숴야 하며 민중이 분연히 일어서게 해야만 한다. 둘째, 무장부대가 민중과 결연히 배합되어야 하고 세째, 무장부대의 역량을 포함한 모든 역량을 이용하여 민중이 투쟁을 위해 궐기하게 하는 것이다. 즉 모든 유격전쟁의 근거지는 오로지 무장부대의 건립, 적의 소탕, 민중의 분기(奮起)라는 세가지 기본적 조건이 구비되어야 진정으로 건립될 것이다"[34]

(3) 운동전으로의 발전

유격전은 앞에서도 밝힌 바와 같이 진지전이나, 지구전 등의 다양한 전술이 복합적으로 적용되는 변칙전술이다. 이러한 전술이 전황의 변화

33) 같은 책, pp. 90~91.
34) 같은 책, pp. 100~102.

에 의해 정규전으로 발전하는 경우를 모택동은 유격전의 운용으로 인식
하였다.

　　"유격대를 운동전을 하는 정규군으로 전화시키기 위해서는 수량의 확대와
질량의 제고라는 두 가지 조건이 반드시 구비되어야 한다. 직접적으로 인민을
동원하여 부대에 가입시키는 방법을 제외하면 수량의 확대는 소부대를 집중시
키는 방법이 있으며, 질량의 제고는 전쟁중 전투원의 단련과 무기의 질적 향
상에 따르는 것이다"[35)]

　이상과 같은 유격전의 전술적 적용은 국민당과의 國共內戰 뿐 아니라,
항일전쟁에서 그 위력을 발휘하였다. 그리고 모택동의 이러한 군사전략
은 뒷날 외국의 혁명전쟁에서 지역적 사정의 변용에 따라 매우 적절히
응용되었다. 따라서 모택동의 유격전이 차지하는 모택동사상에서의 위
치는 단순히 중국적인 범주를 넘어서 일반화되었음을 알 수 있을 것이
다.

2) 持久戰論

　모택동의 군사전술에 있어서 우선적인 급선무는 게릴라의 생존을 유
지하는 것이었고, 그러기 위해서는 시간적 여유를 얻어야 했다. 따라서
군사적으로는 空間을 조직화 하여 時間을 벌고 또 정치적으로는 시간을
조직화하여 意志, 革命精神을 길러내는 「공간」「시간」「意志」의 세 가
지를 변증법적으로 통일하는 것이 기본과제였다. 「공간・시간・의지」의
삼자 관계는 「時空」을 매개적인 축으로 하여 軍事와 정치의 양자관계를
유기적으로 통일시켰다.
　이 持久戰論에서 그의 군사전술은 포괄적으로 요약되어 있다.
　즉 모택동의 持久戰의 간단한 教儀는 「十六字戰法」의 공식이다. 즉

─────────────
35) 같은 책, pp. 107~109.

敵進我退·敵據我擾·敵疲我打·敵退我進의 공식이 바로 그것이다.

持久戰의 제 1 단계 전제조건은 적이 속결전을 추구하며 모든 可用資源을 동원하여 공격해 올 것이라는 데 있다. 따라서 제 1 단계에 있어서 모택동은 전투할 것을 기대하지만 주로 후퇴에 주안점을 둔다. 그러한 까닭에 순수한 군사활동 보다는 적극적인 정치적 역할이 더 중요시된다. 이리하여 紅軍은 시간을 버는 동안 강화되지만, 적을 공격하기에는 너무나 취약한 반면에, 적군도 그 이상 진격하지 못하게 되어 彼我間의 일종의 교착상태가 이루어져 제 2 단계로 전환한다는 것이다.

이리하여 취약한 홍군측에서는 전쟁이 持久戰化된다는 사실에서 저항을 위한 의지가 강화되고 勝戰意志가 싹튼다. 또 게릴라도 運動戰을 위한 正規軍으로 확대 발전되어 敵의 대부대를 공격할 수 있는 규모가 됨으로써 제 3 단계로 들어간다. 여기에서 게릴라군은 정규군으로 재편성되며 비정규군도 정규군으로 전환한다. 그 결과 쌍방의 군사력과 勝戰意志가 戰局을 좌우하게 된다. 運動戰이 보조역할을 하고 게릴라전·陣地戰이 주역할을 하던 제 2 단계에서 運動戰이 주역할을 하고 게릴라전·陣地戰이 보조역할을 하는 제 3 단계로의 전환이 이루어진다는 것이다.

4. 人民民主專政論

모택동은 혁명단계를 민주혁명과 사회주의혁명으로 구분하였다. 1940년 「新民主主義論」에서 프롤레타리아가 영도하는 모든 反帝·反封建的 인민의 연합독재하의 민주공화제[36]라고 민주혁명의 단계를 논했다. 이 단계에서 半植民地的·半封建的 사회를 독립된 민주적 사회로 변화시켜 社會主義를 건설한다는 것이다.

---

36) 같은 책, p. 118.

제 3 절 「中共」建國 以後 毛澤東思想

1. 관료주의에 대하여

중공은 정권을 장악한 이후「政治協商會議」를 조직하고 이를 통해서 각 당파의 구성원들을 중공정부에 참여시켰다. 그러나 중공의 이러한 연합정부적 성격은 1950 년부터 1956 년까지의 五大政治運動과[37] 三大經濟改造運動[38]을 거치면서 중공당의 일당독재로 변모하게 된다.

1957 년 2 월 모택동은「인민내부의 모순을 정확히 처리하는 문제에 관하여」라는 연설에서 다음과 같이 말했다.

"1956 년에 몇몇 지방에서 소수의 노동자와 학생이 파업과 동맹휴학을 벌이는 사건이 발생되었다. …또한 몇몇 合作社에서 사원과 합작사 사이에 분쟁이 있었다. 이러한 투쟁의 직접적 원인은 몇가지 물질적 요구가 만족되지 못했기 때문이다. 이들 요구 가운데 일부는 마땅히 해결해야 하고 해결이 가능하나, 일부는 부당한 것으로서 일시에 해결할 수 없다. 그러나 분규가 발생하게 된 더 중요한 원인은 지도부의 官僚主義에 있다."[39]

모택동은 또 이렇게 말하였다.

"우리나라의 인민 내부의 모순은 지식분자들 가운데서 나타났으며, …지식분자와 청년학생들 가운데서는 최근에 思想政治工作이 약화되어 약간의 偏向

---

37)『土地改革運動』, 『抗美援朝運動』, 『反革命鎭壓運動』, 『三反五反運動』과 『思想改造運動』을 말한다.
38)『社會主義革命』 단계에서의 『農業・手工業과 私營商工業』의 社會主義 改造를 칭한다.
39)『毛澤東選集』第 5 卷, p. 395.

이 출현하였다. 일부 사람의 눈에는 어떤 정치, 어떤 조국의 전도, 인류의 이
상에 대해 관심이 없는 것 같다. ˮ⁴⁰⁾

이처럼 모택동은 인민 내부의 모순을 관료주의와 「사상정치공작의 약
화」가 조성한 것이라 간주하고 그 해결 방법을 제시하였다.

"인민 내부의 사상문제나 시비의 판별문제는 강제적인 방법을 써서 해결할
수 없다. 행정명령이나 강제적인 방법을 써서 사상문제나 시비문제를 해결하
려고 기도하는 것은 효과가 없을 뿐만 아니라 유해하다. 우리는 행정명령으로
종교를 소멸시킬 수 없으며, 사람들을 강제하여 종교를 믿지 않도록 할 수 없
으며, 唯心主義를 버리라고 강제할 수 없고 또한 마르크스주의를 신봉하도록
강제할 수도 없다. 무릇 사상성을 띤 문제와 인민 내부의 모순에 속하는 문제
는 단지 민주적인 방법을 써서 해결할 수 밖에 없다. 즉, 토론과 비판, 설득
과 교육의 방법을 써서 해결해야 한다. ˮ⁴¹⁾

사상문제는 강제적인 방법으로 해결이 불가능하며 민주적인 방법을
써야 되는데, 토론과 비판, 설득과 교육을 제시했다. 이어서 모택동은
내부의 모순을 해결하는 민주적인 방법은 「단결―비평―단결」이라면서
다음과 같이 구체화하였다.

"1942년 우리는 인민 내부의 모순을 해결하는 민주적인 방법을 구체화해서
공식으로 만들었다. 즉, 「團結―批評―團結」이 그것이다. 상세히 말하자면, 단
결을 바라는 데서 출발하여 비평이나 투쟁을 거쳐 모순을 해결하고 새로운 기
초 위에서 새로운 단결에 도달하는 것이다. ˮ⁴²⁾

2. 三面紅旗

모택동의 主觀主義와 唯心主義的인 사상은 「反右派」 運動을 거치면서

40) 같은 책, pp. 384~385.
41) 같은 책, p. 368.
42) 같은 책, p. 369

한층 발전되었다. 1958년　모는　경제견설의　三面紅旗를　제기하였는데,「工·農業·生產의　大躍進」,「社會主義　建設의　總路線」,「人民公社」가 그것이다.「大躍進」은 15년 이내에　英國을　따라간다는　구호아래　대규모 적인　水利와　재래식　방법에　의한　製鋼운동을　일으킨　大衆運動이고,「總 路線」은 1958년 5월　中共黨第8屆第2中全會에서　통과된　힘써　일해　일 로　올라서며　더　빨리　더　절약하여　사회주의를　건설하자는　것이며,「人民 公社」運動은　소규모의　高級合作社는　해체하고　農·工·商·學·兵의　合 一을　특징으로　하는　대규모의　새로운　농촌조직체를　만들어　대규모의　협 력·조직의　軍事化, 행동의　전투화, 생활의　집단화등을　통해서　급속히 농촌종합개발을　추진하며, 이로써　사회주의건설을　끝내고　예정보다　일 찍　공산주의단계에　진입하도록　하는　데[43]　그　목적을　두고　있는　것이다. 유소기 (劉少奇)는　이에　대해　다음과　같이　설명한　바　있다.

"세계　최대의　勞動大軍　五億農民을　동원하여　식량과　각종　부식품의　생산을 발전시키고, 면화　및　기타　공업　원료의　생산을　발전시키며, 그들을　동원하여 무한한　노동으로　공헌하고　무한한　財富를　조성하도록　하여　국가의　공업　건설 을　위해　자금을　모은다면　국가의　공업화를　가속화시키고　국민경제의　발전을 가속화시킬　것이다."[44]

그러나　三面紅旗는　大躍進이　아니라　경제후퇴를　초래하였다. 이에　모 택동은　다른　사람들이　따르지　않더라도　자신은　右傾机會主義者[45]가　되 어서　끝까지　관철해　나갈　것이라고　밝혔다.[46]　그러나 1959년　中共黨의 廬山會議에서　彭德懷가　모택동의　三面紅旗를　左傾机會主義라고　비난하

43) Robert R. Bowie and John K. Fairbank, *Communist China 1955~19 59 Policy Documents with Analysis*(Harvard Univ. Press, 1962), pp. 454~456.
44) 劉少奇選集, pp. 444~445.
45)『三面紅旗』의　완화를　의미한다.
46) 毛澤東, "在鄭州會議上的講話",『毛澤東思想萬歲』第2輯, (臺灣：國際關 係研究所), p. 41.

자 모택동은 태도를 전환하여 「反右傾」으로 돌아섰다. 모택동은 노산회의에서 다음과 같이 말하였다.

  "현재는 反左가 아니라 反右로서, 右傾機會主義者들의 당과 6억 인민, 그리고 사회주의에 대한 공격이 문제이다. …결점과 착오가 존재했으나 이미 고쳐졌다. 그러나 右傾機會主義者들은 고칠 것을 요구하고, 총노선을 공격하면서 잘못된 방향으로 인도하고 있다. "[47]

3. 계속혁명

이 때에, 總路線의 효과 여부는 이미 중요하지 않았으며, 중요한 것은 總路線의 정확성을 정치적으로 옹호하는 것이었다.

이러한 배경에서 모택동은 繼續革命論을 제기하였다. 1962년 9월 중공당의 「8屆10中全會에서의 연설」 가운데 모택동은 다음과 같이 말하였다.

  "사회주의국가에 계급이 존재하는가? 계급투쟁이 존재하는가? 현재로는 사회주의국가에 계급적 존재가 있으며 계급투쟁도 존재한다고 긍정할 수 있다. 레닌은 일찌기 혁명이 승리한 후 본국에서 타도된 계급은 국제적으로 부르조아 계급이 존재하고, 국내적으로는 부르조아 계급의 잔재와 쁘띠부르조아 계급의 존재가 끊임없이 계급을 생산하기 때문에 장기간 존재한다고 말하였다. "[48]

마르크스 유물사관의 논리에 의하면 사회주의 혁명 이후에는 私有財産制度와 계급의 물질적 기초가 소멸되어 계급이 존재하지 않는다. 그것은 생산관계와 생산력간의 모순이 이미 존재하지 않기 때문이다. 중공은 「社會主義改造」운동으로 「經濟集體化」의 목표를 완성한 후 계급투

---

47) 같은 책, p. 82.
48) 『毛澤東思想萬歲』, 第一輯, (臺灣 : 國際關系研究所), p. 431.

쟁의 소멸을 인정해 왔다. 그러나 모택동은 다시 이를 부인하고 부르조
아 계급의 프롤레타리아에 반대하는 투쟁의 존재를 인정하였다. 「계급
의 적」에 대해서는 「혁명적」 수단을 사용해야 하는 것이 공산당의 원칙
이며, 이 원칙에 기초하여 모택동은 다음과 같은 결론을 내렸다.

　　"사회주의의 역사 단계 가운데서도 반드시 프롤레타리아의 부르조아에 대한
　투쟁을 견지해야 하고, 프롤레타리아의 부르조아에 대한 독재정치를 견지해야
　하며, 프롤레타리아 독재정치의 계속혁명을 견지해야 한다."[49]

　이와 같은 모택동의 계속 혁명노선은 중공이 공산주의 단계에 도달해
서도 矛盾은 계속되고 있는 것으로 보고 있기 때문이다. 그 이유는 중
공은 사회주의 형성과정에서 정통마르크스주의적 노선을 밟지 않았기
때문이다. 즉, 자본주의가 성숙되어 모순이 첨예화되었을 때, 프롤레타
리아 혁명이 완성된 것이 아니라 봉건사회로부터 作爲的으로 사회주의
가 형성되었기 때문에 하부구조의 생산관계에서 나타나는 새로운 계급
을 억제하고 상부구조의 혁명이 계속되어야 한다는 것이다.
　모택동은 이러한 계속혁명론의 이념적 기초 위에서 사회주의교육운동
을 제기하여 본격적인 整風運動으로 진행시켰으며, 이를 「프롤레타리아
문화대혁명」으로 발전시켜 나아갔다. 이와 같이, 사회주의에서 발생하
는 모순을 해결하기 위해 혁명을 부단히 해야 된다는 계속혁명노선에
의한 모택동의 투쟁은 중공정치 발전에 핵을 이뤘다고 볼 수는 있으나
경제적인 침체를 초래하여 시체제개혁의 형성조건을 초래시켰다.
　모택동 이후 주은래나 등소평은 낙후된 경제건설을 위해 마르크스-레
닌주의를 전적으로 수용하지 않고, 중공식사회주의 경제를 건설해야 한
다면서 실용주의 노선을 채택했다. 그것은 중공이 자본주의의 성숙단계
를 거치지 않음으로써 생산력이 원시성에 머물러 국민의 물질적 기본욕
구를 충족시키지 못함으로써 사회불안이 점증되었기 때문이다.

―――――――

49) 十全大會에서의 華國鋒의 『政治報告』

제 4 절 毛澤東思想의 평가

모택동사상의 철학적인 기초는 기본적으로 마르크스-레닌주의의 敎儀에 그 근거를 두고 있으나, 毛思想의 특징은 중국고유의 역사적 상황에 근거한 실천적인 혁명론이라는 것이다. 毛思想의 기본적인 철학적 명제로써는 唯物辨證法, 矛盾論, 實踐論 등을 들 수 있다.

라자노프(Rjazanov)가 지적한 대로 마르크스사상이 이론이라면 레닌주의나 모택동사상은 실천이다. 사실 모택동은 저서인 『실천론』에서 '인식은 실천에서 시작되고, 실천을 통해 이론적 인식에 도달한 다음, 다시 실천으로 돌아가야 한다'고 주장하며 실천을 중시했다. 모택동에 있어서의 실천은 생산의 실천, 과학 실험의 실천을 의미하는데, 그는 이러한 실천을 경험함으로써 얻어지는 경험론의 입장을 수용하고 있다.

모택동이 마르크스 사상을 중국적 토양에 적용시켜 실천 전략에 활용함으로써 중국혁명전쟁을 승리로 이끈 공적은 높이 평가되어야 한다. 특히 마르크스가 중시했던 도시프롤레타리아 대신 국민의 압도적 다수를 점하고 있던 농민을 혁명의 주체로 삼은 농민중심사상과, 농촌을 근거지로 하여 혁명세력을 확대시킴으로써 도시를 포위·함락시킨 包圍持久戰略은 특기할 만하다.

또한 모택동은 모순론에서, 계급사회에서는 혁명과 전쟁이 불가피하다고 보고 혁명과 전쟁을 동전의 양면으로 간주했다. 그리고 그는 중국에 있어서 투쟁의 최고 형태는 전쟁이며 조직의 최고 형태는 군대라고 규정지으면서 총구에서 정권이 탄생한다고 했다. 이와 같은 그의 사고작용은 관념적인 논리의 산물이 아니라 20 여년간의 무력투쟁에 의한

그의 경험의 생생한 산물로 보아야 할 것이다. 그러나 그의 모순론에
입각한 사회주의 사회에서의 계속혁명론은 계속되는 투쟁과 격변으로
인해 정치적 목적은 달성되었을지라도 경제적인 침체를 초래했다.

그는 持久戰論에서 특히 정치적으로 시간을 조직화하여 意志(革命精
神)를 길러내기 위하여, 空間·時間·意志의 3자의 변증법적인 통일을
기해야 된다면서 군사와 정치의 양자관계를 유기적으로 통일시켜야 한
다고 했다. 이는 유물론의 추종자인 모택동이 人間의 意志와 혁명정신
을 강조함으로써, 마르크스의 상부구조를 강조하게 되어 자기 모순에
빠졌음을 나타낸다.

모택동은 그의 『新民主主義論』에서 프롤레타리아가 영도하는 모든 反
帝國主義的·反封建的 인민의 연합독재하의 민주공화제를 제창하였다.
또한, 민주주의 국가형태는 노동자, 농민, 小市民, 民族資本家의 4개
계급의 연합專政(joint dictatorship)을 명분으로 실시되는 공산당 독재의
과도기적인 형태를 거쳐 사회주의 사회를 건설해야한다고 했다. 다시
말해 半植民地的·半封建的 사회로부터 民族해방을 완수하여 민주사회
로 변화시킨다는 것이다. 이와 같은 논리는 마르크스가 주장하는 공산
주의의 세계화에 크게 미치지 못하고 오히려 민족주의적 성향을 강하게
반영한 것이라 할 수 있다.

제 8 장 從 屬 理 論

제 1 절 從屬理論의 개념

제 2차 세계대전 이후의 국제정치현상에서 가장 두드러진 것이 식민지 독립이다. 아시아·아프리카, 그리고 라틴 아메리카는 민족해방 및 독립과 더불어 역사의 무대에서 客體的 지위로부터 탈피하여 主體的 각성을 시도하였는데, 이러한 민족주의적 의지의 표현은 범세계적인 현상의 하나였다.

따라서 군사적 직접지배에 의한 식민지는 사라지게 되고 경제적 수단에 의한 지배라는 새로운 형태의 新植民地主義가 발생하게 되었다. 즉 신흥독립국들이 형식상의 독립은 쟁취하였으나 경제적으로는 여전히 西歐諸國의 지배를 받게 된다는 것이다. 이러한 상황하에서 신흥독립국의 사회 경제적 구조(socio economic structure)는 제국주의세력(imperialist power)에 의존되어 있고, 신흥독립국의 모든 정치적 의사결정(decision-making)도 그들의 영향을 크게 받게 되었다.

일반적으로 식민지체계(colonial system)라는 것은 식민지, 半植民地 및 從屬國을 지칭하는 개념이다. 식민지라함은 식민지 本國에 의하여 국가주권이 박탈되어 직접 통치되는 국가를 의미하며 半植民地·從屬國이라함은 형식상의 독립은 성취하였으나 실질적으로는 宿主國에 정치적·

경제적으로 예속되어 있는 광의·협의의 종속국을 말한다.

종속(dependency)이라는 용어는 원래 신식민주의(neo-colonialism)로 통용되던 것이었으나[1] 前述한 바와 같이 先進諸國의 半식민 상태로부터 탈피하기 위해 라틴 아메리카에서 이것을 종속으로 대치하면서 학계에 등장된 용어이다.[2]

종속이론이 사회과학분야의 연구대상으로서 갖는 의의는 제 3 세계 종속국의 主體的 입장에서 사회현상을 분석하는 시각을 제공하는 점이다. 따라서 종속이론의 개념이 명확한 정치학적 이론의 체계를 가지는 것이 아니라 현상에 대한 適用理論으로서의 성격이 강하며 주로 라틴 아메리카의 주체적 각성 및 민족주의적 의사표현과 유기적으로 결합함으로서 그 중요성과 실제성을 지니고 있는 것으로 보인다.

이러한 라틴 아메리카지역의 현상학적, 역사적 경험에 입각한 知的 意思의 發現形態인 從屬理論이 일반론적 분석의 틀로써 모든 남북문제 연구에 적용될 수 있는 것인가에는 의문이 있으며, 마르크스주의자와 분석시각이 유사하다는 데서 갖는 이데올로기적 한계가 존재한다. 또한 종속이론의 이론체계는 근대화이론, 즉 발전 중심적인 논리인 擴散理論(diffusion theory)에 대한 對抗理論으로서 외면적으로 통일된 특징은 갖고 있지만 從屬學派 내부의 보수, 온건, 급진주의자의 대립이 있고 前期·後期學派들의 개념이 서로 상이하여 내면적 통합성을 결여하고 있다.

---

1) 이러한 것도 레닌(Lenin)에 의하여 처음 확인되었으며, 1965년 엔크루마 (Nkrumah)에 의하여 묘사되었다. Tony Thorndike, "The Revolutionary Approach: The Marxist Perspective," in Trever Taylor, (ed.), *Approachs and Theory in International Relations*(London Lenguran, 1979), p. 86 참조.

2) 종속의 개념을 가장 명료하게 정의하고 있는 것은 산토스로서 "종속이란 一群의 국가의 경제가 그들을 종속시키고 있는 다른 경제의 팽창에 의하여 조건지워지는 상황을 의미한다. … 어떠한 경우이든 종속의 기본적인 상황은 종속국가들을 後進的이고 또 支配國家들의 착취하에 남겨놓게 되는 世界의 狀況을 초래한다." T. Dos Santos, "The Structure of Dependence," *American Economic Review*, Vol. 60, No. 2(May, 1970), p. 231.

제 2 절   從屬의 역사적 전개

선·후진국가 사이의 종속이 라틴 아메리카의 학자들에 의하여 문제로서 제기되고 이론적 형태를 갖추게 된 것은 1960년대 중반이었다. 그러나 16세기 이래 서구의 상업자본주의가 발달하여 세계가 자본주의체제 아래 놓이게 됨에 따라 선진국의 후진국에 대한 지배 및 착취라는 본래적 의미의 종속은 오늘날에 이르기까지 형태에 있어서만 변화가 있었을 뿐이지 본질적 내용에 있어서는 변화가 없다.[3] 이러한 변화의 과정을 왈러스타인(I. Wallerstein)은 식민화된 상업자본주의 시기(16 C초 ～1815), 유럽정복자들에 의해 정치적 독립을 획득한 산업자본주의의 시기(1815～1917), 그리고 독점자본주의시기(1945년 이전)와 그 이후의 寡占 자본주의의 시기에 있어서의 여러 형태의 종속으로 분류했다.[4]

1. 從屬狀況의 형성

나침반 및 망원경의 발명, 화약의 발명 등은 서구문명의 非西歐地域에로의 침투를 가능하게 하였으며, 1492년 콜롬부스에 의한 아메리카 발견으로 대표되는 지리상의 발견이 세계사의 새로운 전환을 예기케 하

---

3) 프랭크는 이것을 '變化에 있어서 지속성의 원리'라 불렀다. A.G. Frank, *Capitalism and Underdevelopment in Latin America: Historical Studies of Chile and Brazil*(New York: Monthly Review Press, 1967).

4) I. Wallerstein, "The Rose & Future Demise of the World Capitalist System: Concepts for Comparative Analysis," I. Wallerstein(ed.), *The Capitalist World Economy* (Cambridge: Cambridge University Press, 1979), pp. 1～36.

였다. 이로부터 세계는 서구중심의 가치관이 지배하였으며, 근대 세계의 수탈적 특징이 발견되기 시작하였다. 즉 라틴 아메리카, 아시아, 아프리카로부터의 착취를 바탕으로 한 유럽의 근대적 발전이 시작된 것이다. 이에 제3세계국가들이 우선적으로 해결해야 할 경제발전의 문제를 역사적, 구조적으로 분석해야 할 현실적 필연성에 당면하게 되는 것이다.

15~18세기 중엽까지의 세계적 조류는 유럽의 선진자본주의제국이 어떠한 방법을 통해 近代國家로 발전해 나가느냐는 것이었는데, 이는 필연적으로 植民地諸國의 희생을 수반하게 되었다. [5] 또한 유럽 산업혁명의 결과 식민지정책의 근간이 이제까지의 상업 자본적 수탈에 대신하여 産業資本的 수탈로 대치되었다.

1820년대 초 쿠바, 아이티, 산토 도밍고의 카리브해 연안국가들을 제외한 라틴 아메리카제국은 스페인, 포르투갈로부터 脫植民地 과정 (decolonization process)을 거쳐 大英帝國과 그리고 후에는 아메리카 합중국과의 사이에 新植民地 혹은 準植民地 관계로 대치되었다. [6] 또한 19세기에 있어 유럽 및 미국의 산업화는 라틴 아메리카를 原料供給地, 상품시장 및 과잉자본의 투자대상으로 만들고 19세기 후반부터는 노동의 국제분업체제가 형성되었다.

이 결과 모든 자본의 축적 및 산업활동은 서구에 집중되어 라틴 아메리카제국은 단순한 1차산품 수출국으로 전락되고 말았으며, 工産品의 수입은 수출의 불균형을 초래하였다. 또한 20세기에 접어들어 중남미의 내부지향적 발전을 위한 代替的 工業化(import substitution industrialization)를 시도하였으나, 자본과 기술의 부족으로 外債는 증가하고 불평

---

5) 서유럽에 있어서 자본축적의 역사적 전개에 대해서는 A. G. Frank, *World Accumulation, 1492~1789*(New York: Monthly Review Press, 1978)을 참조할 것.

6) Gary K. Bertsch(ed.), *Comparing Political Systems: Power and Policy in the Three Worlds*(New York: John Wiley & Sons, 1982), p. 360.

등 계약으로 선진국에 대한 의존도가 높아지는 技術產業型 從屬狀況은
가속화되었다.

이들 종속관계의 성립은 속성상 지배국가에게 유리해짐으로써 지배국
가는 종속국가에 대하여 기술, 상업, 자본, 그리고 정치적, 사회적 우
월성을 가지며 그러한 일방적 우월성에서 지배와 종속의 관계를 영구화
시켰다는 것이다. [7]

이러한 역사적 배경아래 종속이론 태동의 직접적 원인이 되었던 라틴
아메리카의 정치·경제·사회상황을 지적해 보면 ① 민족자본가 계층에
의한 輸入代替的 공업화정책이 추진되었으나 사회, 경제적 모순이 누적
되어 국제·국내적으로 소득분배의 불균형을 초래하고, 多國籍企業의 창
설과 外債의 심화로 오히려 종속이 가속화되었고, ② 한편 군부가 권력
을 장악하는 軍國主義傾向이 대두되었으며, ③ 쿠바혁명으로 상징되는
사회주의적 민족해방운동이 고양된 점이다. 특히 쿠바혁명의 승리는 제
3세계에 대한 非資本主義的 非소비에트적 발전노선의 가능성을 시사해
준 획기적인 사건이었다. [8]

2. 從屬學派의 대두

라틴 아메리카를 위시한 제 3세계에 팽배하고 있는 종속상황에서 기인
된 서빌진의 문제를 전후 서구의 사회과학자들은 개발도상국의 자체의
후진성에서 기인한다고 주장했다. 이들은 후진적이며 낡은 전통을 가진

---

7) T. Dos Santos, "The Structure of Imperialism," *American Economic Review*, (May, 1970), p. 231.

8) Richard R. Fagen, "Studying Latin American Politics; Some Implications of Dependencia Approach," *Latin American Research Reviews* Vol. XII, No. 2, 1977, pp. 6~7; 拙稿, "민족정신과 공산주의"(外大出版部, 1985), p. 280.

지역에 近代主義(modernism)를 전파시키고 자본과 기술 및 제도 등이 현대자본주의세계로부터 제 3 세계 지역으로 확산되거나 유출됨에 따라 이들 지역이 傳統狀態에서 近代的 狀態로 진화한다는 擴散理論(diffusion theory)[9]을 주장했다. 즉 서구적 근대화의 답습만이 後進性 극복을 위한 수단이 된다고 했다. [10]

이러한 논리하에 서구제국은 국제경제체제에서 자유무역을 통해 제 3 세계국가의 富를 착취해 가기에 이르렀다. 이에 종속론자들은 이들 제 1 세계의 발전론자들을 自民族中心主義(ethnocentrism)적인 발상의 한계를 벗어나지 못한 文化帝國主義者(cultural imperialists)이며, 인간보다는 과학에 더 몰두한 비인간주의적 존재들[11]이라 비난하고 이와 같은 역사적 종속구조 속에서 제 3 세계국가의 정치·경제적인 病敗를 치유할 대안을 제시하기 위해 1966년을 전후하여 라틴 아메리카에 있어서 低發展은 무엇이며, 저발전이 지속되는 이유는 무엇인가라는 문제의식을 갖게 되었으며, 이것이 점차 확산되어 종속이론으로 발전되었다.

종속이론의 첫단계는 프레뷔시(Raul Prebisch)가 유엔 라틴 아메리카 경제위원회(UN Economic Commission for Latin America: ECLA)의 책임자로 있으면서 1949년 라틴 아메리카의 低發展의 원인을 중심국과 주변국 사이의 不平等交換關係 내지 종속에 있다고 보고 수입대체산업을 육성한 데서 출발했다. 그후 프랭크(A.G. Frank)와 산토스(T. Dos Santos)

---

9) 滴下理論(trickled down theory)이라고도 불리는 이 擴散理論을 주장하는 학자로는 A.F.K. Organski, B.F. Hoselitz, D.C. MacCelland, G.A. Almond, J.S. Coleman, K.W. Deutsch, W.W. Rostow, S.P. Huntington 등이 있다.

10) 확산이론은 政府의 계획서, 재정제도 및 私企業 등에 주목해야 하고 저발전의 평가에 있어서도 국민소득, 문맹율, 불평등, 정치적 불안정들을 고려해야 한다는 제한된 범위를 설정한 한계성을 지니고 있다 ; R.H. Chilcote, "A Question of Dependency," *Latin American Research Review*, Vol, XIII, No. 2, 1978, p. 55.

11) J.F. Ocampo and D.L. Johnson, "The Concept of Political Development," J.D. Cockcroft(eds.), *Dependence and Underdevelopment*(New York: Doubleday & Co., 1972), p. 424.

등의 학자를 중심으로 ECLA 의 輸入代替的 공업화정책의 실패에 대한
비판운동이 고조되었다.

이러한 종속이론은 각기 다른 도구·개념·예측들을 사용하는 두 개
의 상이한 분석양식으로부터 발전되어 왔다. 그 하나는 ECLA 의 구조
주의적 관점에서 비롯된 것으로서 ECLA 의 견해를 계승·심화시키는
것이며, 다른 하나는 마르크스주의적 관점에서 출발하는 것으로 ECLA
의 성장모델이 라틴 아메리카의 低發展을 설명하지 못하고 있다는 불만
에서 비롯된 것이다. [12]

그러나 종속이론가들이 주장하는 공통된 논지는 근대화론자들이 주변
국의 저발전원인을 주변국가 내부에서 찾은 반면, 저발전의 원인을 주
변국가의 외부에서 구하고 있다는 점이다. [13]

---

12) 廉弘喆, 『從屬理論 ―低發展의 政治經濟學―』(서울 : 法文社, 1983), p. 33.
13) 종속이론가들이 주장하는 종속이라는 뜻은 영어로 Dependence 혹은 De-
   pendency 라고 표기하는데 이는 오늘날 제 3 세계에 속한 국가들이 중심국
   에 종속되어 있다는 전제아래 설정된 개념이다. Dependence 는 경제적인
   뜻에서 경제적 대외 의존관계를 표시하고 Dopondenry 는 경제적·사회적
   ·정치적 의미를 가지는 포괄적 의미로 중심국과 종속국 사이에 경제적
   구조의 통합과 이에 따른 대내적 병리현상까지를 뜻하는 것으로 경제적인
   측면에서의 제국주의개념과 비슷하다. Dependence 를 서술한 산토스는 그
   의 저서 『종속의 구조(The Structure of Dependence)』에서 '한 나라의
   경제가 다른 경제의 발전이나 팽창에 의해 조건지워지는 상황을 뜻한다'고
   정의했다. 즉 종속이론은 제 3 세계 특히 중남미제국이 선진공업국인 제1
   세계의 국제자본주의체제 아래 종속되어 왔음을 확인하고 탈종속을 위한
   자주적 국가발전을 목적으로 하는 民族主義的 實踐理論이라고도 볼 수 있
   다.

제 3 절 從屬理論의 주요 내용

종속이론은 제 3 세계의 발전, 저발전의 문제를 이해하는데 있어 칠코트(R. H. Chilcote)가 제시하는 바와 같이 「內面的 統合性」의 결여[14]로 이론적 차원에서의 통일된 견해를 성립시키지 못하고 있다.

각기 다른 지적 전통과 역사적 상황에서 배태된 학파간의 대립·모순이 존재하고 있으며, 같은 학파 내부에서도 1970년대를 중심으로 전기와 후기학자들 사이에 이견이 있음은 서론에서 서술한 바와 같은데, 이들 각학자들이 주장하는 가설로는 ① 프랭크(A. G. Frank)의 저개발 심화모델, ② 왈레스타인(I. Wallerstein)의 세계체제모델, ③ 카르도소(F. H. Cardoso)의 종속적 발전모델, ④ 산토스(T. D. Santos)의 新從屬모델, ⑤ 엠마뉴엘(A. Emmanuel)의 不等價交換모델, ⑥ 아민(S. Amin)의 주변부 자본주의모델 등이 있다. [15]

본절에서는, 이와같이 종속이론이 복잡다양함으로 종속이론의 이해를 위한 중심된 가설들만을 체계화하고자 한다.

---

14) R. H. Chilcote, *Theories of Development and Underdevelopment*(Boulder and London: Westview Press, 1984).

15) 라틴 아메리카의 종속에 관한 사례연구로는, 프랭크(A. G. Frank): 브라질과 칠레의 역사적분석(1967), 칠코트와 에델스타인(Chilcote & Edelstein): 아르헨티나, 브라질, 칠레, 쿠바, 과테말라, 멕시코의 역사적 경험 속에서 마르크스이론과 종속관계의 병합연구(1974), 제임스 페트라스(James Petras): 아르헨티나, 브라질, 칠레의 사례연구(1973), 카르도스소(Cardoso): 아르헨티나, 브라질에 관한 경험적 탐구(1971), 도스산토스(Dos Santos): 라틴 아메리카 특수상황에 종속국면 적용, 팀연구(1973) 등의 사례연구가 있다.

1. 中心과 周邊

역사적으로 볼 때 국제자본주의 경제질서는 시대에 따라 다소 유형의
차이는 있지만, 중심국과 주변국 간의 지배-종속관계로 정형화했으며,
그 여파로 주변국 내부의 사회, 경제적 구조도 중심부와 주변부로 양분
되어 지배-종속관계를 형성하고 있다. 이와 같은 중심-주변의 연계는
종속국의 주변부와 주변층으로부터 중심국의 중심층에 이르기까지 국내
차원과 국제차원에 걸쳐서 구조적으로 얽혀져 있는 것이다. [16]

이 중심-주변(Center-Periphery)의 개념[17]은 종속이론의 가장 중심된
가설로서, 기본적인 분석의 모델을 세계자본주의체제 속에서 현대사회와
低發展社會와의 관계를 〈착취〉와 〈피착취〉의 지배관계로 설명한 것인데,
1944년 프레비쉬(R. Prebisch)의 강연에서 종속이론에 대한 이론적 準據
(theoretical framework)로서 처음 제시되었다. [18]

그의 이 가설에 관한 핵심은 주변국의 교역조건의 악화를 통해 기술
개발의 이익이 일방적으로 중심국으로 이전되어 양국의 資本蓄積(capital
accumulation)이나 경제발전에 질적 격차가 생긴다는 것이며, 이들의 계
속적인 악순환을 통해 중심국이 주변국을 착취하고 주변국이 중심국의
발전에 봉사함으로써, 중심국이 계속적 발전을 이룩하는 반면에 주변은
영구적으로 저발전상태에 머무르게 된다는 것이다. [19]

16) A. G. Frank, *Capitalism and Underdevelopment in Latin American
Historical Studies of Chile and Brazil*, 앞의 책, pp. 7~8. 프랭크는 세
계적 범주에서 자본주의는 대도시나 중심부의 발전을 가져오고 주변부,
위성부는 저발전을 초래케 한다고 한다.

17) Prebisch 의 중심-주변(center-periphery)의 개념을 A. G. Frank 는 都市-
衛星(metropolis-satellite), S. Amin 은 中心部資本主義-周邊部資本主義
(capitalism of center-capitalism of periphery), I. Wallerstein 은 중심-
반주변-주변(center-semiperiphery-periphery)의 개념으로 각각 사용하고
있다.

18) R. H. Chilcote, 앞의 책, p. 23.

이 가설에 대한 다른 종속이론자의 학설을 살펴보면, 엠마뉴엘(A. Emmanuel)과 아민(S. Amin)[20]은 주변으로부터 중심으로의 가치 이동에 주의하여 不等價交換의 문제를 고찰해 왔다. 불평등한 국제특화(international specialization)는 수출활동의 왜곡의 결과이며, 주변국에서 중공업보다는 경공업에 중심을 둔 결과이다. 또한 세계자본주의의 시장에의 통합 때문에 주변국은 외국의 독점에 저항할 수 없고, 따라서 독자적으로 발전할 수 없다고 한다.

노르웨이의 사회학자 갈퉁(J. Galtung)은 그의 주요 논문「構造的 帝國主義論」(The Structural Theory of Imperialism)에서 사회학의 계층이론에서 도입한「구조적 분석(structural analysis)」을 제시하고 국제체제가 중심-주변의 구조를 갖고 있다고 했으며, 중심-주변의 관계를 제국주의로 파악하고 있다.

제국주의는 첫째, 중심국의 중심과 주변국의 중심 사이에 이익의 조화가 존재하고, 둘째, 이익의 不調和(disharmony of interest)는 중심국 내에서보다 주변국 내부에서 더 많이 존재하고, 세째, 중심국의 주변과 주변국의 주변 사이에는 이익의 不調和가 존재하는 중심국과 주변의 관계이다.[21] 즉 착취국의 중심부와 피착취국의 중심부문의 결탁으로 종속관계는 수직적 분업 내지 수직적 交流關係로 제도화되고, 이를 통해 중심국과 주변국의 이윤추구가 상호보완적 기능을 수행하게 된다는 것이다.

또한 매판엘리트(comprador elite)[22]로 불리우는 주변국의 중심부는 自

19) 一次産品인 農産物과 鑛産物 등을 수출하는 것이 고작인 주변국들은 중심국의 공업생산품, 기계설비, 과학기술, 고급기술인력, 판매, 금융 등에 의존하여 결과적으로 정치・사회・경제・문화면에 종속관계가 확산된다는 것이다.
20) R.H. Chilcote, 앞의 책, p. 11.
21) Johan Galtung, "A Structural Theory of Imperialism," *Journal of Peace Research*, No. 2, 1971, p. 83.
22) 從屬集團을 지배하고 있는 계급을 종속부르조아(dependent bourgeosie)혹은 매판엘리트(comprador elite)라 칭하고 이들은 지배국의 지배집단과

國의 값싼 노동력을 제공하여 중심국의 중심부에 기생함으로써 여러 특혜를 누리게 된다.

이러한 중심-주변의 개념은 상대적 속성을 갖고 있기 때문에 반드시 선진공업국과 개발도상국 간의 관계에서만 성립하는 것은 아니다. 개발도상국 간에도 산업화에 성공한 국가들은 아직 산업화가 뒤떨어진 後發低開發國과의 관계에서 지배와 종속관계가 성립되며, 소위 準帝國化될 가능성을 배제하지 않는 것이다. [23]

이러한 중심-주변의 관계가 깊어지면 깊어질수록 그 결과는 착취와 피착취관계의 심화를 초래하고 중심의 번영에 비례하여 상대적으로 주변의 빈곤이 심화된다.

2. 低發展의 발전

자본주의체제를 형성하고 있는 국가 사이의 위계는 대단히 복잡한데 上層에 있는 국가는 정도의 차이는 있지만 下層에 있는 국가들을 착취하고, 마찬가지로 어떤 위치에 있는 국가는 그 아래에 있는 국가를 착취하여 마지막에 남은 국가는 더 이상 착취할 곳이 없게 되어 착취하는 자와 당하는 자가 싸우는 적대관계가 된다. [24] 결국 선진제국의 발전은 후진제국의 低發展을 전제로 하는 것이다.

오늘날 라틴 아메리카를 위시한 여러 지역의 저개발상태는 수세기에 걸친 세계자본주의 발달의 역사적 산물이다. 여기에서 사용되는 低發展 (Underdevelopment)이라는 개념은 매우 위험한 것으로 한 사회의 정치적 조직, 경제적 특성 및 사회제도를 뜻한다. 또한 저발전은 빈곤과 동의어로 사용되지 않으며 빈곤이 저발전의 원인으로 파악되지도 않는다.

수직적 야합을 통해 종속관계를 심화하고 구조화시킨다는 것이다.

23) 河璟根, 『제 3 세계 政治論』(서울 : 한길사, 1980), p. 180.
24) Paul A. Baran & P. M. Sweezy, *Monopoly Capital*(New York: Monthly Review Press, 1966), p. 179.

종속이론가들은 주변국의 저발전 원인이 그 자신의 자원, 기술 또는 자본축적 등과 같은 능력과는 무관하게 선진자본주의국들의 수탈적 착취의 결과라고 여긴다. 즉, 저발전은 本源的, 本來的이 아니라 자본주의 팽창의 산물이며, 저발전과 발전은 자본주의체제의 역사적 발전의 兩面을 설명하는 것[25]이라는 가설을 거의 지지한다.

저발전의 발전이란 개념을 명확하게 제시한 사람은 프랭크(A. G. Frank)로서 저발전은 원상(original state)이 아니라 자본주의의 부정적 영향의 결과라고 한다. [26]

바란(P. Baran)에게 영향을 받은 프랭크(A. G. Frank)는 자본주의의 주변지역으로의 확산이 이들 지역의 발전을 증진시키기 보다는 저발전을 초래하기 쉽다고 자본주의 발전과 저발전의 이론을 상세히 설명했다.

프랭크(A. G. Frank)는 '대부분의 이론들이 전체로서 자본주의체제의 구조와 발전을 설명하는 데 실패하고, 자본주의체제 내에서 저발전과 발전의 동시적 과정을 설명하는 데 실패한다'고 주장하면서 경제발전이 연속적 단계를 통해 이루어지며 오늘날 저발전 국가들은 더 높은 발전단계를 경험할 것이라는 傳統學派의 견해를 비난했다. 그에 의하면 '低發展은 본래적, 전통적인 것이 아니며 오늘날 발전된 국가들도 그들이 未發展狀態(undevelopment)에는 있었으나 결코 低發展狀態(underdevelopment)는 아니었다'[27]고 한다. 그는 이러한 저발전의 문제를 糾명하기 위해 다음 다섯 가지 가설을 발전시켰다. [28]

25) O. Sunkel, "Big Business and Dependencia," *Foreign Affairs* 50(April, 1972), p. 520.

26) A. G. Frank, "The Development of Underdevelopment," *Monthly Review* 18(September, 1966), pp. 17~31.

27) 같은 책, pp. 17~18. 이와 같은 프랭크의 주장을 그리핀(Griffin)은 인도와 인도네시아의 예를 들어 17C초의 인도는 유럽제국보다 금, 은, 유리, 제지, 철골, 선박 등에서 경제적 우위를 누렸으나 영국이 동인도회사를 지배하고 영국 등이 강제적인 불평등조건으로 自由貿易主義를 추진했기 때문에 인도가 低發展되었다고 주장했다.

28) 같은 책, pp. 23~30.

첫째, 위성국가와 그 下部 中心部의 발전은 그들의 衛星的 위치 때문에 제한되는데 반하여, 어떤 다른 것의 위성이 아닌 세계 중심부는 발전한다. 이 관계는 19세기에 성장을 시작한 부에노스아이레스, 상파울로 같은 종속국가의 중심에서 증명된다. 그러나 오늘날 영국과 미국의 외부 중심부에는 종속이 존재한다.

둘째, 衛星은 중심부와의 유대가 가장 약할 때 발전한다. 예를 들면, 세계의 중심부가 전쟁중이거나 불황일 때이다. 17세기 유럽의 불황, 나폴레옹전쟁, 제1차 세계대전, 1932년의 대공황, 제2차 세계대전의 다섯 번의 위기가 이 정황을 입증한다. 그러나 중심부가 그 위기를 극복했을 때 위성은 세계체제로 재흡수되고, 따라서 衛星國의 과거의 발전은 무산된다.

세째, 오늘날 봉건적이고 후진적으로 보이는 지역들이 사실상 한때 고립되고 前資本主義的이었던 것이 아니라, 세계 중심부에 대해 일차산품을 제공하는 資源의 커다란 원천이었다. 그러나 이들 지역이 중심부에 의해 포기되어 쇠퇴하게 되었다.

네째, 저발전지역에서 大土地所有(Latifundium)는 국내시장과 세계시장에의 수요에 부응하여 생산물의 공급을 증가시킬 수 있는 산업기업으로 설립되었다.

다섯째, 오늘날 고립적이고 半봉건적으로 보이는 대토지소유제도는 그 생산물의 수요와 생산능력의 쇠퇴를 경험하였으나, 그것은 주로 농작물, 광산물 수출지역에서 그 경제활동이 일반적으로 쇠퇴한 지역에서 발견된다.

라틴 아메리카에 있어서 이러한 저발전의 발전은 16세기 이래 周邊部의 지위를 벗어나지 못하는 데서 기인하고 있는 것이다.

그러나 이상과 같이 종속이론가들이 라틴 아메리카의 저발전의 원인을 종속으로 규정한데 대하여 레이와 웹스터(J.L. Ray & T. Webster)는 「라틴 아메리카에서의 종속과 경제성장」이라는 논문을 통해 공업화된 선진국과 라틴 아메리카가 밀접한 관계를 유지함으로써 더욱 경제발전을 가져왔는가, 아니면 독자적(independent) 관계를 유지함으로써 경제발전을 가져왔는가에 대해 연구했다.

그들은 1960~1970년 사이의 라틴 아메리카 18개국과 선진 공업국과의 관계를 GNP 지수의 변화를 백분율로 환산하여 측정한 결과[29] 첫째, 종속과 경제성장과는 긍정적인 관계가 있으며, 둘째, 종속과 성장과는 서로 무관하다는 것이 증거에 의해 입증되었으며, 반면에 종속이 라틴 아메리카의 경제성장에 부정적 역할을 했다는 증거는 입증할 수 없었다고 결론지었다.

3. 多國籍企業

다국적기업(multinational enterprise, multinationals)[30]란 용어가 일반적으로 사용되기 시작한 것은 1970년대 부터였다. 다국적기업이란 기업의 활동이 여러 나라에 걸친 기업을 말하는 것으로 전세계시장에서의 활동이 본국에 있는 본사의 경영지배를 軸으로 이루어 지고 있는 메카니즘을 가지고 있으며, 거대한 독점자본으로 자본주의의 위기를 초래하게 하는 데 그 문제가 있다. 이 다국적기업의 중요한 특징은 개별적인 子會社의 이익을 극대화시키려는 것이 아니고, 중앙의 母會社의 이익극대화를 추구하는 것이다.

산토스(T.D. Santos)는 종속의 세가지 역사적 형태를 구별했는데,

---

29) J. L. Ray and T. Webster, "Dependency and Economic Growth in Latin America," *International Studies Quarterly* 22(3), (Sept, 1978), pp. 409~434. 비교연구한 18個國은 Argentina, Bolivia, Brazil, Chile, Columbia, Costalica, Dominican Republic, Ecuador, EL Salvador, Guatemala, Honduras, Mexico, Nicaragua, Panama, Paraguay, Peru, Urguay and Venezuela 이다.

30) 金井厚, 『多國間企業論』(서울 : 전예원, 1981), pp. 19~22 참조.

첫째, 식민사회의 토지, 광업, 노동에 대하여 무역독점 (trade monopol lies)이 확립된 식민지적 종속(colonial dependency)이 있었고,

둘째, 19세기 말 제국주의시대에 금융·산업적 종속(financial-industrial dependency)이 수반되었다. [31]

세째, 새로운 형태의 종속(new dependency) 혹은 기술, 산업형 종속 (the technological and industrial dependency)이 2차세계대전 이후에 나타났는데, 이 기간은 저개발국가의 국내시장을 겨냥한 다국적기업의 자본투자에 의해 특징지워진다. [32]

이러한 다국적기업의 기능에 관하여는 두 가지의 견해가 있다.

첫째, 다국적기업이 여러 국가들 사이에 資源을 전달하고 통일된 産業活動 시스템의 발전을 지원하여 富를 창출하고, 그 富의 대부분을 현지에 남김으로써 投資受入國의 발전에 기여한다는 견해가 있다. [33]

둘째, 이와는 반대로 다국적기업은 경제발전의 도구도 아니며 또한 도구가 될 수도 없는 것으로서 오히려 진출한 국가의 富를 긁어모아 그것을 해외로 빼돌리도록 만들어진 펌프[34]라고 한다.

종속론자들은 후자의 기능을 선택하는 데 공통된 의사를 표시한다.

선켈(O. Sunkel)은 이러한 다국적기업을 오늘날 종속의 要諦로 보고 '종속이란 발전국의 강력한 代理者, 즉 다국적기업에 의한 저발전국에의 침투 현상'이라고 하는데, [35] 다국적기업의 경제적 침투는 금융 또는

---

31) 이 시기는 패권을 쥔 중심부에 자본이 축적되고 자본이 중심부에 다시 돌아와 소비되는 농산물과 원료를 위해 주변부 식민지에 자본을 투자했다.

32) R. H. Chilcote, 앞의 책, p. 61. 프루다도는 이러한 세 단계를 比較優位의 단계, 輸入代替의 단계, 多國籍企業의 단계로 구분하고 있다 ; C. Furtado, "The Concept of External Dependence in the Study of Underdevelopement" in C. K. Wilber(ed.), *The Political Economy of Development and Underdevelopment*(New York: Random House, 1979), pp. 120~127

33) Howe Martyn, *International Business*(New York: The Free Press of Glencoe, 1964), p. 8.

34) Leo Huberman and Paul M. Sweezy, "Foreign Investment," *Monthly Review*, 1965. 1, p. 539.

35) O. Sunkel, "National Development Policy and External Dependence in

기술적인 수단에 의하여 행해진다. 다국적기업의 경제적 침투는 발전의 초기 단계에서는 일반적으로 직접 해외투자에 의해 이루어지는데, 鑛業面(칠레에는 Kennecott 銅, 이란에는 英國石油), 農業分野(과테말라 내에 United Fruit, 리베리아에 Firestone Rubber), 제조업(브라질에 Volkswagen, 혹은 상업면(한국에 Coca Cola와 Sears Roebuck과 그 외국가 등)에 각각 다국적기업을 설치하여 종속적인 관계를 유지하고 있다. 36)

종속론자들의 다국적기업에 관한 의견 중 일치를 보이고 있는 것은 다음과 같다. 37)

첫째, 해외투자의 이익이 宿主國에 빈약하게 분배되어 국내발전을 촉진하기 위해 이용될 수 있는 경제잉여가 다국적기업에 의해 유출된다. 이 중에는 이익금의 송금(果實送金), 특허권, 사용료 등이 포함되어 있다.

둘째, 외국의 투자가 숙주국에 경제적 왜곡(economic distortion)을 야기시킨다. 즉 자본 집약 내지는 노동집약적 생산방식을 채택하기 때문에 失業을 조장하고 저임금정책을 통해 소득구조의 불평등을 조장하여, 민주기업의 육성을 방해한다. 또한 소비를 조장하고 시장을 독점한다.

세째, 외국의 투자가 宿主國의 사회를 정치적으로 왜곡시킨다. 즉 정치인의 매수 등을 통하여 母國과 이익의 조화를 이루는 親中心國的인 매판엘리트를 형성케 하며, 이들은 권위주의적 정치체제를 고집하게 하고 이 체제의 형성과 유지에 협조하는 수혜층과 비협조적인 소외층 사이의 대립을 조장하게 된다.

Latin America", *Journal of Development Studies*, Vol. 6, No. 1, Oct, 1969.

36) Theodore H. Moran, *Multinational Corporations and the Politics of Dependence: Copper in Chile*(Princeton: Princeton Univ. Press, 1974), p. 286.

37) T. H. Maran, "Multinational Corporations and Dependency," *International Organization*, Vol. 32, No. 1, (Winter, 1978), pp. 79~100 참조.

4. 國內植民主義

종속론자들의 중심-주변의 개념은 국제적 관계의 차원을 넘어 저발전국의 국가체계 내부구조(internal structure)를 설명하는데 이용되며, 이것은 국내식민주의라는 용어로 개념화된다.

국내식민주의의 개념은 植民列强이 피식민지에 확립시킨 대외적인 非對稱關係와 저개발국가의 국내에 존재하는 문화적, 계층적, 人種的, 種族的 集團들 사이의 비대칭관계를 매우 유사한 것으로 보는 데서 비롯된 것으로[38] 이들 집단들 사이에서의 지배와 착취를 기반으로 하는 사회적 관계들의 구조에 부합하는 것이다. [39]

주변부 내부의 중심-주변의 관계는 착취와 피착취의 관계로 이루어지며, 중심부의 부르조아와 주변부의 매판자본가와 결합하여 착취계층을 이루고 주변부 내부의 주변은 被搾取의 한계선상에 놓이게 된다.

이들 착취의 결과 주변국내 소수의 부르조아가 富를 독점하여 국내적 차원에서 중심-주변간의 兩極化 현상이 일어나는데 이는 필연적으로 정치적, 사회적 위기를 조성하며 결과적으로 권위주의체제를 출현케 한다. 즉 가진 계층과 못가진 계층, 受惠層과 疎外層간의 양극화와 對外植民地化현상은 정치, 사회적 갈등을 유발하기 때문에 정부는 힘의 논리를 구사하지 않을 수 없고, 결국 정치체제는 현실적으로 권위적인 동원체제의 속성을 띠게 된다. [40]

38) H. Wolpe, "The Theory of International Colonialism: The South American Case" in Ivar Oxaal, et al(eds.), *Beyond the Sociology of Development: Economy and Society in Latin America and Africa*(London: Routeledge & Kepan Paul, 1976), p. 229.

39) P. G. Casanova "Internal Colonialism and National Development," *Studies in Comparative International Development*, Vol. I, No. 4(1965), p. 33.

40) V. A. Mahler, *Dependency Approach to International Political Economy*(New York: Columbia Univ. Press, 1980), p. 63.

또한 대부분의 종속론자들, 특히 마르크스주의의 계급범주를 사용하는 종속론자들은 이들 주변의 부르조아계급이 전적으로 외세의존적이기 때문에 진보적인 反帝國主義의 역할을 수행할 수 없다고 생각하는 경향이 있다. 같은 맥락에서 '중심'의 노동계급은 '주변'의 민중보다도 자국의 부르조아계급과 유착되어 있기 때문에 反帝國主義의 전선에 참여할 수 없다고 한다. 41)

---

41) T. Angotti, "The Political Implications of Dependency Theory" in R. H. Chilcote(ed.), *Dependency and Marxism*(Colorado: Westview Press, 1982), p. 127.

제 4 절   從屬理論의 이데올로기적 성격

종속이론은 라틴 아메리카의 급진이론자들이 라틴 아메리카의 후진성
을 설명하기 위하여 사용하는 가장 영향력있는 이론이다. 일반적으로
종속이론의 옹호자들은 이 이론이야말로 마르크스주의에 기초를 두고 있
고 라틴 아메리카를 대상으로 하는 革命理論이 마땅히 여기에 그 기초
를 두어야 할 이론이라고 주장하고 있다. [42] 그러나 종속이론에 관한 여
러 연구는 그 이데올로기적 성격을 단정지어 설명하지 않고 있다.

1. 마르크스-레닌主義와 관계

종속이론이 초기에는 마르크스주의적 관점뿐만 아니라 자본주의적 관
점도 상당부분 포함하고 있었다고 하는 칠코트(R. H. Chilcote)의 말은 종
속이론의 강한 절충주의적 성향을 띠고 있음을 표현하는 것으로 종속이
론에 관한 성격규명의 어려움을 시사하는 말이다. 종속이론과 마르크스
주의외의 관계는 분명치 못하다.

다만 대부분의 종속이론가들은 자본주의의 문제점을 비판하기 위해
그들의 이론을 마르크스주의이론과 결합시키려고 노력하고 있을 뿐이다.
본절의 논점은 종속이론과 마르크스이론이 그 태동의 배경과 경험적

---

42) J. F. Ocampo and R. A. Ferandez, "The Latin American Revolution: A
Theory of Imperialism, Not Dependence" *Latin American Perspectives*
I(Spring, 1974), pp. 30~61.

준거가 다르다는 것을 이유로 하여 서로 다른 별개의 이론인가 또는 자본주의체계의 모순을 지적하고 그 시정책을 촉구하는 점에서 상호보완의 관계에 있는 이론들인가 하는 점이다.

종속이론이 마르크스주의 이론과 유사한 관점[43]을 나타내는 것으로서 첫째, 종속이론은 적어도 기초적인 계급분석, 특히 중심 부르조아계급과 주변 부르조아계급 사이의 관계에 대한 분석을 발전시켰다. 즉 종속이론은 종속국가를 하나의 독립변수 혹은 제국주의와 밀접하게 유착된 종속변수로 간주하고 있으며, '국내문제' 혹은 '국가이익의 우선'이라는 견지에서 제국주의와의 유착관계를 파기하려는 투쟁을 근본적으로 계급투쟁으로 파악하고 있다.[44]

둘째, 종속이론은 레닌의 제국주의이론[45]과 마찬가지로 중심국의 주변국에 대한 경제침략과 지배를 문제시하고 그 근본원인을 자본주의경제문제의 구조적, 기능적 모순으로 풀이하고자 한다. 카르도소(F. H. Cardoso)는 종속이론이 제국주의이론과 접하고 종속이란 말도 레닌과 트로츠키의 저작에서 근원을 찾을 수 있다고 한다. 즉 그는 종속이론을 고전적 제국주의 이론에 대입하면서 資本蓄積의 형태에 있어서는 레닌의 생각과는 달리, 금융통제를 통해서 보다는 상호협력의 결과로 이루어지며, 현재의 국제자본주의자들의 확산과 종속경제의 통제는 새로운 형태로 발전하고 국가간의 경제관계는 제국주의자의 손에 들어가 있다는 것이다.[46]

---

43) 염홍철 편저, 『제 3 세와 종속이론』 (서울 : 한길사, 1980), pp. 21~23 ; 최영만, "종속이론에 관한 이해", 國民倫理研究 제 18호, 『現代急進思想論文集』(서울 : 국민윤리학회, 1984), pp. 281~285 참조.
44) Francisco Weffort, "Notas sobre la teoria de la dependencia, Teoria de clase o ideologia nacional?" Revista Latinoamericana de Ciencia Poritica, I (December, 1971), pp. 389~401, in R. H. Chilcote(ed.), 앞의 책, p. 21.
45) 레닌은 제국주의를 자본주의의 독점단계라 하고 이 단계를 산업자본의 독점과 금융자본의 독점이 병합된 단계라 한다.
46) R. H. Chilcote, "A Question of Dependepency", 앞의 책, p. 59.

세째, 종속이론이 마르크스 레닌주의와 동일시되는 것은 국가, 민족
계급집단 사이의 갈등관계를 다루는 데 있어 자본주의 생산양식, 자본
축적, 분배모델에 대한 마르크스적 관점을 따르고 있기 때문이다. 이와
같은 이론적 내용은 종속이론이 마르크스주의 생산양식론과 결부되어
있음을 더욱 뚜렷이 나타내는 것이다. [47]

네째, 종속이론의 급진주의자들이 주장하는 민중에 의한 暴力革命은
마르크스주의의 프롤레타리아 獨裁論과 그 목적 및 수단뿐만 아니라 혁
명주체세력에 있어서도 동일성을 갖는다. 즉, 급진주의자들이 제시한
종속의 탈피방법으로서 폭력혁명이 주장되고, 주변의 피착취계급이 主
體가 되어야 한다고 했다. 이것은 종속 부르조아에게는 중대한 변혁을
주도할 능력이 없으며, 따라서 변화는 사회주의혁명이라는 수단에 의해
서만 성취될 수 있다는 것이다.

그러나 이러한 비교를 통하여 나타난 종속이론과 마르크스-레닌주의
의 유사성은 보다 자세한 연구를 통하여 발견되는 다음과 같은 몇 가지
相異點으로 인해 그 중요성이 절감될 것이다.

첫째, 존 윅스(John Weeks)에 의하면[48] 종속이론과 마르크스주의이론이
실제로는 상호 분리되어 있고, 代替理論들이어서 거의 兩立이 불가능하
다고 주장한다. 즉, 종속이론에서의 선진국과 후진국 사이의 수탈, 착취
를 통해 이루어지는 자본축적은 발전지역과 저발전지역 간의 잉여생산물
의 재분배가 낳은 결과인데 대하여, 유물론은 축적이 한 사회의 특정한
사회적 관계(자본수의적 사회관계)가 낳은 결과로서 설명된다. 또한 경
험적 차원에서 종속이론은 자본의 압도적으로 많은 양이 발전지역으로
유동할 수밖에 없다고 단언한데 대하여 제국주의이론을 포함하고 있는

---

47) Kenzo Mohri, "Marx and Underdevelopment" *Monthly Review* XXX
(April, 1979), pp. 32~42.
48) John Weeks, "The differences between Materialist Theory and Depen-
dency Theory and Why They Matter" in R. H. Chilcote(ed.), 앞의 책,
pp. 118~122.

唯物論的 이론은 그러한 단언을 하지 않고 오히려 발전국가에서 저발전 국가로의 자본수출을 전반적인 資本運動의 한 측면으로 보려고 한다.

둘째, 종속이론은 일반이론이라기보다는 라틴 아메리카에 있어서 종속자본주의적 전모를 파헤침으로써 라틴 아메리카의 사회구조에 대한 마르크스주의적 분석을 용이하게 하는 특수이론의 성격을 갖는다.

죠엘 에델슈타인(Joel C. Edelstein)에 의하면[49] 종속이론은 사회주의 혁명을 지향하는 노동계급의 투쟁과 마르크스-레닌주의에 대항하여 土着資本(local capital)의 이익을 옹호하는 것이다. 라틴 아메리카의 低發展을 자본이 후진지역으로부터 중심지역으로 이전된 결과, 즉 국가들 사이의 착취로서만 설명하려고 하는 종속이론은 계급간의 관계로부터 제기된 경우가 아니라 지배국과 종속국 사이의 관계[50]로 출발함으로써 마르크스주의에서 주장하는 계급형성에 있어서 노동과정의 중심적 역할과 역사의 추진력으로서 계급투쟁의 중요한 기여를 간과하고 있다.

종속이론은 노동계급의 물질적 기반으로부터 분리되어 있고, 역사에 있어서 대중의 역할을 무시하고 있으며, 靜態的이다. 때때로 사회주의 혁명을 요구하고 있음에도 불구하고 기본적으로는 理想主義에 근거하고 있기 때문에 혁명적 운동을 지도하지는 못하고 있다. 더구나 종속이론은 농민과 노동자의 빈곤, 기아, 억압 등을 외국의 독점자본에 의해 왜곡된 자본주의의 결과로서 파악하고 있다. 따라서 각 지역의 토착자본이 주도하여 형성된 反帝國主義聯合에 의하여 정상적인 자본주의적 발전을 이룩할 수 있다고 주장하고 있다.

세째, 국제체제에 대한 마르크스주의적 不均等理論(theory of differentiation)은 국제적 착취의 메카니즘을 체계적으로 다루고 있지 않으며, 그러한 체제의 발전이 장기적으로 주변의 발전을 저지하는 결과를 필연적으로 수반하리라는 것을 시사하고 있지도 않다. [51]

---

49) J. C. Edelstein, "Dependency: A Special Theory with in Marxism Analysis," 앞의 책, pp. 103~107.

50) R. H. Chilcote, "A Question of Dependency," 앞의 책, p. 57.

더우기 멕시코 공산당총회의 테제 15 는 종속이론이 「국제공산주의 (Communist International)의 낡은 도식을 타개하는 데」 긍정적인 역할을 했으나, 지금은 「마르크스주의의 진전을 가로막는 장애」가 되고 있다고 주장한다. 그것의 부정적인 이해의 결과로서 다음과 같은 것들을 열거한다. 즉 생산의 사회관계체제로서의 자본주의 발전의 부인, 적대계급의 실재, 다시 말해서 자체의 계급적 인격성을 갖는 강력한 부르조아의 實在의 부인, 제국주의를 항상 대륙에서의 미국의 경제, 정치, 문화적 존재로서 이해할 뿐 자본주의 발전의 한 단계로 파악하지 않음으로써 反帝國主義투쟁을 올바른 맥락에서 이해하지 못하고, 제국주의를 혁명의 주된 敵으로 부각시킨 점, 사회주의 투쟁을 순전히 생산력발전(즉, 경제주의)이라는 측면에서만 본 점, 자본주의발전을 가능하게 하는 諸法則의 작용을 주시하고 각국의 자본주의의 특수성만을 지나치게 강조한다.

종속이론의 이러한 「離脫」은 결국 계급결탁이 될 수밖에 없는 反帝國主義에 귀착되고, 부르조아를 철저하게 帝國主義에 복속하는 계급으로 보기 때문에 부르조아라고 하는 적대계급을 과소평가하며, 나아가 노동계급의 변혁을 분석할 수 없게 된다고 주장한다. [52]

이상 살펴본 바에서 종속이론은 자본주의와 마르크스주의에 입각한 개념 조차 애매하게 설정한 가운데 아직 통합된 이론이 존재하지 못하며, 그 해석에 있어서도 근본적인 취약성이 있다. 또한 종속이론이 사회계급과 계급투쟁을 무시하고 있고, 종속의 결정 요인이 국내적 요소에 있는 것이라기보다는 국외적 요소에 있다는 기계적 도식으로 풀이하려는 경향도 문제이다. 따라서 마르크스주의자와의 관련성은 論者의 시

---

51) Gary Howe and A. Sica, "Political Economy, Imperialism, and the Problem of World System Theory" in S. G. McNall and G. N. Howe (eds.), *Current Perspectives in Social Theory*, Volume I (Greenwich, Connecticut: JAI Press, 1980,) pp. 235~286.

52) Ronaldo Munck, "Imperialism and Dependency: Recent Debates and old Dead-ends" in R. H. Chilcote(ed.), *Dependency and Marxism*, 앞의 책, p. 163.

각에 따라 類似性과 相異性을 나타내고 있으나, 종속이론은 이데올로
기면에서는 민족주의자이고, 자본주의에서 사회주의로 이전을 위한 전
략에서 해결책을 제시하기보다는 자본주의의 자발적 발전을 성토하는
경향도 문제이다. [53] 그러므로 이들 관계는 독립관계 또는 종속의 관계
라기보다는 자본주의의 모순을 지적하는 공통의 관점에서 상호 보완관
계라고 해야 할 것이며, 대부분의 종속이론가들이 종속이론을 마르크스
주의의 이론과 결합시키려는 점을 간과해서도 않 될 것이다.

2. 從屬理論家 內部의 갈등

마르크스주의와 관련된 이데올로기적 문제 이외에도 종속이론의 문제
로 지적되는 것은 종속이론이 외부적 비판보다는 상호간의 이론적 의견
의 불일치로 체계적 공통성을 결여하고 있다는 것이다.

종속이론의 내부적 성향으로 ECLA 의 구조주의적 관점과 마르크스
주의적 관점이 존재하는 것은 전술하였다. 여기서는 전자와 관련된 선
켈(O. Sunkel)과 푸르타도(C. Furtado), 스탈린적 유산의 무의미한 교조
주의로부터 탈피한 후자의 프랭크(A. G. Frank), 산토스(T. D. Santos),
마리니(Marini) 그리고 그 중간 입장을 보이고 있는 퀴아노(A. Quijano)
카르도소(Cardoso), 이아니(O. Ianni), 페르난데스(F. Fernandes)의 極右
極左, 온건주의자간의 논점을 설명하고자 한다. [54]

---

53) R. H. Chilcote, "A Question of Dependency," 앞의 책, p. 55.

54) P. J. O'Brien, "A Critique of Latin American Theories of Dependency,"
I. Oxaal et. al(eds.), *Beyond the Sociology of Development: Economy
and Society in America and Africa*(London: Routledge & Kegan Paul,
1975), p. 11 참조 ; 산자야롤의 분류에 의하면 ① 온건한 사회주의적 민족
주의자로 푸르타도와 선켈. ② 점진적인 급진주의자로 산토스와 카르도
소, ③ 노골적인 혁명주의자로 프랭크 ; S. Lall, "Is Dependence A Useful
Concept in Analysing Underdevelopment?" *World Development*, Vol. 3
(November, 1975), p. 800. 배드와 제임스는, 보수주의자로 프레비쉬, 판

특허 라틴 아메리카의 反帝國主義운동과 혁명세력들에게 커다란 영향을 미친 다양한 이론들 중 가장 영향력이 있는 것은 온건론자들의 이론이다. 이들은 低開發이라는 역사적 유산을 극복하기 위한 수단으로서 즉, 외세지배로부터 독립을 쟁취하기 위한 수단으로서 자본주의적 발전 혹은 사회주의로의 점진적 전환을 요구한다. 이는 改革主義的 정책으로서 궁극적으로 新植民主義의 옹호자들로부터 쉽게 호응을 받으며 빈곤과 착취의 확산으로 귀결되기 쉽다. 실제로 이러한 노선은 민족해방투쟁의 뚜렷한 전진적 단계로서의 사회주의 혁명의 필요성과 가능성을 과소평가함으로써 부르조아 민족주의에 봉사한다. 55)

둘째, 급진론자의 주장은 低發展 추방의 전제조건으로서 전세계적 사회주의를 요구한다. 이러한 이상주의적 견해는 제국주의 또는 외세의 지배가 저발전의 직접적 원인이며 발전에의 주된 장애요인으로 작용한다는 전제 위에 선다. 결국 이 급진주의 노선은 발전하는 세계에 있어 혁명의 민족적 민주주의단계의 역할을 과소평가하게 된다. 56) 결국 이들은 프롤레타리아의 계급투쟁에 기초한 사회주의혁명만이 자본주의 세계경제로부터 이탈하여 자력, 자생적 발전을 이룩할 수 있다고 하며, 이들의 예로써 칠레와 쿠바를 든다.

일반적으로 온건주의자는 제국주의 및 자본주의 생산양식과의 결정적인 결별없이 저발전이 경제자립을 통하여 극복될 수 있다는 희망론을 제시하는 데 대하여 급진론자는 어떻게든 공산주의적 생산양식이 전세

초, 위선체, 온건주의자로 푸르타도, 션켈, 산토스, 급진주의자로 프랭크 콕쿠도프트, 존슨, 제트라스 등을 들고 있다 ; C. R. Bath and D. D James, "Dependency Analysis of Latin America: Some Criticisms, Some Suggestions," *Latin American Research Review* Vol. 6, No. 3, 1976, pp. 6～11.

55) F. H. Cardoso, "Dependency and Development in Latin America, "*New Left Review*, 74(July-August, 1972), pp. 83～95; S. Amin, *Unequal Development* (New York: Monthly Review, 1976).

56) A. G. Frank, *Latin America: Underdevelopment or Revolution*(New York: Monthly Review, 1970).

계적 규모에서 확립되기 전에는 독립에의 희망을 가지기 어렵다고 본다.

이러한 내부적 갈등은 좀처럼 견해의 일치를 보지 못하고 있으며, 최근에는 급진주의자의 계급구조분석이 우세하여 톤이 높다. 그러나 정치학의 존재구속성에 비추어보아 온건론자의 주장의 범위 내에서 보완·발전시키는 것이 바람직한 것으로 생각된다.

본장을 개괄해 볼 때 이미 언급한 바와 같이 종속이론은 그 기원에 있어 서구자본주의 중심의 발전이론에 대한 對抗理論으로 출발하였으나 그 이론적 가설을 현실에 적용하여 검증하고 또 그것을 이론적으로 체계화하는 데 있어서 이미 反資本主義的인 이론체계를 구축한 마르크스주의에서 주요 분석개념이나 준거의 틀을 부분적으로 차용하는 양상을 보였다. 그런 까닭에 종속이론은 이데올로기적 측면에서 불가분 마르크스주의와 자본주의의 兩面性을 띠지 않을 수 없다. [57]

여기서 종합적으로 마르크스주의자와 부르조아의 종속에 대한 시각을 비교 소개해 보면 다음과 같다. [58]

[종속의 시각]

	부르조아의 견해	마르크스주의자의 견해
투 쟁	종속을 이겨내는 것이 자본주의발전을 유도할 수 있다.	생산수단의 사유화를 극복하는것이 자본주의체제를 멸망시키고 사회주의로의 발전을 유도할 수 있다.
계 급	국가발전에 자발적이다. 과두정치를 강조하고 필수적 계급으로서 전국적 부르조아, 유산계급자들을 강조한다.	갈등을 일으킨다. 봉건제도, 부르조아를 강조하고 필수적 계급으로서 프롤레타리아를 강조한다.
자본주의의 발전	전통적인 자본주의로부터 구별되는 종속에 기초를 둔다.	생산양식, 생산의 제사회형태, 계급투쟁에 근거를 둔 법칙에 근거

57) 姜光植, "從屬理論의 構造와 機能에 대한 批判的 理解", 『從屬理論批判硏究』(서울 : 한국정신문화연구원, 1985), p. 51 참조.
58) 資料 R. H. Chilcote "A Question of Dependency" 앞의 책, p. 61.

		를 둔다.
국 가	종속을 제거하는 투쟁 속에서 국민을 위해 봉사한다.	자본주의 발전과 국가적 종속의 보존속에서 집권층을 위해 봉사한다.
제국주의	종주국들이 종속국을 착취하는 것으로 정치적, 군사적 팽창이 결합한다.	자본주의 생산양식 속에서 모순이 궁극적 증대를 반영하는 독점자본주의 단계와 결합한다.

제 5 절 從屬理論에 대한 비판

資本宗主國의 擴散論者의 발전이론에 대항하여 라틴 아메리카 제국의 주체적 自我準據的 가치개념을 토대로 하여 발달된 종속이론은 새로운 형태의 신제국주의로서의 착취의 성격과 본질을 날카롭게 분석한 이론으로서 높이 평가되고 있으나 가설 및 명제에서 나타나는 이론적 오류 그리고 라틴 아메리카 이외의 모든 제 3 세계에 적용될 수 있는가에 대한 실천적 오류가 지적되고 있다.

1. 理論的 誤謬

첫째, 대부분의 종속론자들이 종속을 야기시킨 요인을 외부적인 힘에 의존하여 설명하고 있는 반면 종속의 하부구조는 가치의 내재화 이론에 의해 설명하고 있다. [59] 결국 종속이론은 低發展의 내재적 과정을 설명하지 못하고 後進性의 이유를 자의적으로 외적요인의 탓으로 돌린다.

둘째, 종속이론은 국내적인 계급형성을 세계자본주의체제의 구조기능에 따른 결과로 환원함으로써 국내적 생산관계의 모순에 따른 내부적 갈등과 정치적 투쟁이 제 3 세계의 발전에 미치는 영향을 간과하고 있다. [60]

---

59) J. A. Ocampo and R. A. Fernandez, 앞의 책, pp. 30~61 참조.

60) T. Skocpol and E. K. Trunberger, "Revolution and the World Historical Development of Capitalism," B. H. Kaplan(ed.), *Social Change in the Capitalist Economy*(Beverly Hills: Sage Publish. 1978), pp. 121~

세째, 종속이론이 自我準據的 분석이론에 대한 모색의 결과라는 것은
이론으로서의 가치중립성이 부인되는 것이며, 연구방법으로서의 객관성
을 상실한 것이다.

네째, 종속이론은 국제질서 내부에 존재하는 모든 中心—周邊의 관계를
망라하지 못하고 단순히 자본주의체제 내부에만 한정시킨 편협적인 것
이다. 즉, 소련의 동구제국에 대한 관계는 포함시키지 못했다는 것이다.

2. 實踐的 誤謬

첫째, 종속이론가의 대부분은 자본주의 종속경제의 低發展運動法則
(law of motion of dependent capitalist underdevelopment)을 종속→저발
전→사회주의혁명 또는 保守革命으로 정형화함으로써 각국의 특수성을
외면한 기계적인 형식논리(mechanico-formal theory)의 오류에 빠지고 있
다.[61] 즉 종속에서 사회주의혁명으로의 전환방법과 납득할만한 논리성
을 결하고 있는 오류를 범하고 있고, 이러한 이론체계가 라틴 아메리카
지역의 일부 국가의 경제적 저항민족주의로는 가치가 있을지라도 세계
적 범주에서 통용될 수 있는 일반이론은 아닌 것이다.

둘째, 경험적 차원에서 종속이론은 압도적으로 많은 자본의 양이 후
진지역에서 발전지역으로 유동할 수밖에 없다고 한다. 사실상 직접투자
의 대부분이 발전국가들 사이에서 유동하고 있다. 이러한 이론으로는
다른 어떤 것도 설명하기 어려우며, 이처럼 부정확한 現實記述의 원인
은 그릇된 축적이론과 국가간의 世界分割을 분석하지 못한 데 있다.[62]

---

138 참조.

61) G. Palma, "Dependency; A Formal Theory of Underdevelopment or a
Methodology for the Analysis Concrete Situations of Underdevelop-
ment," *World Development*, (6, 1978), pp. 903~905.

62) John Weeks, 앞의 책, p. 122.

세째, 자유민주주의의 부정이다. 종속이론이 성장하는 경제적 평등원칙에 입각하고 있으며, 이 논리의 일환으로 자본주의를 부정하고 사회주의를 신봉한다. 그러나 역사적인 경험에 비추어 보거나 공산사회의 현실을 목도할 때 자본주의가 부정된 사회에서는 민주주의의 존립이 희박하며, 따라서 자본주의를 전적으로 부정하는 것은 곧 민주주의를 부정하는 것이 될 수 있다.

이러한 여러 오류에도 불구하고 종속이론이 자본주의체제에 던져준 문제의식은 사회과학연구의 모든 부분에 흡수되어져 사회발전에 이바지해야 할 것이다.

제 6 절   韓國에서의 수용문제

라틴 아메리카 지역의 역사적 특이성에서 배태된 종속이론은 점차 아시아와 아프리카지역으로 확대되었다.

한국에 있어서 종속이론은 학계, 지식인, 대학생, 청년층에 의해 적극적으로 수용되어 활발한 논의가 전개되고 있다. 이것은 1960년 이후 수출주도형 경제성장과정에서 파생된 대내적인 불평등, 특히 소수 부유층의 富의 독점과 과시적 소비에 의한 일반대중의 심리적 빈곤감의 심화와 외채누증 등 對外依存現象의 심화에 따른 국민적 불만의식의 표출로 볼 수 있다. 그러나 강단에서, 거리에서 젊은 세대들은 종속이론의 정확한 이해에 앞서 그 이론이 사용하는 과격한 언어들을 먼저 익히고 외치는 듯하다. 63)

종속이론의 연구 동기는 인정한다 할지라도 그 분석방법을 우리에게 획일적으로 적용시키기에는 많은 문제가 있을 것이다. 64) 따라서 우리는 종속이론의 수용에 있어서 먼저 분단상황하에 북한공산주의와 직접 대치해 있는 정치적 상황에서 유래한 이념적 위치와, 둘째, 근대화 이론이 서구적 반전경험의 발현이듯 종속이론이 中南美的 低發展 경험의 산물이라는 데서 갖는 선택의 문제에 따른 주체성의 문제가 고려되어야 할 것이다.

---

63) 이가종, "종속이론은 곡해되고 있다", 『정경문화』, 1981년 5월호, p. 46.
64) 중남미의 상품자본, 특히는 미국의 독점상태이며 단일민족이 아니고 上下 身分이동이 어렵고 국내자본의 매판성이 강한 반면, 한국은 문화적, 이념적, 민족적 동질성이 비교적 강하다. 또한 한국의 수출은 공산품 위주이고 중화학제품의 비중이 광산물, 농산물 등 일차商品을 수출하고 공산품을 수입하는 남미와는 다른 점이 있다.

1. 受容에 있어서 理念的 문제

2차 세계대전의 종료와 함께 해방을 맞은 한국은 미국과 소련을 중심으로 새롭게 개편된 세계 질서 아래에서 분단을 맞게 된다. 라틴 아메리카의 어느 나라에서도 찾아볼 수 없는 분단의 의미는 그것이 한국으로 하여금 자본주의 세계경제 안에 본격적으로 편입되는 전기를 마련해 주었다는 사실에 부가하여 그 동기가 미국이라는 경제적 이해관계보다는 정치적, 군사적 이해관계에 의해 발단되었다는 점에 있을 것이다. 한국이 자본주의세계경제의 周邊部의 일원이 된 데에는 國際分業的 交換의 논리보다는 국제관계적 힘의 논리가 더 작용하였다고 볼 수 있는 것이다.[65] 즉, 선진제국의 한국 접촉은 地政學的 원인에 의거한 것으로 경제적 관계는 부수적인 것이 되었으므로 라틴 아메리카의 경제적 착취의 상황과는 접촉동기에 있어 다르다.

또한 종속론자들은 한국과 대만처럼 같은 주변에 속하는 국가가 생각한 것과는 달리 경제발전을 이룩한 것은 예외적인 사항으로 지적하고 있다.[66]

결과적으로 경제적 측면에서의 종속이론이 한국적 상황과는 불일치함에도 불구하고 마르크스주의와 관련된 이데올로기적 성향의 주장은 본말이 전도된 것으로 수용에 있어 주의를 할 필요가 있다.

따라서 종속이론을 우리 사회의 현상 분석에 그대로 적용시킨다는 것은 현단계에서는 한계성이 있다. 그러나 한국사회가 갖는 개별적 특수성은 인정하더라도 종속이론 자체의 부분적 유용성까지 부인할 수는 없는 것이다.

---

65) 임현진, "종속이론의 韓國的 적용", 『從屬理論批判研究』(서울 : 한국정신문화연구원, 1985), p. 219.

66) C. K. Wilber(ed.), *The Political Economy of Development and Underdevelopment*(New York: Random House, 1977), p. 124.

이러한 관점에서 實踐原理로서의 수용가치는 의구심이 있다 하더라도 연구방법으로서의 수용가치는 충분히 인정할 수 있는 것이다.

2. 主體性의 문제

한국사학의 과제 중의 하나로 여겨지는 單線的 역사인식을 극복하는 문제에 있어서 종속이론은 그 해결의 한 방식을 보여준다. 기존의 歷史理論이 一元論的 역사발전법칙을 완전히 탈피하지 못하여 유럽적 역사발전의 형태를 세계사적 보편성으로 수용하고 이를 준거로 하여 한국사를 조명할 때 필연적으로 직면하게 되는 사실은 「정체성」이었다. 한국사에 있어서의 봉건제도 不在論, 他律性論 등 植民史觀은 이러한 역사인식의 한 극단인 것이다. [67]

이제까지의 한국의 위상이 유럽적 발전형태를 보편적이라고 인식하는 발전론자의 擴散이론에 의해 規定지어졌지만 종속이론을 인식함에 있어서는 서구 중심적 인식체계에의 비판에도 관심을 기울여야 한다.

이데올로기적 관점에서 마르크스주의와 유사하다는 점에서 종속이론이 비판의 대상이 된다면 근대화 이론의 객관성도 규명되어져야 한다. 종속이론의 무비판적 수용 못지 않게 근대화이론의 무비판적 수용 또한 잘못된 것이다.

여기에서 우리는 종속이론이냐, 근대화이론이냐의 선택에 서게 되는 汎外部的 從屬이 아니라 우리의 역사와 현실을 직시하여 현새를 꾸려나가고 미래를 설계해야 하는 학문적 이론의 주체성의 창출이 요구되는 것이다.

---

67) 趙退耕, "從屬理論—그 批判과 受容問題—", 『경경문화』 81년 3월호, pp. 73~74(趙退耕 高麗大 趙容範 교수의 別號임).

제 7 절 결   론

지금까지 종속이론의 형성배경과 주요 가설을 자본주의 국제질서 아래에서 살펴보았다. 또한 종속이론이 갖는 이데올로기적 성격과 오류를 전체적, 분석적 측면에서 고찰하였으며, 특히 종속이론을 도입수용하는 데 있어서 이론체계의 이해와 비판적 연구를 위하여 한국이 갖는 특수상황을 이념적 주체성과 관련지워 설명하였다.

이러한 것은 근래 우리 사회에 유포되고 있는 急進理論이 體制批判의 무기로서 혹은 행동윤리 강령으로 채택되는데 따른 위험부담을 극소화하고 이것을 학문적 차원에서 소화하려는 것이었다.

이제까지의 접근을 통해 발견할 수 있었던 몇가지 사실은 다음과 같다.

첫째, 종래의 근대화이론으로는 파악할 수 없었던 분석방법의 제공으로 自我準據的 視角이 도입되었다.

둘째, 發展代案을 모색하는 데 있어 근대화이론에 의존하던 單線論的인 역사관을 극복하였다.

세째, 종속이론에서 사용되는 전체적, 역사적, 구조론적 접근방법은 마르크스주의적 관점과 유사하지만 經濟的 實證主義가 주류를 이루는 연구풍토에서 문제로 제기되었다.

이러한 것들은 본서를 통하여 나타난 종속이론의 학문적 기여가 아닐까 한다. 그러나 이러한 종속이론의 사회과학연구에의 기여도 인정되어야 하지만 그 이론체계상의 이념적 경직성을 적절하게 분석하여 한국적 상황을 연구하는 것도 게을리 해서는 안될 것이란 점을 지적하고자 한다.

제 9 장 解放神學

제 1 절 解放神學의 의미와 聖書的 근거

1. 解放神學의 의미

구띠에레즈(Gustavo Gutiérrez)[1]는 해방을 언급함에 있어서 억압받는 국민과 억압받는 계급의 열망을 나타내면서, 그들을 부유한 국가나 압제계급과 불화케 하는 경제적·사회적·정치적 과정의 갈등적 양상을 강조한다. 이러한 맥락에서, 해방이란 억압하는 자와 억압받는 자의 갈등적 과정에서 단 한사람도 제외됨이 없이 사람의 삶, 즉 개인의 생활과 사회생활에 있어서의 모든 차원의 억압으로부터 벗어나는 것이라 할 수 있다.[2]

모든 차원의 억압에서 해방이란, 경제적인 면(물질적 가난에서의 해방)과 정치적인 면(사회적 억압에서의 해방과 새 인간의 형성) 그리고 종교적인 면(죄로 부터의 해방과 인간의 새 창조와 하느님 안에서의 인간실현)을 모두 포괄한다. 이러한 해방은 순차적인 차원의 것이 아니라 동시적인 국면들이다.[3] 따라서 이런 모든 형태의 억압 속에 있는 인간들을 해방시

---

1) Gustavo Gutiérrez(1928~)페루의 神父로서 라틴아메리카 해방신학의 선구자인 그는 벨지움의 루뱅대학에서 修學하였음.
2) Leonardo Boff, "오늘의 압제와 성서의 해방메시지," 『해방신학의 올바른 이해』(서울 : 분도출판사, 1984), pp. 131~132.
3) 같은 책, p. 131.

킨다는 것은 단순히 학문적인 문제만이 아니라 정치적·경제적·종교
적·인간적인 문제, 아니 바로 메시아적 문제 자체이기도 하다.

해방신학은 이런 관점에서 바라본 억압으로부터의 해방을 신학적 차
원에서 해결하고자 하는 것이다. 가난한 자들을 옹호하고 그들의 가난
에 동참하는 것은 「복음적」 결단이다. 왜냐하면 복음서들이 전해주는
바에 따르면 가난한 이들이야말로 구원이냐 단죄냐의 판결이 결정되는
終末이 도래했을 때 그 판단기준이 되기 때문이다.

그런데 해방신학에서 사용되는 통상적인 해방의 의미를 몰트만 (Jürgen
Moltmann)[4]이 주장한 정치로 부터의 해방이나, 쇼올(Richard Shaull)[5]의
혁명신학으로 간주하는 경우가 있는데,[6] 이는 해방신학의 의미를 부분
적으로 지적한 것에 지나지 않는다. 해방신학에서는 유럽의 진보주의적
신학자들이 카톨릭적 전통을 비판하거나, 또는 급진적 정치이념을 제
시하는 신학적 방법을 물론 수용한다. 그러나 남미 해방신학에서는 라
틴아메리카의 현실적 상황을 인식하고 그것에 적절히 반응하기 위해서
유럽의 科學的 신학(Wissenscheflitliche Theologie)에 들어 있는 이데올로
기적 왜곡을 씻어내고 있는데, 이를 아스만(Hugo Assmann)[7]은 解毒이라
고 지칭했다. 따라서 해방신학이 정치적 이데올로기를 받아 들인다는
것은 基層共同體들의 실험에 비추어 그들 모델들을 수용하는 비판적 변
형인 것이다.[8]

이렇게 볼 때 해방신학은 정치신학이나 혁명신학에서 나왔다기보다

---

4) Jürgen Moltmann은 1926년 독일에서 출생. 튀빙겐대학교 교수. 1964년
 『희망의 신학』이라는 정치신학 저서를 내어 해방신학논의에 불을 붙임.
5) Richard Shaull은 Princeton 신학대학교수이며, 브라질 선교사. 그는 정
 치혁명 신학자로서 구띠에레즈와 함께 *Theology of Containment & Change*
 를 저술함. 특히 Shaull은 ISAL (라틴아메리카 교회와 사회협의회)의 아
 버지라 불리우며, 해방신학을 혁명의 신학이라고 주장한다.
6) 한국국민윤리학회, 『국민윤리』(서울 : 형설출판사, 1987), pp. 484~486.
7) 급진적인 성향을 띠고 있는 브라질의 신부. 그는 우루과이, 볼리비아, 칠
 레에서 추방당한 바 있다.
8) 고범서, 『해방신학』(서울 : 범화사, 1985), p. 79.

는 바티칸의 사회적 가르침의 전통과 그 발전을 급진화시킨 데서 발생한 것이다. [9] 결국 해방신학은 그 신학적 이론을 전개하고 체계화 함에 있어서 정치신학이나 혁명신학의 이론을 수용하기도 하고 비판적으로 거부하기도 했다.

2. 解放神學의 聖書的 근거

해방신학은 하느님의 말씀으로부터 조망받고 있다고 하는데, 성서와 기독교 신앙은 억압으로부터의 해방에 대해 무엇을 말하는가? 이 질문에 대한 답변으로써 해방신학에서는 네가지의 상호 관련된 성서의 주제들이 자주 반복되고 있다. 즉, 해방신학에서 法典的 성격을 띠고 있는 출애굽사건에서 드러난 해방자로서의 하느님, 예언자들의 고발 속에 반영되어 있는 하느님의 명령으로서 정의실행, 해방자 그리스도가 선포한 하느님나라, 예수의 정치적 투쟁 등이 그것이다.

1) 출애굽 사건

기독교에 대한 그리이스 철학의 영향으로 인해 기독교의 하느님은 영원하시고, 불변하시고, 그리고 인간의 저편에 계시는 분으로 이해되어 왔다. 그러나 최근의 성서학에서는 역사 안에 게시는 하느님과 역사 속에서의 하느님의 역할 등을 강조하는 경향이 나타나고 있다. [10] 일련의 역사적 과정에서 행동하는 하느님의 징표로써 나타난 가장 획기적인 역사는 바로 출애굽사건이다.

---

9) 같은 책, p. 79.
10) Arthur F. McGovern, *Marxism; An American Christian Perspective* (N. Y. : Orbis Books, 1980), p. 189.

하느님은 모세를 통해서 이집트의 노예상태에 있던 이스라엘인들을
해방시켜 그들을 약속의 땅 가나안으로 인도한다. 출애굽이라는 역사적
사건을 통해서 하느님은 이 땅 위에서 살고 있는 사람들의 삶에 영향을
주고, 그들을 굶주림과 고통으로부터 자유롭게 하며, 이집트의 억압으
로부터 해방시키고, 그들을 약속의 땅으로 인도하기 위해 행동한 것이
다.

이스라엘 백성들을 애굽의 속박으로부터 물리적으로 해방시킨 출애
굽사건은 이스라엘의 기억에서 결코 지워질 수 없는 것이었다. 이 사건
은 예루살렘의 멸망과 바벨론 포로생활 이후 유대민족이 새로운 해방의
희망에서 살았을 때 되새겨지곤 했다. 그리고 이스라엘인들은 그와 같
은 체험을 통하여 하느님을 해방자로 인식하게 되었다.

출애굽은 오늘날 제 3 세계의 상황에 대해서 시사를 준다. 왜냐하면
그것은 가장 정치적인 의미를 가진 언어로써 하느님이 억눌린 자들을 해
방시켜 준다는 사실을 말하고 있기 때문이다. [11] 구띠에레즈는 '출애굽
의 하느님은 역사의 하느님이요, 정치적 해방의 하느님이고, 해방자, 곧
이스라엘의 구속자'라고 한다. [12]

2) 正義의 實行

성서의 하느님은 단순히 역사를 지배하는 하느님에 그치지 않고 정의
의 권리를 확립하는 방향으로 역사를 引導하는 하느님이다. 가난한 사
람들의 편에 서서 그들을 예속과 억압에서 해방하는 하느님이다. 야훼
가 역사에 개입한다는 것은 바로 이것을 의미하는데, 가난한 사람들을

---

11) Hugo Assmann, *Theology for a Nomad Church*, trans. Paul Burns
(N. Y. : Orbis Books, 1973), p. 35.
12) Gustavo Gutiérrez, *A Theology of Liberation: History, Politics, and
Salvation*, trans. and ed. Caridad Inda and John Eagleson (N. Y. : Orbis
Books. 1973) p. 157.

억압과 예속에서 해방시키는 것은 곧 정의를 실현하는 것이다.

> "부정한 수법으로 제 집을 짓고
> 사취한 돈으로 제 누각을 짓는 이 몹쓸 놈아 !
> 동족에게 일을 시키고
> 품값을 주지 않다니 !
> 집을 널찍이 지어야지,
> 누각을 시원하게 꾸며야지 하며,
> 창살문을 최고급 송백나무로 내고
> 요란하게 단청까지 칠하였다만
> 누구에게 질세라 송백나무를 쓰면
> 그것으로 왕 노릇 다 하는 것 같으냐?
> 너의 아비는 법과 정의를 펴면서도
> 먹고 마실 것 아쉽지 않게 잘 살지 않았느냐?
> 가난한 자의 인권을 세워 주면서도
> 잘 살기만 하지 않았느냐?
> 그것이 바로 나를 안다는 것이다.
> 내가 똑똑히 말한다"(렘 22 : 13~16).

이 귀절을 통하여 볼 때, 정의를 실현하는 것은 가난한 자의 人權을
세워줌과 동시에 하느님을 아는 것이다. 따라서 해방신학자들이 성서에
서 파악한 정의는 곧 가난하고 억압받는 사람과의 연대성과 그들에 대
한 사랑으로 나타난다.

미란다(José Porfirio Miranda)는 그의 책 『마르크스와 聖書』(Marx and
the Bible)에서 정의를 실현하지 않고서는 야훼를 안다고 할 수 없다고
했다. [13] 야훼를 아는 일은 가난한 자들을 해방시키기 위해 정의를 실천
하는 길이며, 그것이 하느님의 뜻이라는 것이다.

---

13) José Porfirio Miranda, *Marx and the Bible: A Critique of the Philo-
sophy of Oppression*, trans. John Eaglson (N. ..: Orbis Books, 1974),
pp. 14~15.

"나 야훼가 너를 부른다. 정의를 세우라고 너를 부른다. …소경들의 눈을 열
어주고, 감옥에 묶여 있는 이들을 풀어주고"(사 42 : 5~7)

3) 하느님 나라

예수께서는 하느님 나라를 우리에게 선포하기 위해서 왔다. 마태와
마가는 그들의 복음서에서 그것을 증거한다.

"나는 분명히 말한다. 여기 서 있는 사람들 중에는 죽기 전에 하느님 나라
가 권능을 떨치며 오는 것을 볼 사람들도 있다. "(막 9 : 1)

예수는 가난한 자, 억눌린 자, 역사에서 소외된 자들을 편들어 일으켜
세우기 위해 정의와 해방의 나라를 선포하고 있다. 그 나라는 행동을
통해 나타나는 구원과 해방이다. 예수의 행위, 병고침, 악마 추방, 생
명에로의 부활은 倒來하는 하느님 나라의 표징들이다. 이와같은 사건들
은 하느님의 나라가 억압적인 상황의 변혁을 의미한다는 사실을 또한
보여준다. 그 나라는 단순한 개인적인 죄 뿐만 아니라, 사회적이고 집
단적인 차원의 죄, 억압하는 집단들과 그 구조들의 죄도 극복된 곳이
다. [14]

그러나 하느님의 나라가 예수시대에 의미했던 바를 아는 것만으로는
충분치 못하다. 그것은 현재의 경험에서 이해되어야 한다. 오늘날 라틴
아메리카에서의 하느님 나라는 백성들을 소외시키는 모든 것, 즉 고통,
기아, 불의, 죽음으로 부터의 해방이라는 유토피아적인 갈망을 표현한
다고 보프(Leonardo Boff)[15]는 주장한다. [16] 또한 하느님의 나라는 영적일

---

14) Jon Sobrino, S. J., *Christianity at the Crossroads*, trans. John Drury
    (N. Y. : Orbis Books, 1978), p. 35.
15) Leonardo Boff(1938~) 브라질의 신부이면서 지도적 해방신학의 제창자.
    그의 유명한 저서로 *Ausdem Tal der Trängenius Gelobte Land, Der
    Weg der Kirche mit den Unterdrücken* (1982)가 있다.
16) Leonardo Boff, "Salvation in Jesus Christ and the Process of Liberation,"

뿐만 아니라 낡은 세계구조의 혁명이기도 하다. 이 점에 대해서 구띠에레즈는 '하느님의 나라의 관점을 가지는 것은 눌린 자들의 해방을 위한 투쟁에 참여하는 것을 의미한다. 라틴아메리카의 혁명적 과정에 헌신했던 많은 그리스도인들이 경험하기 시작했던 것이 바로 이것이다' [17]라고 말하고 있다.

4) 예수의 政治的 鬪爭

많은 기독교인들은 예수가 정치적인 삶에는 흥미를 갖지 않았고, 그의 설교는 순수하게 종교적인 것이었다고 생각하고 있다. 그러나 예수는 불의와 착취, 그리고 공동체를 붕괴시킨 원인에 대해 공격했다. 그렇게 함으로써 그의 행위는 일면 정치적 측면을 갖게 된다.

엘라꾸리아(Ignacio Ellacuria)는 예수가 매우 정치화된 환경 속에서 살았으며 그가 취한 모든 행동은 반드시 정치적 의미를 함축하고 있었다고 주장한다. [18] 예수의 비판은 사회정치적 권력구조 일반에 대해 개입하는 것이었다. 소브리노(Jon Sobrino)는 예수가 비판한 대상을 통해서 정치적 측면을 강조한다. 만약에 예수가 그 당시의 不義한 사회구조와 제도에 대해서 말하지 않았다고 하더라도 예수의 비판은 대체로 언제나 집단적인 것이다. 바리새인들은 정의에 관심을 갖지 않았기 때문에, 부자는 그들의 재산을 가난한 자들과 나누어 갖지 않았기 때문에, 통치자들은 독재정치를 하였기 때문에 예수로부터 비판을 받았다. 그의 죽음에서도 종교적 의미에 해당하는 돌로 치는 형벌이 아니라 정치적 煽動家에게 부과되는 십자가의 처형을 받았다.

in *The Mystical and Political Dimension of the Christian Faith*, Concilium 96, ed. Claude Geffre and Gustavo Gutiérrez (New York: Herder/Seabury, 1974), pp. 81~88.

17) Gutiérrez, 앞의 책, p. 203.

18) Ignacio Ellacuria, *Freedom Made Flesh*, trans. John Drury(N. Y. : Orbis Books, 1976), pp. 31~45.

제 2 절 解放神學의 歷史

제 2 차 세계대전 이후 세계의 교회들이 사회참여 혹은 역사참여에 적극적으로 나선 몇가지 이유가 있다. [19] 첫째, 사회구조나 사상이 너무나 급변하고 있었기 때문에 교회가 이것에 무관심하고 있다가는 사람들로부터 외면당할 수 밖에 없었다. 둘째, 지금까지 착취만 당해왔던 세계의 약소민족들이 자기들의 권리를 주장하고 나온 것이 그 이유의 하나이다. 세째, 사회공동체와 개인의 삶과는 나누어 생각할 수 없다는 진리가 여러 가지 학문을 통해서 분명해졌기 때문이다. 이와같은 상황에서 교회는 자신들의 책임을 새삼 느끼면서 스스로의 更新에 나섰다.

물론 이런 潮流에 미국과 유럽의 교회들이 앞장섰다. 그러나 얼마 가지 않아서 제 3 세계 민중들은 크게 실망하지 않을 수 없었다. 그들 교회는 회의에 모였을 때는 성명서를 내고 활발히 움직였지만, 실제로 제 3 세계 민중들에게는 아무런 변화도 일어나지 않았기 때문이다. 이에 제 3 세계의 민중들은 그들 自身의 신학을 정립하여 사회참여 및 역사참여에 나서 당면 과제들을 해결하고자 하였다.

1. 제 2 차 바티칸 公議會

역사적으로 제 2 차 바티칸 공의회(1962~1965)와 거기서 특별히 작성된 문서인 「기쁨과 희망(Grandiumet Spes)」은 많은 라틴아메리카 가톨릭

---

19) 文東煥, "해방신학과 한국의 기독교," 『新東亞』, 1975 년 2 월호, p. 136.

신부들을 열광케 하고, 사도적 열심으로 충만된 사회참여 문제에 있어서 행동강령을 마련해 주었다. 이 공의회와 때를 같이하여 교황 요한 23 세는 「어머니와 교사(Mater et Magistra)」에서 서구의 복지국가를 찬양하면서 국가에서의 구조적 개혁의 필요성을 강조하고, 또한 1963 년에는 「땅에는 평화(Pacem in Perris)」를 발표하여[20] 매우 포괄적인 인권론을 전개했으며, 정의실현이 평화로 가는 지름길임을 강조하고, 국제관계에서 강대국의 제국주의적 경향을 비판했다. 제 2 차 바티칸 공의회가 開會되고 나서 발표된 교황 요한 23 세의 1963 년 메시지는 '사회주의는 철학적으로 그릇될지 모르나, 만일 그것이 사람들로 하여금 사회정의에 관심을 갖게 한다면 사회주의자들과의 협력은 바람직할 수가 있다. 왜냐하면 가톨릭교도들 또한 사회정의에 관심을 갖고 있기 때문이다'라고 했다. 이같은 요한 23 세의 메시지를 제 2 차 바티칸 공의회가 인준해 주었고, 제 2 차 바티칸 공의회는 그 후의 로마의 가톨릭 교회의 사회적 가르침 혹은 社會思想에 중대한 변화를 가져 왔으며, 그같은 결과는 해방신학과 직접적인 상관을 맺었다.

제 2 차 바티칸 공의회가 추진하던 노선은 대부분의 라틴아메리카 교회에 예기치 못한 충격으로 마주쳐 왔다. 그러나 1968년 콜롬비아의 메델린(Medellin)에서 열린 제 2 차 라틴아메리카 주교협의회 총회(CELAM: Conferencia del Episcopado Latinoamericana)를 전후하여 해방신학은 신학적 대과제로 부상하여 서구와 북미의 전통신학과는 그 전망을 크게 달리하는 「제 3 세계의 신학」으로 자리를 굳히게 되었다.

2. 解放神學의 體系化 및 擴散

1968 년 메델린회의 이후 한 동안 지배적이었던 發展이라는 용어가

---

20) 오경환, "개혁의 실천을 지향하는 신학,"『연세춘추』, 1984. 9. 3, p. 2.

사향길에 접어 들면서 「구원=해방」이라는 말들이 확산되어 갔다.

1971년에는 페루의 신부인 구띠에레즈의 저서 『해방의 신학(Teologla de la Liberación)』이 등장하였는데, 이로 말미암아 신학사상은 새로운 단계로 돌입했다. 해방은 단순한 反發展(anti-development)의 차원을 넘어서 「신학을 하는 새로운 방법」으로 발전했다. [21]

한편 북미에서는 뉴욕의 유니온(Union) 신학교 교수인 콘(James H. Cone)[22]이 그의 두번째 주요 저서인 『흑인해방신학(A Black Theology of Liberation: 1970)』에서 해방의 개념을 자기가 이해한 신학의 기능에 병합시키고 있었다. 조직신학의 전통적인 위치를 북미의 흑인들을 위하여 고쳐 쓰면서, 콘은 기독교의 신학을 하나의 해방신학으로 이해하고 '해방의 세력들을 복음의 본질 곧 예수 그리스도와 관계시킴으로써, 억압당하는 공동체의 실존적 상황에 비추어 하나님의 세상에서의 실재에 대하여 연구하는 것'을 신학으로 이해하려고 했다.

南美의 해방신학은 WCC 방콕대회(1972. 12. 19〜1973. 1. 12)에서 세계적인 관심과 지지를 얻기에 이르렀다. 이 대회에서 합의된 것은 다음과 같은 내용이었다.

① 구원은 사람이 사람을 착취하는 것에 반대하여 경제적 정의를 위해 투쟁하는 데서 가능케 된다.

② 구원은 사람이 사람을 정치적으로 압박하는 것에 반대하여 인간의 존엄성을 위해 투쟁하는 데서 가능케 된다.

③ 구원은 사람으로부터 사람을 소외시키는 것에 반대하여 일체감을 위해 투쟁하는 데서 가능케 된다.

④ 구원은 개인의 생활에서 절망에 반대하여 희망을 위해 투쟁하는 데서 가능케 된다.

---

21) Gutiérrez, 앞의 책, p. 15.
22) James H. Cone(1938〜)North Western 대학에서 神學哲學을 修學. 그의 저서로는 *Black Theology & Black Power*(1969)와 *A Black Theology of Liberation*(1970) 이 있다.

3. 디트로이트(Detroit) 會議

1975년 8월 미시간의 디트로이트에서 일주일 동안 개최된 「1975년
도 남북아메리카의 신학」(Theology in the Americas: 1975)을 주제로 삼
은 회의에서 해방신학의 발전에 또 하나의 변화가 생겼다. 칠레의 司祭
인 토레스(Sergio Toress)의 지도하에 해방신학의 라틴아메리카 대표자
들은 동일 계열의 북미인과 합류했다. 이 과정이 진행됨에 따라 '미국
의 역사에 대한 신학적인 반성이 성공하려면 흑인 사회, 멕시코계 미국
인, 푸에르토인, 아시아계 미국인을 위하여 기독교 연설가를 초청해야
만 하며, 교회와 사회에서의 여성해방운동을 숙고하려면 기독교 여성들
도 초청해야만 한다'[23]는 점이 선언되었다.

여기에서 해방신학은 단순히 라틴아메리카나 흑인, 또는 미국인만을
위한 것이 아니었다. 토착미국인, 라틴아메리카인, 그리고 여성들도 이
와같은 범주에서 그들의 신앙을 정의하여 표현하기를 각축했다. 최근에
이르러서는 그 대화가 더욱 확산되어 아시아, 남아프리카와 영국도 그
논의에 가담하기 시작했다.

---

23) Gregory Baum, "The Christian Left at Detroit," *The Ecumenist*, Vol.
13, No. 6 (September-October 1975), p. 81.

제 3 절   解放神學의 類型 및 特質

해방신학은 각 민족이 처한 상황을 사회적·정치적·경제적으로 분석하는 데서부터 출발된다. 그 결과 해방신학의 특질은 각 민족의 당면한 상황이 해방을 위하여 요구하는 것이 무엇이냐에 의해서 어느 정도 한정지워진다. 따라서 각 지역이나 그 지역의 특수한 상황에 맞추어 해방신학의 유형과 내용을 나누어 고찰하는 것이 유용하다.

1. 中南美 解放神學

1) 中南美 解放神學의 배경

(1) 經濟的 從屬과 低開發
제 2 차 세계대전 이후 신흥독립국으로 浮上한 제 3 세계 국가들은 정치적으로 뿐만 아니라 경제적으로도 식민지로부터 해방되기 위해서 새로운 국제경제질서의 수립을 주장하면서 구체적인 경제·사회개혁을 수행해 가고 있었다.

대부분의 나라가 제 3 세계에 속하는 라틴아메리카 역시 이같은 역사발전의 단계를 거치면서 스스로의 역사를 건설하고자 했다. 특히 그들이 당면한 「저개발」과 「종속의 극복」이라는 문제는 경제개발에 있어서 핵심적인 과제였는데, 그것의 해결 여부가 라틴아메리카 경제발전의 관건이 되었다. 저개발과 종속을 극복하기 위한 두 이론이 오늘날 라틴아메리카의 주요한 쟁점으로 등장하였는데, [24] 라틴아메리카의 발전은 외부의 원조와 영향에 의해서 가능하다는 확산이론(diffusion theory)의 적용이 결국 실패하자, 종속이론(dependency theory)의 입장에서 라틴아메리카의 문제를 조망하기 시작했다. 종속이론에 의하면 저개발은 선진국에 의해 야기된 종속의 한 형태라고 규정된다. [25] 즉, 저개발국은 자본이나 기술의 축적이 없으므로, 외부의 자본주의 경제에 의존함으로써 자국의 경제개발을 추구하지만, 세계자본주의 경제의 논리에 따라 필연적으로 종속의 국제화에 빠지고 만다는 것이다.

종속이론에 의하면, 경제상황을 단지 局地的인 안목에서가 아니라 전세계자본주의 구조 속에서 조망할 때, 선진국과 후진국 사이에는 종속이라는 형태를 매개로 「중심-주변」「착취-피착취」관계가 지속·심화되고 있다는 주장이다. 이같은 마르크스주의적인 경제분석의 시각은 곧 라틴아메리카의 해방을 위한 혁명운동에 급속히 파급되어서 투쟁이 단지 국내적인 문제가 아니라 전세계적인 경제질서에까지 관련된 것이므로 근본적인 국제질서의 변혁을 요구하는 방향으로 진전되었다.

(2) 政治的 抑壓

신흥저개발국가의 경제개발정책은 선진국의 가치와 제도의 확산을 통해 이루어졌다. 구체적으로는 미국의 자본과 기술의 흡수와 변형, 자본주의 가치관과 행동양식으로의 동화, 금융·산업·교육제도의 도입으로 근대화를 촉진하는 것이었다. 따라서 라틴아메리카 諸國의 매판엘리트(comprador elite)들은 미국과의 밀접한 관계를 유지하면서, 한편으로는 미국의 지원과 비호 아래 특권을 유지하는 경향을 갖는다. 즉, 미국의 군사적 지원을 받는 보수적 군사정권들이 등장했는데, 이들 군사

---

24) Ronald H. Chilcote and Joe C. Edelstein, *Latin America: The Struggle with Dependency and Beyond*, 염홍철 편역, 『제 3 세계와 종속이론』 (서울 : 한길사, 1980), p. 32.

25) 자세한 내용은 본서의 제 8 장을 참조할 것.

정권은 권력 뿐만 아니라 국가의 행정기구도 장악하려 하며, 흔히 多國
籍企業과 밀접한 관련을 맺는다.

이에 대항하는 학생·농민·노동조합운동이 改革내지는 革命의 기치
아래 일어났다. 그러나 개혁을 주장하는 개혁주의자들의 운동은 종속발
전모델을 둘러싼 모순이 점차 가속화 됨에 따라 상대적으로 그들의 운동
은 계속 약화되고, 주로 도시의 산업노동자, 농민운동, 도시 및 농촌의
게릴라 투쟁들로써 근간을 이루는 라틴아메리카의 反資本主義的인 혁명
운동이 강화되었다. 이들 혁명적 투쟁을 수행하는 세력들은 라틴아메리
카의 전체적 해방을 지향하면서, 미제국주의 세력과 그들과 결탁한 국내
의 억압적 지배세력들의 타도를 통해 정치·경제적 종속을 극복하고 스
스로의 주체적인 발전을 이룩하기 위해 끊임없이 투쟁을 도모했다.

(3) 社會·文化的 帝國主義

16세기 이래 문화적 식민주의 정책을 경험해 온 라틴아메리카 각국에
대해 식민역사가 발전되고 심화되는 과정에서 列强의 식민지 정책은 더
욱 조직화되고 광범위 해졌으며, 식민의 주체가 스페인, 영국 이후 미
국으로 변경되었지만 그 양상만 달리할 뿐 동일한 식민정책이 행해졌
다. 현재 미국은 이 대륙에 주로 교육을 통해 그들의 문화를 移植시키
고 있는데, 이는 諸國 내에서 질서를 유지하는 데 보완적인 기능을 하
고, 다국적 기업과 재정기구를 확대시키는 데에도 도움을 주게 하는 것
이다. 이같은 문화적 침략 안에서 지역민들은 자신의 안목보다는 침략
자들의 시각으로 그들의 현실을 파악하는 데 익숙해졌다. 26)

그래서 지역민들에게 식민주의의 가치와 사고, 행동방식, 그리고 문화
가 자연스럽게 인식되고 내재화됨으로써 그들은 자기정체의 위기에 빠
지게 되고, 그것은 다시 그들 스스로를 패배주의와 비관주의로 몰아 넣

---

26) Paulo Freire, *Pedagogy of the Oppressed*, trans. by Myra Bergman
Ramos(New York: The Seabury Press, 1973), p. 151.

게 하는 악순환이 지속됨을 깨닫게 된다. 또한 사회의 전반적인 불의한
구조와 빈곤이 자신들의 무능과 열등, 비능률, 無知 등에서 비롯된 것
이라고 인식하게 된다. 이와같은 自我意識이 표출됨으로써 정치·경제
적인 해방운동과 더불어 혁명을 통해서 새로운 문화를 재창출하려는 움
직임이 일어나고 있다.

2) 中南美 解放神學의 특질

콜럼버스의 신대륙 발견으로 라틴아메리카에 유입된 기독교는 강대국
의 식민지정책을 간접적으로 지원하는 정책적 기독교의 성격을 띠어왔
다. 그런데 1960년대 이후에 들어서자 교회가 이 대륙을 에워싸고 있
는 불의한 억압에 의해 억압받는 자들의 해방을 추구하는 흐름이 일기
시작했다. 이 억압받는 자의 해방은, 그들의 삶에 단지 종교적이고 영
적인 측면에서 개인적으로 원조하는 것 뿐만이 아니라 정치·경제·문
화적인 형태의 지원까지 포함하는 것이다. [27]

(1) 메델린(Medellin)會議

제 2 차 바티칸 공의회에서 윤곽이 설정된 개혁의 프로그램을 라틴아
메리카에서 시행할 수 있도록 전략을 발전시키기 위해서 열린 1968년
메델린회의에서는 제 2 차 바티칸 공의회에서 거론되기 시작한 내용이
구체적인 형태로 부상하고, 실제적인 방면에 적용되었으며, 해방이란
용어가 사용되기 시작했다.

회의의 문서가 여러 측면에서 불완전하고 미비한 점들이 있지만, [28] 이
는 한 주교단 전체의 역사적 결단이었다. 이 회의에서 주교단은 사회계

---

27) Pierre Bigo, *The Church and Third World Revolution*, trans. by
    Sister Jeanne Marie Lyons(New York: Orbis Books, 1977), p. 131.
28) Gutiérrez, 앞의 책, p. 135.

층의 극심한 불평등, 집권층의 권력남용, 착취성격을 띤 국제간의 무역
으로 인한 제 3 세계의 대외의존적 체제 등을 신랄히 비판하고, 해방에
대한 성서적 근거를 제시하며 가난한 자들과 결속하여 사회의 구조적
불의와 억압을 배격해야 한다고 천명했다. 또 주교단은 구조적 내지는
제도화된 強權에 의해서 억눌린 자들이 그들의 인간적 발전을 저해하는
문화적·사회적·정치적·경제적 존재로부터 해방되어 자신의 운명을
결정하는 주체가 되어야 한다고 주장했다. 그러기 위해서는 역사적 현
실을 가난한 자의 입장에서 분석할 필요가 있었는데, 마르크스의 이론
이 그와같은 사회·경제적 상황의 분석에 적합하다고 하여 마르크스이
론을 분석의 수단으로 사용하기 시작했다.

메델린회의의 결과 비로소, 라틴아메리카의 민중을 해방시키고자 교
회가 아래로 내려 오게 되었다. 수백년에 걸쳐 식민주의세력들과 제휴
해 온 교회의 성직교계가 메델린에서 출애굽의 절규에 의하여, 권력과
결탁해 오던 완고한 태도를 풀었던 것이다.

(2) 구띠에레즈의 해방신학

구띠에레즈는 신학을 「프락시스(Praxis)[29]에 대한 비판적 고찰」이라고
했다. 여기에서 프락시스란 라틴아메리카의 해방을 위한 투쟁을 의미한
다. 이 투쟁경험이 비판적 사유의 출발과 방법이 된다는 것이다. 이렇
게 볼 때 라틴아메리카 해방신학의 신학적 진리는 연구나 어떤 知的 작
업을 통해서가 아니라 세계를 변혁시키고자 하는 참여와 행동적 헌신을
통해서 얻어진다는 것이다. 여기에서 지식의 목적은 세계의 해석에 있
는 것이 아니라 변혁에 있다는 사실이 강조된다. 따라서 구띠에레즈의
라틴아메리카 해방신학에서는 프락시스란 사회구조의 변화를 통한 인간
의 궁극적 변화를 가져오는 방법이라는 의미를 갖는다.

---

29) 일반적으로 행동하고 다시 반성·검토하고 다시 행동하는 작업의 반복을
뜻한다고 볼 수 있음.

이 프락시스는 라틴아메리카의 현실 속에서 4 가지 과정으로 나타난다.[30]

첫째는 「고발과 예보」인데, 이는 교회와 기독교인들은 사랑과 자유와 정의에 배치되는 상황에서 비인간화된 일체의 상황과 결별을 고하고 예언자적인 고발을 행함과 동시에 이제까지의 상황과는 전혀 다른 질서와 사회를 복음의 빛 아래서 선포해야 한다는 것을 의미한다.

둘째, 라틴아메리카 교회의 가난한 자들을 향한 선택이다. 가난한 자에 대한 선택은 그들의 교회의 이웃사랑의 한 형태이다. 왜냐하면 그들에게 있어서 이웃은 곧 가난한 사람들이기 때문이다. 그래서 그들은 해방운동의 과정에서 그 사회구조의 저변층을 형성하고 있는 가난한 자들과의 유대를 공고히 한다.

세째로, 마르크스주의적 계급투쟁인데, 그것은 명백히 두 계급, 즉 유산계급과 무산계급으로 나뉘어지는 상황에서 궁극적 일치를 위해 전략적으로 무산계급을 선택해서 그들과 함께 일종의 연합전선을 구축하는 것으로 나타난다. 이 계급투쟁은 피상적이고 명목적인 평등이 아니라 보다 자유롭고 정의로운 인간사회를 건설하기 위하여 라틴아메리카 교회의 사회적 운동들이 취하고 있고, 또 지향해야 할 과제라는 것이다. 이 계급투쟁은 단지 분열이나 분쟁만을 위한 것이 아니고 더 높은 차원의 목표, 곧 억눌린 계급의 해방을 통해서 전체의 인간해방을 성취하는 일종의 과정적 프락시스로 이해되고 있다.

네째, 새로운 사회적 인간성의 창조 과정이다. 즉, 함께 더불어 살고 사회와 역사 속에서 주체적으로 살 수 있는 새로운 인간성의 창조를 지칭한다. 새로운 인간상에 대하여 보프신부는 구체적으로 연대하는 인간, 예언적 인간, 투신하는 인간, 자유로운 인간, 쾌활한 인간, 관상하는 인간, 이상향적 인간을 들고 있다.[31]

---

30) 이오갑, 「해방신학의 프락시스 : 구스타포 구티에레즈를 중심으로」, 연대신학 대학원 석사학위논문, 1984, pp. 86~89.
31) Leonardo Boff, *Como Hoser teologia de la liberación*, 김수복 역, 『해

(3) 푸에블라(Puebla)회의

1979 년 멕시코의 푸에블라에서 열린 제 3 차 라틴아메리카 주교총회는 메델린 정신의 배척이라는 평을 듣기도 하지만 교황 요한 바오로 2 세는 이 모임이 메델린 결의에 의거함을 명백히 천명했다. 푸에블라회의의 결의문에서는 '해방하는 복음화의 진정한 본질(푸에블라 480)'이라는 「해방하는 복음화」를 라틴아메리카 교회의 사목을 위한 공인된 공동의 지침으로 강조하고 있다. 그 결과 예수 그리스도에 관한, 교회와 인간에 관한 진리 속에서 해방하는 복음화의 임무가 뿌리 내리는 일이 신학적으로 심화되어 나아가고, 교회의 행동을 위하여 새로운 판단기준이 인식될 수 있게 되었으며, 또 그리하여 라틴아메리카의 실천지향이 더욱 효과적이고 분명하게 될 수 있는 길이 열렸다. 결국 푸에블라회의는 관찰하라(현실의 분석), 판단하라(신앙의 기준에 따라), 그리고 행동하라(사목을 위하여 중요한 점들을 달성하고자 노력함)라는 결론에 도달하고 있다. [32]

2. 美國 黑人의 解放神學

1) 人種差別主義

라틴아메리카의 해방신학이 계급투쟁에서 오는 것이라면 북아메리카 흑인의 해방신학은 인종문제에서 비롯된 신학이라 할 수 있다.

3 백 년 이상을 흑인남자와 여자 그리고 흑인 어린이들은 그들의 고향인 아프리카 대륙에서 팔려 왔다. 그리고 그들은 심리적·육체적·종교적으로 전혀 낯선 백인들에 의해서 지배받는 자들로 인식된 것이다. 이런

방신학입문』(서울 : 한마당, 1987), pp. 129~132.
32) Leohardo Boff, 같은 책, p. 128.

낯선 대륙에서 흑인은 모든 인간의 조건 중에서 가장 열악한 노예의 신분
으로 轉落되어 갔다. 흑인가족은 파괴되고 흩어져 미국의 전지역에 걸쳐
노예 경매장에 팔려 갔다. 실용적인 목적에 의해서 흑인남자들은 去勢
되었고, 흑인여자들은 조직적으로 분열되었고, 야비하게 타락되었다.[33]

흑인해방신학의 경우 이와같이 아프리카 대륙에서 노예선에 팔려온
후 조직적인 인종차별을 받아온 흑인체험이 신학적 상황을 이루고 있
다. 백인의 백색우월주의는 흑인을 그들의 고유한 문화적 전통으로부터
단절시켰을 뿐만 아니라, 그들의 피부색이 마치 노예로서의 숙명적인
인간조건인 것처럼 인식시킴으로써 그들의 지배를 정당화해 왔다. 즉 그
들은 강자의 편견이라는 무서운 경험을 했던 것이다. 그 편견의 내용은
'백색은 아름답고, 흑색은 추악하다. 백색은 선하고 흑색은 악하다. 백
색은 거룩하고 흑색은 부정하다. 하나님은 백인을 축복하셨고, 흑인을
저주하셨다'[34]라는 것이다. 이에 대해 백인 교회는 적어도 흑인지배를
외면하거나 정당화해 줌으로써 흑인지배의 도구가 되었다.[35]

물론 백인들의 흑인에 대한 인도적인 처우, 노예해방, 선거권의 부여
등이 행해지기도 했지만, 본질적인 흑인의 해방과는 무관한 것이었다.
백인의 조직적인 인종차별은 모든 사회에서의 흑인분리정책을 가져 왔
고, 그것은 흑인의 무지와 빈곤, 끊임없는 흑인의 노예로서의 존재확인
을 초래하고 있다.

2) 美國黑人 解放神學의 특질

백인의 흑인에 대한 인식과는 달리 흑인의 경험으로 볼 때는 백인이
야말로 악마였다. 그러나 모든 법도 제도도 백인의 횡포를 그대로 정당

---

33) M. J. Jones, *Black Awareness, A Theology of Hope* (Nashiville and
　　New York: Abingdon Press, 1971), p. 19.
34) 문동환, 앞의 책, pp. 140~141.
35) Jones, 앞의 책, p. 23.

화시킨다. 그러면서 하느님도, 예수도, 마리아도 천사도 모두 백인으로
그린다.

이와같은 역사적 경험과 인식하에서 그들은 교회의 신학은 무엇을 하
고 있는가 하고 물었다. 대답은 라틴아메리카의 경우와 같았다. 모두
백인을 위한 신학이지 미국의 흑인들을 위한 것은 하나도 없었다. 이제
그들은 성서를 흑인 자신의 눈으로 보기 시작했다. 그 결과 비로소 백
인들에 의해서 은폐되어 온 해방의 복음을 발견하게 되었다. 그러면서
하느님만은 그들의 아픔을 알아 주실 것이라는 점을 믿게 되었다. 즉,
'검은 색은 아름다운 색이다. 검은 색을 자랑으로 삼으라'했더니 그대
로 되었다. '검은 무리들아 힘을 가져라'했더니 흑인공동체가 탄생되
고 힘이 점점 강해져 그들의 새로운 세계가 창조되어 갔다. 나아가서는
하느님도 예수도 검다는 생각을 갖게 되었다.

라틴아메리카 해방신학의 구띠에레즈와 같은 지위를 점하고 있는 콘
(James H. Cone)은 '흑인신학에는 무색의 하느님이 설 자리가 없다. 어
떤 사회에서는 바로 유색이 이유가 되어 사람들이 고난을 당하고 있기
때문이다. …내가 검은 색인 것은 하느님이 검은 색이기 때문이다'[36]라고
말했다.

미국 흑인해방운동의 기수로서 킹(Martin Luther King, Jr.)을 들 수
있는데, 그는 「블랙 파워(Black power)」를 통해서 해방운동을 전개했다.
블랙파워운동은 뿌리깊은 인종주의를 그 근원에서부터 제거하려는 노력
이다.

흑인해방운동의 과정에서 폭력과 비폭력의 입장은 끊임없이 대립되어
왔는데, 민권운동의 기수였던 킹의 비폭력 노선과 말콤 엑스의 폭력적
노선의 대립도 그 일례이다. 흑인해방신학자 가운데서도 콘과 존스가

---

36) Cone은 검은 색이라는 용어를 사회적 억압의 상징으로 해석하기도 하고
생리학적인 의미로도 받아들인다. James H. Cone, *A Black Theology
of Liberation* (Philadelphia: Lippincott, 1970), p. 120, pp. 140~141.

대립된 견해를 갖고 있다. [37] 비폭력의 입장을 취하고 있는 존스에 대해서 콘은 그가 사랑을 절대적인 원리로 삼는 서구신학의 카테고리에 너무 얽매여 있다고 비판한다.

3. 韓國의 民衆神學

1) 民衆神學과 解放神學의 유사점

라틴아메리카의 해방신학이 갖는 지역적 특수성에도 불구하고 그것은 한국의 현실에도 어떤 조명을 줄 수 있다. 그 가능성은 라틴아메리카의 상황과의 유사성뿐만 아니라, 이른바 제 3 세계 블럭에 속해 있는 한국적 현실에 대한 한국교회의 사회참여에서 보여진다. 민중신학과 해방신학의 유사점으로 다음과 같은 것을 꼽을 수 있다. [38]

첫째로, 양자가 모두 구체적인 역사적 정황의 분석에서 출발하고 있다는 점을 들 수 있다. 그들은 공통적으로 민중이 고난당하는 삶의 현장에서의 체험과 해방체험을 중시하며, 그것을 신학혁명의 출발점으로 삼는다. 그래서 이 두 신학은 모두 不條理한 삶의 정황 속에서의 실천과 행동, 즉 프락시스를 지향하며, 그것을 통하여 인간의 역사 속에서의 실질적 해방을 목표로 한다.

둘째, 양자는 모두 헌신분석이나 성서해석에 있어서 마르크스주의적인 사회경제사적 접근법을 도입한다. 우선 사회적 분석에서 사회의 불의와 민중의 고난의 원인을 국제적 자본주의 경제질서와 국내 매판엘리트의 속성에서 발견한다. 성서해석에 있어서도 그들은 민중과 해방이라는 準

---

37) J. H. Cone, *Black Theology and Black Power* (N. Y. : The Seabury, 1969), p. 143.

38) 이오갑, 앞의 논문, pp. 94~95.

據點을 가지고 성서를 읽으며, 성서의 메시지를 당시의 종교적 상황이 나 신학적, 교회적 상황에서 뿐만 아니라, 더 넓게 사회·경제사적 배 경 속에서 해석해 내고 있다. 여기에서 성서는 종교지도자나 권력자의 입장에서가 아니라 해방을 갈구하는 민중의 입장에서 읽혀지고 해석된 다.

2) 民衆神學의 배경

한국사회의 억압의 현실을 뒷받침하고 있는 근원적인 원인은 봉건잔 재의 존속과 무비판적인 서구지향적 근대화 과정이라고 할 수 있다. 한 국의 민중사를 볼 때 동학혁명 이후 계속해서 反封建·反外勢의 민중의 식이 발전해 왔다. [39] 동학혁명의 반봉건·반외세라는 민중의식은 일제 시대의 反日·國權回復 정신으로 이어지고, 해방한국에서는 일제잔재의 청산, 통일독립국가의 수립, 민주주의 신장으로 계승되어 봉건잔재 타 파와 완전한 자주독립국 형성의지로 나타났다. [40] 그러나 이러한 일련의 민중운동이 그 목표를 아직 실현하지 못함으로써 한국사회는 관료주의 와 빈부의 극심한 격차, 소위 한국적 자본주의 메카니즘이 가져온 권력 형 부정부패, 그리고 한국경제의 대외 의존성이 청산되지 못하고 있 다. [41]

또, 문화적으로도 한국사회는 외부에서 유입된 가치관과 생활형태를 무비판적으로 수용했다. 서구의 문화가 들어 오기 이전에는 유교에 의 해서 고유의 문화를 지배당하다가 근래에 와서는 서구의 생활행태를 모 방하는 것이다.

이상과 같은 역사적 상황을 경험하고 있는 한국의 신학이 한국적 상

---

39) 정창열, "백성의식·평민의식·민중의식", 『한국민중론』(서울 : 한국신학 문제연구소, 1984), p. 173.
40) 강만길, 『한국현대사』(서울 : 창작과 비판사, 1984), pp. 191~193.
41) 김덕중, "한일경제관계의 현실과 표리," 『신동아』, 1974 년 1 월호.

황과의 대결에서 직면하는 과제는 첫째, 봉건주의적 지배이념과 거기서
파생된 계급사회체제로부터 억압받는 자들의 해방, 둘째, 근대화 과정
에서 비인간화를 조장하는 요인에 의하여 억눌린 자들의 해방, 세째, 서
구문명의 발달과 전통문화와의 갈등으로부터의 해방이라고 할 수 있다.

3) 民衆神學의 특질

한국의 역사적 경험으로부터 억눌린 자의 해방이라는 과제를 짊어진
한국신학계에서, 이의 해결을 위해 등장한 민중신학[42]은 한국신학의 방
향에 새로운 가능성을 주고 있다.

김정준 박사는 「민중신학의 과제」라는 글에서 '예수의 일생이 지배계
급의 사람들 보다 정치적 권위나 종교적 권위를 가진 사람들의 지배를
받아오던 일반 대중, 그 중에서도 소외당하고 가난한 사람들을 위해 사
시고 가르치시는 데 중점을 두었다는 것을 깨달을 때, 기독교인의 신학
은 당연히 민중의 신학이 되어야 한다고 생각한다'[43]고 주장한다.

민중신학[44]은 민중의 현재상황, 즉 정치·경제·문화적인 구조악의
분석에서 출발하는데, 이 구조악이 민중과 상반되는 것이라고 주장한
다. 이러한 구조악을 서남동 교수는 「恨」으로 規定한다. 恨은 억압으로
말미암아 눌린 감정의 축적이다.

민중신학자의 한 사람인 안병무박사 역시 구조악의 사회적 불의를 죄
와 동일시한다. 그는 구조적으로 불의한 사회에서는 아무도 홀로 깨끗
할 수 없으므로 사회구원 없이는 개인구원이 불가능하다고 주장한다.[45]

한국민중신학의 목표는 인권회복과 소외당하고 멸시받은 자들이 인간

---

42) 서남동, 『민중신학의 탐구』(서울 : 한길사, 1983) 참조.
43) NCC 신학연구위원회편, 『민중과 한국신학』(서울 : 한국신학연구발행소,
    1982).
44) 대표자로서 함석헌, 김정준, 서남동, 안병무 등을 꼽을 수 있다.
45) 나용화, 『민중신학 비판』(서울 : 기독교문서 선교회, 1984), p. 84.

으로 대우받을 수 있는 새로운 사회체제를 추구한다.[46] 이 새로운 사회
체제란 모든 사람 뿐만 아니라 모든 것이 平準化된 현실이다. 이것은
또한 가난한 자들이 사랑받고 대우받는 「더불어 사는 사회」이다.

4. 그 밖의 解放神學

1) 아프리카 黑人解放神學

아프리카의 경우는 미국 흑인의 경우와 또 다른 상황에 처해 있다.
미국의 흑인은 다수 백인 사이에 섞여 살았지만 아프리카의 경우에는
그 반대다. 즉, 아프리카 대륙은 대체로 영국·불란서·스페인·포르투
칼·벨지움 등의 통치하에서 천연자원 등의 자원을 선진국에 수탈당하
며, 절대다수의 원주민이 백인에게 차등지배를 당하고 있었다. 정치적
인 면에서도 투표권마저 빼앗기고 있었다. 그러다가 1945년 제 2차 세
계대전이 끝나고 아프리카의 여러 나라에는 독립운동이 서서히 진행되
었다. 그 결과 비로소 스스로의 힘으로 그들의 미래가 창조될 자유가
주어졌다.

그러나 아프리카의 흑인들도 곧 그들의 상황을 발견했다. 자유만 가
지고는 아무 것도 할 수 없다는 것이었다. 그들의 새 미래를 건설하려
면 지식과 능력이 있어야 한다는 것이었다. 그 필요한 지식과 능력이
지난 날의 악한 통치자들로 말미암아 주어지지 않음으로써 새 역사 창
조에 막대한 지장을 받고 있다는 것이다. 서구의 신학은 역시 이와같은
문제에 대해서 침묵을 지키고 있다.

흑인해방신학자의 대표자인 보제크(Alan Boesak)[47]는 흑인의식을 강

---

46) 같은 책, pp. 87~88.
47) 黑人意識의 神學의 대표자의 한 사람으로, 그의 저서로는 *Farewell to Innocence*가 있다.

造하고 이를 소유함으로써 해방을 주장한다. 그가 말하는 흑인의식이
란,[48]

첫째, 흑인민중은 그들의 인간상, 그들의 피부가 모두 검은 색에
의하여 구성되어 있다는 자각을 가져야 하며,

둘째, 동시에 흑인은 백인과는 다른 흑인역사와 흑인문화, 그리고
흑인의 가치관을 가져야 하며,

세째, 검은 것은 흑인에게 있어서 하나의 삶의 태도이자 삶의 道이
며,

네째, 이러한 흑인의식은 백인의 제도적 억압과 수탈, 그리고 차별
에 대한 흑인민중의 동질성 회복의식이요, 자기 변혁이며, 자기해방
을 의미한다는 것이다.

2) 女性解放神學

지난 역사 동안 인간공동체의 일원이었던 여성들의 경험은 침묵을 강
요당했고, 그들의 의견은 무시당했다. 그리하여 신학은 남성편향적 일
방통행적인 것이되었다. 여성들이 살아가는 구체적인 현실에서 유리된
지배자들의 추상적이요, 사변적인 논리가 삶의 밑바닥에서 살아가는 여
성들의 경험을 대변할 수 없고, 따라서 이들에게 의미있는 전달이 될
수 없기 때문에 지배자들에게 복음이 될 수 있는 것이 여성들에게는 형
벌이 될 수 밖에 없는 것이다. 그러므로 여성들은 하느님이 여성 자신
에게 임해 오시는 경험, 거기에 응답하는 자기자신의 경험등을 이야기
하기 시작했다.[49]

여성해방신학자들은 대체로 '우리는 여성이다. 우리 여성은 하느님의
형상대로 지음을 받았다. 그러므로 하느님은 여성이시다. 그런데도 지

---

48) 통일사상연구원, 『해방신학과 공산주의』(서울 : 평범서당, 1983), p. 34.
49) 이우정 편, 『여성들을 위한 신학』(서울 : 한국신학연구소, 1985), pp. 8~9

금까지 하느님을 아버지라고 부른 것은 남성 위주의 사회에서 여성을 억압하고 남존여비사상을 정당화시키기 위한 수단이었다. 여성은 그러한 신학적 사고방식에서 해방되어야 한다'고 주장한다. 그래서 그들 신학자들은 '하느님을 아버지라 부르는 대신, 어머니라 불러야 한다. 그럴 수 없으면 적어도 부모님 또는 어버이라고 불러야 한다'는 것이다.

제 4 절 해방신학의 평가 및 爭點

해방신학이 태동된지 불과 20여년이 지난 현 시점에서 그에 대한 평을 내린다는 것은 쉬운 일이 아니지만, 해방신학의 현위치를 발전적으로 검토한다는 의미에서 그것이 대두되게 된 동기·목표·이데올로기성이라는 세가지 측면에서 접근하고자 한다.

발생동기적인 면에서, 해방신학이 가난한 자의 입장에서, 프락시스(Praxis)를 통하여, 대중의 구원을 정치적 억압, 경제적 착취, 사회적 소외라는 비인간화로 부터의 해방, 나아가 종교, 문화적인 종속으로부터의 해방을 성서적으로 추구했다는 것은 인간으로서 당연히 누려야할 인간회복을 성취하려고 했기 때문에 긍정적으로 평가될 수 있을 것이다. 그러나 해방신학은 실천적인 신학으로 철학이나 신학에 근거를 둔 이론으로서의 신학보다는 현실적이고 세속적이라는 비판을 받기도 한다.

목표적인 측면에서 보면, 해방신학이 궁극적으로 지향하는 바를 구체적으로 제시하지 못했다는 의미에서 반성의 여지가 있다. 해방신학은 「~로 부터의 해방(liberation from~)」이라는 소극적인 면, 즉 동기는 비교적 뚜렷하나, 「~로의 해방(liberation to~)」을 구체적으로 제시하지못하고 있다. 물론 본론에서 잠시 언급된 구띠에레즈의 「새로운 인간(a new man) 창조」와 한국 민중신학의 「더불어 사는 사회」등이 그 지향하는 바가 될 수 있지만 역시 구체적인 짜임새를 가지고 있는 것은 아니다.

해방신학의 이데올로기성에 대한 평가는 해방신학이 마르크스사상을

어느정도 수용할 것인가에 대한 평가로 代辯될 수 있다. 마르크스사상
의 수용에 있어서 해방의 대상을 프롤레타리아로 보고 계급투쟁의 수단
으로써 폭력혁명을 통해 자본주의를 붕괴 시킨다는 일부해방신학자들의
견해는 신학을 정치적 이데올로기로 만들었다는 비난을 면치못할 것이
다. 그런데 이 문제에 대해서는 해방신학자들 사이에서도 좁히기 어려
운 견해차가 있어서 통일된 답변을 구하기가 힘들다.

이에 대해서는 해방신학의 대표자 중 한 사람인 브라질의 보프신부가
로마 교황청의 査問을 받아 공식 거론된 적이 있다. 물론 이 問答이 해
방신학에 있어서 마르크스 사상의 수용정도를 전적으로 반영하는 것은
아니라 하더라도 마르크스사상과 관련된 해방신학의 쟁점을 비교적 전
반적으로 다루고 있고, 해방신학자들의 기본입장을 밝히고 있다. 그 문
답[50]을 중심으로 하되 자료를 보충함으로써 해방신학의 이데올로기성에
대한 평가를 하고자 한다.

1. 分析手段으로서의 마르크스사상

해방신학은 마르크스사상의 사회분석 방법을 채택하고 있으므로 마르
크스사상의 기본철학까지도 그대로 수용하고 있는 것이 아닌가하는 물
음이다.

이에 대해 보프는 다음과 같이 답변하고 있다.

"마르크스사상에서 우리가 관심을 갖는 것은 그 이데올로기가 아니다. 우리
들의 관심은 민중에 대한 탄압과 이의 극복문제다. 민중탄압은 하늘 아래서
떨어진 것이 아니다. 그것은 역사의 흐름에서 형성된 것이다. 민중탄압이 어
떻게 해서 생겼느냐 하는 질문을 제기할 때 우리들이 부닥치는 문제가 바로

---

50) 아래에서 제시되는 물음이나 문제제기는 교황청의 라칭거 추기경의 입장
이다. 자세한 문답 내용에 대해서는 "나는 마르크스주의자가 아니다" 김
주일 역, 『月刊朝鮮』, 1984년 11월호 참조.

자본주의와 그 메카니즘(mechanism)이다. 사회에 대한 마르크스주의적 분석은 이같은 메카니즘을 분석하는 데 도움을 줄 수 있다.*

보프는 해방신학이 마르크스주의적 사회분석방법을 도입했다는 점을 시인했다. 그러나 그것은 마르크스의 역사철학이나 세계관을 받아들이기 위해서가 아니라, 라틴아메리카의 사회적 불의와 억압적 상태가 자본주의 체제 때문에 생긴 것이라고 판단하고 그 해결책을 간구하기 위해 사회분석방법을 찾아보니 마르크스의 방법이 가장 적절하다는 것을 발견하였기 때문이라는 것이다. 이 점은 바움(Gregory Baum)의 논평에서 더욱 명확히 밝혀진다.[51] 바움의 논평을 따르면, 브라운(Robert McAfee Brown)은 여기에 세 가지 입장이 있다고 생각한다. 일부 학자들은 마르크스주의야 말로 전체를 포괄하는 세계관으로 전적인 승인을 요구하는 구조의 틀로 받아들이고자 한다. 한편에서는 마르크스주의란 정치적 행위를 위한 하나의 계획으로서 전체적 세계관에 지나지 않는 것으로 보고 있는가 하면, 또 다른 해방신학자들 대부분은 마르크스주의를 주로 「사회분석도구」로 여기고 있다는 것이다. 라틴아메리카 신학자들이 마르크스주의를 이용하기는 하지만, 그것은 포괄적인 인간론에 관여하지 않고, 마르크스주의의 사회, 경제구조에 대한 분석만을 승인하는 정도이다.

마르크스주의의 분석방법이 현재의 라틴아메리카의 상황을 일관성있게 그리고 합리적으로 설명해 준다는 인식은 계속 이어지는 다음의 문답에서 거듭 확인된다.

그런데 막스 베버의 사회학 방법론이나 가톨릭 사회이론으로도 충분히 분석도구로 삼을 수 있지 않느냐?는 의문의 제기에 대하여

보프는 '가톨릭 사회론은 그 개념이 말해 주듯이 하나의 이론일 뿐이다. 이같은 이론에서 어떤 결과가 나타날 것인가 하는 문제는 장차 논

---

51) Harvie M. Cone, *Tensions in Contemporary Theology*, 홍치모 역, 『解

의될 수 있는 것이고, 우리들이 우선 보아야 할 것은 현실의 갈등 문제이다. 가톨릭 사회론은 이런 문제에 거의 도움이 되지않는다. 세계는 가난한 자의 눈으로 보아야 한다.'고 답변한다.

2. 가난한 者의 문제

해방신학에서는 가난한 者＝民衆＝프롤레타리아라는 등식을 펴고 있는 것이 아닌가 하는 물음이다.

보프는 가난한 자의 개념에 대해 다음과 같이 답변하고 있다.

"우리들에게 있어서 가난한 사람들이란 것은 마르크스주의적 의미의 프롤레타리아와는 다르다. 빈곤의 나락으로 빠져 들어가는 공장 노동자로서의 프롤레타리아는 브라질의 경우 소수로서 별로 중요한 의미를 갖지 않는다. 해방신학에서 가난한 사람들이란 지구상의 모든 저주받은 사람들, 억압받는 사람들을 일컫는다. 브라질에는 현재 약 2천 5백만의 집없는 아이들과 4천만의 흑인이 살고 있다. 이들이 바로 가난하고 저주받은 사람인데 이들을 위해 투쟁한다."

여기서 보프는 가난한 자와 프롤레타리아를 달리 파악함으로써 해방신학이 마르크스주의와는 다름을 강조하고 있다. 그러나 해방신학자들은 가난한 자를 해방시키기 위한 방법을 모색함에 있어서는 역시 마르크스주의의 시각을 따르고 있다. 구띠에레즈는 가난한 자들을 돕기 위하여 저술을 시작하였을 때, 다음과 같은 세가지를 발견했다고 말한다.[52] 즉, '나는 가난이란 것이 파괴적인 것이기 때문에 대항하여 파괴해야지 단순히 동정해서는 안됨을 발견하였다. 또한 이 사람들이 가난하고 부유하지 못하다는 사실은 단순히 선택의 문제가 아니라 구조의

放神學硏究』(서울 : 성광문화사, 1984), pp. 134～135.

52) Sergio Torres and John Eagleson, (eds.), *Theology in the Americas* (N. Y. : Orbis Books, 1976), pp. 175～212.

결과인 것이다. 가난은 구조적인 문제다. 다음으로 나는 가난한 사람들이 사회적 계급임을 발견하였다. 나는 가난이 대항해야 할 것이며, 구조적인 것이며, 가난한 사람들이 하나의 계급임을 발견하였을 때, 가난한 자들을 돕기 위하여, 정치적인 행동을 취해야만 한다는 것이 아주 분명하게 되었다'는 것 등이다.

결국 가난한 자는 자본주의 구조하에서 생겨난 모순이므로, 이와같은 자본주의의 구조적 모순을 타파하기 위해서는 폭력도 불사해야 한다는 것이다.

3. 神 觀

해방신학이 신을 무시하는 마르크스주의를 사용하는 것은 무신론을 주장하는 것이 아닌가 하는 물음이 제기된다.

보프는 해방신학의 논쟁에서 커다란 쟁점 가운데 하나인 神觀의 문제에 대해서 다음과 같이 답변하고 있다.

"어느 하나를 다른 것과 분리시켜 생각할 줄 알아야 한다. 이를테면 이태리의 마르크스주의자인 그람시, 헝가리와 체코의 反體制 인사들이 그렇다. 이들은 마르크스주의자임에도 불구하고 동유럽 사회를 비판한다. 이태리에선 몇년 전부터 마르크스주의자들과 가톨릭 평교도들 사이에 성공적으로 대화가 이루어지고 있다.

중남미의 해방신학자는 거의 모두 내가 알고 있지만 내가 알고 있는 해방신학자들은 아무도 神性으로서의 그리스도, 십자가의 의미로서의 그리스도, 성만찬 의식에 함께 하시는 그리스도를 부인하지 않는다."

해방신학이 신을 무시하는 無神論인 마르크스주의를 사용하는 것은 자기 모순이라는 라칭거 추기경의 비난에 대해, 보프는 그것은 硬直되고 劃一的인 思考라고 반박한 것이다. 그러나 사실 유신론자인 해방신학자들은 마르크스주의의 무신론 때문에 마르크스주의를 더욱 받아들이기 어려운 입장이다. 크리스천과 마르크스주의의 대화를 말하고 있는 보니노(José Miguez-Bonino)는 '무신론자인 마르크스주의 사회분석방법은 좋은 점이 있으나 마르크스주의의 무신론과 거기에 근거한 역사철학은 받아들일 수 없다고 못박아서 말하고 있다.'[53]

4. 暴力論

해방신학은 필연적으로 폭력으로 치닫는 것이 아닌가 하는 추기경의 또다른 懷疑에 대해 보프는 다음과 같이 명쾌하게 답변하고 있다.

"그렇게 생각하지 않는다. 사실 브라질은 끔찍한 사회상황으로 볼 때 벌써 폭발되어야 했다. 지금까지 폭발이 없었던 것은 교회나 해방신학 때문이라 할 수 있다. 해방신학은 그와 같은 사회문제를 일단 토론의 광장으로 수렴키 위해 기회 있을 때마다 사람들에게 요구해 왔다.

그러나 그것은 상황에 따라 결정해야 할 일이다. 이를테면 한 독재정권이 인간을 철저히 노예화시킬 정도로 사악할 경우 이에 폭력으로 맞서는 것은 전통적인 교회의 가르침으로서도 허용되고 있다. 물론 오늘날 교회 속에는 일체의 폭력에 반대하는 세력도 있다. 가톨릭 교회 내의 평화운동가들이 그런 부류이다."

이와같은 보프의 지적과 마찬가지로, 해방신학에서는 해방의 투쟁과정에서 조건부 폭력이 사용되는 것을 대체로 받아들인다. 해방신학자들의 폭력론에 의하면 민중을 착취하는 기존체제의 억압 그 자체가 原初的 폭력 혹은 制度的 폭력이다.[54] 기존체제의 폭력에서 벗어나기 위한

---

53) 高在植, "해방신학 논쟁에 대한 한 견해," 『基督敎思想』, 317호, 1984년 11월호, p. 137.
54) Harvie H. Cone, 앞의 책, p. 152.

民衆의 투쟁 역시 폭력으로 표출되는데 이러한 對抗暴力(counter-violence)
은 허용될 수 있는 것이다. 그리하여 민중을 억압하는 기존체제의 원초
적 폭력이 없어지면 민중의 반역은 없을 것이고, 따라서 민중의 항거가
없다면 기존체제의 폭력적인 진압작업도 없어지는 것이다.

5. 罪의 문제

라칭거 추기경은 '억압, 착취, 가난은 사회구조 속에서 보다는 인간
의 내적인 罪에서 연유된 것이므로 악의 근원적 근절을 위해서는 인간
을 悔改시켜 죄없는 사람을 만드는 것이 급선무가 아닌가'라는 문제를
제기한다.

보프는 이와같은 죄의 문제에 대해서 다음과 같은 견해를 밝히고 있
다.

   "해방신학자들은 인간사회의 집단적·구조적 죄의 측면을 개인의 죄의 측면
   만큼 중요시한다. 인간 개인이 아무리 선하다 할지라도 악한 사회구조의 압력
   하에서는 죄를 지을 수 밖에 없는 현상을 결코 무시할 수 없다. 개인이 죄를
   회개하여 선한 사람이 되었어도 그는 그가 살고 있는 구조 내에서 죄를 지을
   수 밖에 없다."

이와같이 해방신학자들은 구조적 죄의 측면을 강조한다. 구띠에레즈
는 '죄악은 인간이 억압적인 사회구조 속에서 단지 少數의 이익을 위할
때 생겨난다. 또한 국가·민족·문화·사회계급 사이의 약탈에 의해서
생겨난다'[55]고 하여 죄를 잉태시키는 現資本主義의 구조적 모순을 지적
했다. 구띠에레즈는 계속해서 죄에 대해서 '죄는 역사적, 사회적 사실
로 간주된다. …죄를 발견할 수 있는 곳은 壓制的인 구조와 인간에 의한
인간의 착취에서, 민족과 인종과 사회계급을 지배하고 노예로 삼는데

---

55) Gustavo Gutiérrez, 앞의 책, p. 21.

서'[56]라고 지적하여 구조적 죄를 중시한다.

그러나 해방신학자들이 집단적·구조적 죄의 측면만 중시하는 것은 아니다. 그들도 인간의 내적인 죄를 인정하고 있으며, 죄의 기본적 특징이 하느님께 대한 거역이라는 사실을 부인하지는 않는다. 단, 해방신학자들은 인간 사회의 구조적인 죄의 측면을 개인의 죄의 측면 만큼 중요시하는 것이다.

---

56) 같은 책, p. 175.

참 고 문 헌

I 마르크스思想 및 레닌主義 관계 문헌(1·2·3·4장)

<국내서적 및 논문>

姜在倫, 『칼 마르크스의 人間論』(서울 : 大旺社, 1983).

권태일, 『比較經濟論』(서울 : 博英社, 1975).

金桂洙, "소련의 역사론"『맑시즘과 볼셰비즘 비교연구』(서울 : 한국외국어대학교 소련동구문제연구소편, 1982).

金永俊, 『革命이데올로기와 갈등』(서울 : 아세아문화사, 1982).

니마이어著, 國土統一院 (譯), 『공산주의 본질비판』(서울 : 국토통일원, 1973).

뮈프레著, 홍윤기(역), 『마르크스주의의 철학적 기초』(서울 : 한밭출판사, 1982).

듀크著, 서울대사회과학연구실 (역), 『갈등과 권력』(서울 : 法文社, 1981).

맥래란著, 신오현 (역), 『칼마르크스의 思想』(서울 : 民音社, 1982).

白承均, 『辯證法的 批判理論』(서울 : 經文社, 1982).

베터著, 姜在倫(역), 『辯證法的 唯物論批判』(서울 : 太陽文化社, 1983).

셔란著, 국토통일원 (역), 『공산주의 본질비판』(서울 : 국토통일원, 1973).

슘페터 著, 이상구 (역), 『資本主義·社會主義·民主主義』(서울 : 三省出版社, 1982).

亞細亞問題硏究所編, 『마르크스-레닌주의』(서울 : 高大亞硏, 1982).

안드레아스폰바이스 저, 까치편집부 (역), 『네오 마르크스주의』(서울 : 까치, 1983).

안병영, 『현대공산주의 연구』(서울 : 한길사, 1982).

양호민, 『공산주의이론과 현실비판전서』(서울 : 內外文化社, 1963).

_____外, 『공산주의 비판』(서울 : 극동문제연구소, 1981).

이무웅, 『공산주의 이론과 현실』(서울 : 大旺社, 1983).

이용필(편), 『공산주의 이론비판』(서울 : 大旺社, 1982).

_____, 『마르크스주의의 기초이론과 비판』(서울 : 화학사, 1982).

_____, 『공산주의 이데올로기』(서울 : 화학사, 1983).

林元澤, 『第二資本論』(서울 : 일조각, 1978).

全得柱, 『이데올로기論』(서울 : 박영사, 1982).

鄭文吉, 『疎外論研究』(서울 : 문학과 지성사, 1980).

포퍼著, 李明賢(역), 『열린 사회와 그 적들 II』(서울 : 民音社, 1982).

피셔著, 노승우(역), 『마르크스 사상의 이론구조』(서울 : 전예원, 1985).

──────, ──────, 『레닌주의의 이론구조』(서울 : 전예원, 1986).

<외국서적 및 논문>

Bochenski, I. M. and Niemeyer, G. (eds.), *Handbook on Communism* (New York: Praeger, 1962).

Bottomore, T. B., *Karl Marx: Early Writings*(London: C. A. Watts, 1963).

Cohen, G. A., *Karl Marx's Theory of History*(New Jersey: Princeton Univ. Press, 1978).

Connor, James, E. (ed.), *Lenin*(New York: The Bobbs-Merril Co., 1968).

Cornu, Auguste, *A History of 19C Social Thought* (Illinois: Charles C. Thomas Publisher, 1979).

De. George, Richard, T., *Patterns of Soviet Thought* (Ann Arbor: Michigan Univ. Press, 1970).

Degras, Jane, *The Communist International (1919~1934)* (Frank Cass & Co. Ltd., 1971).

Engels, F., *The Housing Question* (London: Victor Gollancz Ltd., 1956).

──────, *The Origin of the Family, Private Property and the State* (Moscow: Foreign Languages Publishing House, 1948).

──────, *Anti-Düring* (Aüfl, Hamburg, 1955).

Fisher, E. (ed.), *The Essential Marx* (New York: Herder and Herder, 1971).

──────, *Socialism-Utopian and Scientific* (New York: Unknown, 1935).

Fromm, E., *Marx's Concepts of Man* (New York: Frederick Ungar Publishing Co., 1966).

Hampsch, G. H., *The Theory of Communism* (New York: The Gitadel Press, 1965).

Hegel, G. W. F., Die Vernunft in der Geschichtes(Aüfl, Hamburg, 1955).

Harbermas, Jürger, Viertel, J. trans., *Theory and Practice* (Boston: Beacon, 1971).

Howe, Irving, (ed.), *Essential Works of Socialism* (New York: Bantam Books Inc., 1971).

Lenin, V. I., *State and Revolution* (New York: International Publishers, 1935).

———, *Materialism and Empiro-Critism, in Collected Works* (Moscow: Foreign Languages Publishing House, 1960).

———, *Philosophical Notebooks* (New York: International Publishers, 19 35).

———, *"What is to be Done?" Selected Works* (Foreign Publishing Office, 1952).

Lichthein, G., *From Marx to Hegel* (New York: Seabury, 1971).

———, *Marxism on Historical and Critical Study* (New York: Praeger, 1961).

Littlefield, Henry. W., *History of Europe*: 1500~1848 (New York: Barnes and Nobel Inc., 1968).

Marx, Karl, *Preface to a Contribution to the Critique of Political Economy* (Chicago: Charles H. Kerr & Co. Ltd., 1904).

———, *Capital* (Chicago: Charles H. Kerr & Co. Ltd., 1904).

———, *Selected Works I* (Moscow: Foreign Languages Publishing House, 1948).

———, and Engels, F., *The German Ideology* (New York: International Publishers, 1947).

———, *Marx-Engels Selected Works* Vol. I(New York: Random House, 1968).

Parekh, Bhikhu, (ed.), *The Concepts of Socialism* (New York: Holones and Meier Publishers, 1975).

Pascal, R., (ed.), *The German Ideology* (New York: International Publishers, 1947).

Ponty, M. Merleau, Dreyfus, H. L. and Patrica, trans., *Sense and Nonsense* (Evanston: Northwest Univ. Press, 1964).

Popper, K. R., *The Open Society and Its Enemies* (London: Routledge and Kegan Paul, 1962).

Sowell, Thomas, *Marxism* (New York: Quill William Morrow, 1985).

Tucker, Robert, *Philosophy and Myth in Karl Marx* (London: Cambridge

Univ. Press, 1971).

_____, (ed.), *The Marx-Engels Reader* (New York, 1975).

Wood, A. W., *Karl Marx* (London: Routledge & Kegan Paul Ltd., 1981).

Wils, P. H. D., *The Political Economy of Communism* (Massachusett: Harvard Univ. Press, 1982).

Ⅱ 마르크스 周邊思想 관계 문헌

□ 네오 마르크시즘(5장)

<국내서적 및 논문>

강성위, 『이데올로기와 새마르크스주의』(서울 : 대학출판사, 1985).

國民倫理學會編, 『現代急進思想과 韓國』(서울 : 형설출판사, 1985).

글룩스만 著, 정수복(역), 『構造主義와 현대 마르크시즘』(서울 : 한울사, 1983).

맥래란 著, 安澤源(역), 『마르크스주의論爭史』(서울 : 인간사랑, 1986).

바이스 著, 까치편집부 (역), 『네오마르크스주의』(서울 : 까치, 1983).

宋大晟, 『左傾이데올로기』(서울 : 명성출판사, 1987).

沈允宗, 『프랑크푸르트學派』(서울 : 청담, 1984).

육군사관학교, 『현대 좌경급진사상』(서울 : 박영사, 1985).

全得柱, 『過激急進主義와 自由民主主義』(서울 : 평민사, 1985).

韓鎔源, 『共産主義와 急進主義』(서울 : 박영사, 1987).

<외국서적 및 논문>

Althusser, L., *For Marx* (London and New York, 1970).

Crankshaw, C., *Khrushchev Remembers* (New York, 1971).

Ebenstein W. (ed.), *Today's Isms* (New Jersey: Prentice-Hall, Inc. 1980).

Gorman, R. A., *Neo-marxism* (Connecticut: Greenwood Press, 1982).

Joll, J., *Gramsci* (London, 1977).

Kolakowski, "Karl Marx and the Classical Definition of Truth," *Towards a Marxist Humanism* (New York, 1968).

Korsch, K., *Marxism and Philosophy* (London, 1970).

Kosik, K., *Dialectics of the Concrete* (Dordrecht, 1976).

Lukács, G, "Preface to 1967 edition," *History and Class Consciousness* (London, 1971).

Sartre, J. P., "Materialism and Revolution" *Literary and Philosophical Essays* (New York, 1967).

Schatt, A., *Sprache und Erkenntnis* (Wien, 1964).

Sik, O., *Plan and Market under Socialism* (White Plains and Prague, 1967).

☐ 유로코뮤니즘(6장)

＜국내서적 및 논문＞

국민윤리학회, 『현대급진사상 논문집』국민윤리연구 제18호, (서울 : 국민윤리학회, 1984).

레온하르트 著, 전득주(역), 『유로코뮤니즘의 정체』(서울 : 대왕사, 1984).

리히테르, 헬무트(편저), 이해영·박형중(역), 『유로공산주의』(서울 : 일월서각, 1985).

안병영, 『현대공산주의 연구』(서울 : 한길사, 1982).

양호민 외, 『공산주의비판』(서울 : 극동문제연구소, 1981).

이홍구, "유로코뮤니즘과 남구정치 : 이탈리아공산당의 역사적 타협의 의의", 『사회과학과 정책연구』 1981년 제Ⅲ권 2호.

정경연구편, "유로코뮤니즘의 정체", 『정경연구』 1977년 8월호.

정연권, "유럽의 공산당대회와 소련의 입장", 『북한』 1976년 8월호.

최상용, "유로코뮤니즘", 『마르크스-레닌주의』(서울 : 고대출판부, 1982).

＜외국서적 및 논문＞

Aspaturian, Vernor V., Valenta, J., Burke, D. P., *Eurocommunism between East and West* (Bloomington: Indiana Univ. Press, 1980).

Boggs, Carl & Plotke, David, *The Politics of Eurocommunism* (Boston: South End Press, 1980).

Claudin, Ferdinando, 石堂清倫(譯), 『ユーロコミュニズムの功罪』(東京 : 三一書房, 1979).

Ebenstein, William, *Today's Isms* (New Jersey: Prentice-Hall Inc., 1970).

Gati, Charles, "The 'Europeanization' of Communism?," *Foreign Affairs*, (April, 1977).

Gramsci, Antonio, *Selections from the Prison Notebooks*, trans., Quintin Hoare and Geoffren Nowell Smith (New York: 1971).

Zinner, Paul E., *National Communism and Popular Revolt in Eastern Europe* (New York: Columbia Univ. Press, 1957).

Kanapa, Jean, "A New Policy of the French Communists," *Foreign Affairs*, Jan. 1977.

Karabel, Jerome, "Revolutionary Contradictions: Antonio Gramsci and the Problem of Intellectuals," *Politics and Society*, Vol. 6, No. 2, 1976.

Leden, Michael, "The News about Eurocommunism," *Commentary*, Oct. 1977.

Segre, Sergio, "The Communist Question in Italy", *Foreign Affairs*, Bd. 54, 1975/76,

Tucker, Robert C., (eds.), *The Lenin, Anthology* (New York, 1975).

□ 毛澤東思想 관계문헌(7장)

<국내 서적>

김충렬·공기두, 『毛澤東思想論』(서울: 일월서각, 1985).

尾崎庄太郎, 정민(역), 『모택동사상연구 Ⅰ』(서울: 미래사, 1985).

송영배, 『中國社會思想史』(서울: 한길사, 1986).

슈람 著, 김동식(역), 『毛澤東』(서울: 두레, 1979).

슈발츠 著, 권영빈 (역), 『중국공산주의 운동사』(서울: 형성사, 1983).

스노우 著, 신홍범(역), 『中國의 붉은별』(서울: 두레, 1985).

野村浩一 외, 오상훈(역), 『中國現代史』(서울: 한길사, 1984).

宇野重昭, 김정화(역), 『中國共産黨史』(서울: 일월서각, 1984).

<외국서적>

郭華倫, 『中共史論』(臺北: 國立政治大, 1973).

王健民, 『中國共産黨稿』(臺北: 國立政治大, 1965).

李安葆, 『長征史話』(北京: 中國靑年出版社, 1978).

『毛澤東選集』(北京: 外交出版社, 1960).

Bertsch, Gary K. and Ganschow, Thomas W., *Comparative Communism* (San Francisco: W. H. Freeman and Company, 1976).

CH'EN, Jerome, *Mao and the Chinese Revolution* (London: Oxford Univ. Press, 1965).

Fitzgerald, Charles P., *Revoultion in China* (New York: Frederic A. Praeger, 1952).

Gittings, John, *The World and China 1922~1972* (New York: Harper & Row Pub., 1974).

Grittith, Samuel B. Ⅱ., *The Chiness People's Liberation Army* (New York: McGraw Hill, 1967).

HO Kan-chih, *A History of Modern Chinese Revolution* (Peking: Foreign Languages Press. 1967).

Issacs, Harold R., *The Tragedy of the Chinese Revolution* (Stanford: Stanford Univ. Press, 1961).

Meisner, Maurice, *Mao's China: A History of the People's Republic* (New York: The Free Press, 1977).

Schurman, Franz, *Ideology and Organization in Communist China* (Berkeley: Univ. of California Press, 1973).

Selden, Mark(ed.), *The People's Republic of China: A Documentary History of Revolutionary Change* (New York: Monthly Review Press, 1979).

Selected Reading from the Works of Mao Tse-tung (Peking: Foreign Languages Press, 1971).

Starr, John Bryan, *Ideology and Culture: An Introduction to the Dialectic of Contemporary Chinese Politics* (New York: Harper and Row Pub. 1973).

Thornton, Richard C., *China, The Struggle for Power 1917~1972* (Bloomington & London: Indiana Univ. Press, 1973).

Womack, Brantly, *The Foundation of Mao Zedong's Political Thought 1917 ~1935* (Honolulu: The Univ. of Hawaii Press, 1982).

Yakhonotoff, Victor A., *The Chinese Soviet* (Westport: Greenwood Press, 1974).

□ 從屬理論 (8 장)

<국내서적 및 논문>

1. 단행본

金浩鎭 (편역), 『제 3 세계의 정치경제학』(서울 : 한울, 1985).

아이안 헉스브로우 지음, 박종수 (역), 『從屬理論이란 무엇인가』(서울 : 청아출
　　　판, 1984).

변형윤, 김대환 (편역), 『제 3 세계의 경제발전』(서울 : 까치, 1980).

염홍철 (편저), 『제 3 세계와 종속이론』(서울 : 한길사, 1980).

_____, 『종속의 극복』(서울 : 풀빛, 1983).

_____저, 『從屬理論—低發展의 政治經濟學—』(서울 : 법문사, 1983).

鄭民 (편역), 『주변부 사회구성체론』(서울 : 사계절, 1985).

하경근, 『제 3 세계 政治論』(서울 : 한길사, 1980).

2. 논 문

金浩鎭, "從屬理論의 批判的 考察", 『韓國政治學會報 第18輯』 (韓國政治學會,
　　　1984).

廉弘喆, "아담 스미스부터 從屬理論까지", 『정경문화』, 81 년 3 월호.

임현진, "종속이론의 가능성과 한계 : 한국의 발전 연구와 관련하여", 『한국사회
　　　의 전통과 변화』(이만갑교수 회갑기념논총), 1983.

_____, "종속이론의 한국적 적용", 『從屬理論批判研究』(한국정신문화연구원,
　　　1985).

이가종, "종속이론은 곡해되고 있다", 『정경문화』, 81 년 5 월호.

趙退耕, "從屬理論—그 批判과 受容問題", 『정경문화』, 81 년 3 월호.

國民倫理學會編, 『現代急進思想論文集』, 國民倫理研究 제18호, (서울 : 국민윤리
　　　학회, 1984).

<외국서적 및 논문>

1. 단행본

Amin, Samir, *Accumulation on a World Scale: A Critique of the Theory of
　　　Underdevelopment*, 2 Vols. (New York: Monthly Review Press, 1974),

_____, *Unequal Development: An Essay on the Social Formations of Pe-
　　　ripheral Capitalism* (New York: Monthly Review, 1976).

————, *Imperialism and Unequal Development* (New York: Monthly Review Press, 1977).

Baran, Paul A. and Paul M. Sweezy, *Monopoly Capital*(New York: Monthly Review Press, 1966).

Bertsch, Gary K. (ed.), *Comparing Political Systems: Power and Policy in Three Worlds* (New York: John Wiley & Sons, 1982).

Brewer, Anthony, *Marxist Theories of Imperialism* (London: Routledge and Kegan Paul, 1980).

Chilcote, Ronald H. *Dependency and Marxism* (Colorado: Westview Press, 1982).

————, *Theories of Development and Underdevelopment*(Boulder and London: Westview Press, 1984).

Emmanuel, Arghiri, *Unequal Exchange: A Study of Imperialism of Trade* (New York: Monthly Review Press, 1975).

Frank, A. G., *Capitalism and Underdevelopment in Latin America: Historical Studies of Chile and Brazil*(New York: Monthly Review Press, 1967).

————, *Latin America: Underdevelopment or Revolution*(New York: Monthly Review Press, 1970).

————, *World Accumulation, 1492~1789* (New York: Monthly Review Press, 1979).

Mahler, Vincent A., *Dependency Approach to International Political Economy* (New York: Columbia Univ. Press, 1980).

Maran, Theodore H., *Multinational Corporations and the Politics of Dependence: Copper in Chile* (Princeton: Princeton Univ. Press, 1974).

Martyn, Howe, *International Business* (New York: The Free Press of Glencoe, 1964).

Oxaal, Ivar, Tony Barnett and David Booth (eds.), *Beyond the Sociology of Development*(London: Routledge and Kegan Paul, 1975).

Stepan, Alfred (ed.), *Authoritarian Brazil: Origins, Policies and Futures* (New Haven Conn.: Yale University Press, 1973).

Warrenn, Bill, *Imperialism: Pioneer of Capitalism*(London; New Left Books, 1980).

Wilber Charles K. (ed.), *The Political Economy of Development and Underdelvelopment*(New York: Randam House, 1977).

2. 논 문

Caporaso, James A., "Dependency Theory: Continuities and Discontinuities in Development Studies" *International Organization* 39 (Autumn, 1980).

Cardoso, Fernando Henrique, "Dependency and Development in Latin America" *New Left Review* 74 (July-August, 1972).

Chilcote, R. H., "A Question of Dependency" *Latin American Research Review* 12, 1978.

_____, "Issues of Theory in Dependency and Marxism," *Latin American Perspectives* 8 (Summer and Fall, 1981).

Dos Santos, Theotonio, "The Structure of Dependence" *American Economic Review* 60(May, 1970).

Fagen Richard R., "Studying Latin American Politics: Some Implications of Dependencia Approach" *Latin American Research Review* Vol. XII, No. 2, 1977.

Fernández, Raúl, A., and José F. Ocampo, "The Latin American Revolution: A Theory of Imperialism, Not Dependence," *Latin American Perspectives*(Spring, 1974).

Frank, A. G. "The Development of Underdevelopment" *Monthly Review* 18 (September, 1966).

Galtung, Johan, "A Structural Theory of Imperialism" *Journal of Peace Research*, No. 2, 1971.

González Casanova, Pablo, "Internal Colonialism and National Development" *Studies in Comparative International Development*, Vol. 1, No. 4, 1965.

Maran, T. H., Multinational Corporations and Dependency," *International Organization*, Vol. 32, No. 1, (Winter, 1978).

Mohri, Kenzo, "Marx and 'Underdevelopment'" *Monthly Review* 30 (April, 1979).

Sunkel, O., "National Development Policy and External Dependence in Latin America" *Journal of Development Studies*, Vol. 6, No. 1, (October, 1969).

_____, "Big Business and 'Dependicia'" *Foreign Affairs* 50(April, 1972).

□ 解放神學 (9 장)

<국내서적 및 논문>

강만길, 『한국현대사』(서울 : 창작과비평사, 1984).

고범서, 『해방신학논쟁』(서울 : 법화사, 1985).

─────, "신학에 있어서의 이데올로기문제", 『基督敎思想』, 1984년 5월호.

고재식, "해방신학논쟁에 대한 한 견해", 『基督敎思想』, 1984년 11월호.

─────, "해방신학, 정치이데올로기가 아니다", 『基督敎思想』, 1984년 2월호

─────편, 『해방신학의 재조명』(서울 : 사계절, 1986).

나용화, 『민중신학 비판』(서울 : 한국문서선교회, 1983).

몰트만 著, 전경연·박봉랑역, 『희망의 신학』(서울 : 현대사상사, 1973).

문동환, "해방신학과 한국의 기독교", 『新東亞』, 1975년 2월호.

보프 著, 김수복역, 『해방신학입문』(서울 : 한마당, 1987).

분도출판사 편집부, 『해방신학의 올바른 이해』(왜관 : 분도출판사, 1984).

서남동, 『민중신학의 탐구』(서울 : 한길사, 1983).

서인석, "해방신학의 성서적 근거"『창작과 비판』, 1979년 여름호.

손봉호, "한국적 상황과 해방신학"『基督敎思想』, 1984년 9월호.

A. F. McGovern, 박정진 역, "라틴아메리카의 해방신학과 성서", 『基督敎思想』
          1985년 7월호.

NCC신학연구위원회편, 『민중과 한국신학』(서울 : 한국신학연구소, 1982).

오경환, "개혁의 실천을 지향하는 신학", 『연세춘추』, 1984년 9월 3일.

이우정편, 『여성들을 위한 신학』(서울 : 한국신학연구소, 1985).

이종성, "해방의 신학 : 역사적 개관", 『基督敎思想』, 1985년 7월호.

정창열, "백성의식·평민의식·민중의식", 『한국민중론』(서울 : 한국신학문제연
          구소, 1984).

콘 著, 홍치모 역, 『해방신학연구』(서울 : 성광문화사, 1984).

통일사상연구원, 『해방신학과 공산주의』(서울 : 평법서당, 1983).

<국외서적 및 논문>

Assmann, Hugo, *Theology for a Nomad Church*, trans., Paul Burns (New
          York: Orbis Books, 1976).

Baum, George, "The Christian Left at Detroit," *The Ecumenist* Vol. 13,

322

No. 6 (September-October, 1975).

Bigo, Pierre, *The Church and Third World Revolution*, trans. by, Sister Jeanne Marie Lyons, (New York: Orbis Books, 1977).

———, Salvation in Jesus Christ and the Process of Liberation, " in *the Mystical and Political Dimension of the Christian Faith*, Claude Geffre and Gustavo Gutiérreze(ed.), (New York: Herder, Seabury, 1974).

Bonino, Miguez J., *Christians and Marxists* (Grand Raids Michigan: William B. Ferdmans Publishing Companing Press, 1976).

Cone, J. H., *Black Theology and Black Power* (New York: The Seabury Press, 1969).

———, *A Black Theology of Liberation* (Philadelphia: Lippincott Company, 1970).

Cox, H., "The Church and the Future of Religion, " *Christianity and Crisis*, (Feb. 5, 1973).

Eagleson, John, (ed.), *Christians and Socialism*, trans. by, John Drury, (New York: Orbis Books, 1975).

Ellacuria, Ignacio, *Freedom Made Flesh*, trans. by, John Drury(New York: Orbis Books, 1976).

Freire, P., *Pedagogy of the Oppressed*, trans. by, Myra Bergman Ramos, (New York: The Seabury Press, 1973).

Gutiérrez, Gustavo, *A Theology of Liberation: History, Politics, and Salvation*, trans. and ed., Caridad Inda and John Eagleson, (New York: Orbis Books, 1973).

Jones, M. J., *Bldck Awareness, A Theology of Hope*(Nashiville and New York: Adingdon Press, 1971).

Miranda, J. P., *Marx and the Bible, A Critique of the Philosophy*, trans. by, John Eagleson, (New York: Orbis Books, 1974).

Segundo, J. L., *Grace and Human Condition* (New York: Orbis Books, 1968).

Sobrino, S. J., *Christianity at the Crossroads*, trans. John Drury, (New York: Orbis Books, 1978).

Toress, Sergio and Eagleson, John, (eds.), *Theology in the Americas* (New York: Orbis Books, 1976).

찾 아 보 기